JN113228

おおもの いみのかみと
ちょうかいさん しんこう

大物忌神と鳥海山信仰

―北方霊山における神仏の展開―

神宮　滋
Shigeru Kamiya

大物忌神と鳥海山信仰

――北方霊山における神仏の展開――

目次

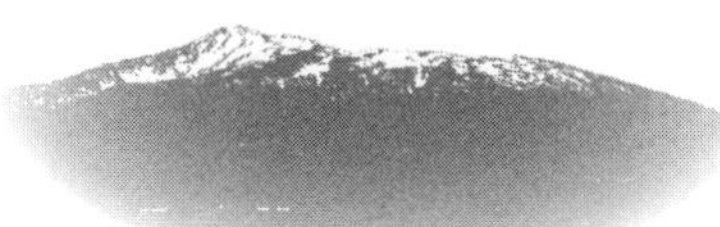

特定研究

付属資料

大物忌神と鳥海山信仰

――北方霊山における神仏の展開――

開章

はじめに

大物忌神は出羽国の最高峰である鳥海山と一体の神である。大物忌神は古代律令政府によって鳥海山に祀られた神である。この奇怪な神名こそが鳥海山を祀るに相応しいものだった。鳥海山は往古は北嶽と称され（飽海嶽は不定）、大物忌神が祀られて以降は大物忌神山と称されたと推定され、やがて中世以降に鳥海山の山名が出てくるが、その立地と山容から名実ともに北方の霊山たるに相応しい存在であった。このような北方の霊山で神仏は如何ように展開したのか、これが本書の主題である。

鳥海山（標高二二三六ｍ）は秀麗な山容をもって出羽国（およそ秋田山形県域）の中央部にそびえ、西麓を日本海におとす成層火山の山峰である[01]。古来、主として出羽国中央部の日本海地方の人々が自然神また地主神として祀る信仰の山であった。ところが史料や記録が残る有史以来でも何度か爆発噴火した活火山である。古代出羽国は北方の辺要とされ、鳥海山以北の出羽国北部の蝦夷は叛服常ならず、これを律令政府は警戒心をもって注視した。また鳥海山は大陸の渤海国から日本海を経て日本に渡航する目印であった。さらに峰下の日本海航行は変転する朝鮮半島北部の新羅国の政治動向と微妙な関係にあった。このことが北方蝦夷の動静や大陸の情勢と関係づけて考えられ、律令政府は大物忌神という奇怪な神名をもって祀り上げたと推察される。大物忌神の国史上の初出は平安初期の承和五年（八三八）であるが、この時すでに従五位上の位階を帯びていた。これに先だち大物忌神は創祀されたに違いない。皇朝に顕れた物恠（もののけ）や近くの海浜に発生した怪異が大物忌神の仕業（しわざ）と考えられた。元慶（がんぎょう）二年（八七八）秋田郡北部の蝦夷などが蜂起し、出和国最大の叛乱となった元慶の乱では、乱との関係を注視した朝廷政府は大物忌神に対して乱中から乱平定の翌年以降、次々に位階を進めたが、依然として怪異が続いた。このような大物忌神を祀る大物忌神社に神宮寺が付置された。その史料上の初出は仁和元年（八八五）であるが、大物忌神の創祀後遠くは隔たらず、承和十一年（八四四）延暦寺の高僧安慧の出羽国講師赴任が契機であったと推察する。当時最北の地に創建された神宮寺として、北方の安寧と蝦夷鎮撫のために読経が行なわれたに違いない。

他方、鳥海山は大陸との往来を含む日本海沿岸の航行では、古代船から近世に賑わった北前船に至るまで優れた航標であった。また中世以降は豊かな恵みの水をもたらす山峰であった。こうして鳥海山は地域の信仰と密接に関係しつゝ、蝦夷や大陸情勢と関わって深く北方性を帯びることで、古来北方の霊山とされた02。

また大物忌神社に付置された神宮寺の影響が主因であると推察されるが、早期に神仏習合した大物忌神は中世以降は鳥海大明神、鳥海山大権現などとして祀られ、鳥海山信仰は大物忌神の神仏習合と一体として成立し、やがて修験道が流入した03。これによって中世以降に鳥海山麓の有力集落に修験集団が成立し、連れて修験集落に発達した独自の芸能が近世後期以降に全盛をきわめた。

本書をめぐる概要は如上のとおりであるが、委細は各章で挙証をもって考察する。このような大物忌神を祀る大物忌神社の形態は時代によって大きく変遷した。今次大戦後は鳥海山大物忌神社を社号とし、山頂本社および吹浦口ノ宮と蕨岡口ノ宮などから構成される。この外周辺山麓に大物忌神社が数社鎮座するが、本書では特記がなければ、山頂社と古代以来祀られた吹浦口ノ宮を主たる考察の対象とする[04]。

先行研究

関係する先行研究は江戸時代過半の十八世紀初め以降断続しつつも継続し、その蓄積は必ずしも少なくない。本書の主題に直接関係する先行研究の他、修験・民俗・芸能に関する先行研究を併せると後掲する付四のとおりである。うち一九三一年史蹟名勝天然記念物調査報告『名勝鳥海山』は地形地質を含む網羅的な対象と精密な考察から近代鳥海山研究のピークを形成する。とくに報告書中の阿部正己「鳥海山史」は、自ら修験者として出羽三山修験のほか鳥海山修験の研究に取り組んだ戸川安章をして、自分も「幾編かの小論文を発表したが、阿部の「鳥海山史」を越えるものは未だ見当らない」と評させた優作である[05]。

しかしながら以来星霜九十年、入れ替り立ち替り現われた研究者によって、ほぼ間断なくさまざまな視点から、新たな分析手法をもって、さらに新発掘で得た史料によって、本書主題の研究のみならず修験・民俗・芸能などを含む鳥海山全般の歴史と文化に関する研究が取り組まれ、その水準は飛躍的に向上した。それだけ鳥海山の研究は魅力があると言わねばならない。また近年は鳥海山史跡の国指定の関係で優れた調査資料が次々に公刊され、関係研究が一気に加速した。

本書の構成

本書は既発表の関係論文をもとに新たに一書を編成したものである。編成に当たっては新稿を入れ、既論文に対してはその後の研究成果をもって大胆に修筆し、また構成上の必要から大幅な改訂を施した。

第一章から第六章のテーマは本書で副題とした「北方霊山における神仏の展開」という視点からの選択である。私見では、いずれも先行研究で研究が深められていなかったテーマである。第一章「大物忌神の創祀」では従来の定説的な大いなる物忌説を批判して新説の撫夷鎮海神説を立て、第二章「神宮寺の創建」では出羽国講師安慧の下向を強調する。第三章「鳥海山信仰の成立」では神仏習合と一体となって成立した鳥海山信仰を追究し、第四章「神仏習合の進展」では本地仏と薬師・観音信仰ならびに諸仏信仰を考究する。第五章「山上社堂の造営」では研究史的に初めて勧化に注目し、その上で造営と遷宮に関わる山麓修験集団の競合と連携の様相を探る。第六章「出羽三山との関係」では出羽三山信仰という周辺信仰の視点から鳥海山信仰を体系的に考察する。第七章「縁起年代再考」はやや異質であるが、縁起に記された「東寺流」や縁起作成年銘と同年の明徳二年（一三九一）矢島修験と男鹿修験の宗教的変動などの視点から、当縁起の年代を再考する。この再考で筆者は修験道に関する学識不足に直面し、全力をあげた火急の修得で当面の解を得たが、なお一抹の不安を残す。

つぎに特定研究一「旧神宮寺本尊二像の年銘表記」は薬師・弥陀本尊二像の年銘に関して研究上の認識の過誤を事例によって指摘し、資料引用上の事実認識の危うさを伝える。このような指摘は本意ではないが筆者ならではの異作である。研究二「大著『鳥海山修験』の刊行に寄せて」は、このような書評を一書に収録するのは異例だが、筆者の鳥海山修験に対する関心事を自問し、考察を深める契機となった研究として敢えて収録する。研究三「初期鳥海山史研究に引用された史料」は錯綜して判りにくい、引用された古記旧記の正体を究明する。研究四「天保十一年由緒御改」は鳥海山蕨岡の由緒を経年的に伝える重要史料として、本書で初めて翻刻する。研究五「国史上の大物忌神」は所々の引用で不可避な大物忌神に関する断片的な引用を補うため、国史上の記事を時系列に引載し若干の解説を行なう。研究一、三、四は本書で初めて取り上げるテーマである。さらに研究六は周辺信仰の関係研究として、筆者家に伝わる慶安元年（一六四八）新庄藩舛形村七所明神宛て寄進状に関する研究を収める。

これら本章および特定研究のテーマはかねて私がもつ問題意識から既発表稿の段階で自ずと選択し、その後の研究で追加したものである。幸いにも各章で取り上げたテーマは本書主題の「大物忌神と鳥海山信仰」に関してほぼ体系的になっており、所々では新説や異説を立てた。また特定研究は筆者独特の構成で、各章の研究を補完する。もとより本書は累積された先学の研究成果に負っているが、全体としては新たな鳥海山研究に向け、別様の視界を拓くものになったと信じたい。

（凡例）

一、原漢文は原則として訳出して引用する。
二、引用文献の内、主要参考文献（付四）の表記はおおむね略記する。逆に略記された文献の委細は付四に記してある。
三、引用文献の著編者は原則として敬称を略する。
四、引用は原意に留意しつゝ抄出または句読点の変更を行なうことがある。
五、引用記事に対する引用者注は私注または注とする。
六、表、写真は本書中の通し番号を付する。
七、本書の著者自らを私、筆者、著者などと表記するが一定しない。

注

(01) 鳥海山の呼称は平成二一年七月国指定では「ちょうかいざ（さ）ん」である（『史跡鳥海山』四頁）。山形では「ちょうかいざん」、秋田では「ちょうかいさん」と言うと仄聞するが確かなことは判らない。眺望は方向によって大きく相違し、東方新庄方面、北東矢島方面と海上飛島からは富士山型の円錐形、庄内平野からは非対称形、象潟からは豪壮雄大な対称曲線状であると伝える（『史蹟名勝天然記念物調査報告書』八頁）。飛島を含む四方から眺望した筆者の実感はこれに納得し、秋田城跡から日本海越しの秀麗な山容を圧巻とする。なお筆者のふるさと大仙市神宮寺からの遠望に関しては後記で再述する。

（02）霊山に関しては宮家準『霊山と日本人』二〇一六、鳥海山信仰を含む北東北の霊山に関しては伊藤清郎『霊山と信仰の世界』一九九七が詳しい。

（03）最近の研究によれば、慶応四年（一八六八）神仏分離令（太政官布告を含む）に淵源する「神仏混淆」「神仏習合」「神仏調和」などの用語は、辻善之助の論文「本地垂迹説の起源について」（『史学雑誌』一九〇七）以降は「神仏習合」に収斂し、常に曖昧さがつきまとうが、学術用語として定着した。神道の立場からの「神仏混淆」は仏教の立場からの「神仏習合」へ、連れて「神仏判然」は「神仏分離」へと代わったという（林淳「「神仏混淆」から「神仏習合」へ―用語の再検討―」羽賀祥二編『近代日本の地域と文化』吉川弘文館、二〇一八、二二頁他）。これらを承知の上で本書では「神仏習合」の用語を使用する。

（04）明治三年（一八七〇）神仏分離によって大物忌神社は神仏習合を脱し、その後曲折をへて、一九五五年山頂本社と吹浦・蕨岡口ノ宮他を総称して、鳥海山大物忌神社とし現在に至る（各山形県遊佐町）。なお、この間、鳥海山大物忌神社の用法がないわけではない（明治十年代熾仁親王蕨岡懸額、昭和三年後掲写真四）。二〇〇七年神社境内（五合目以上の山頂、吹浦蕨岡の二里宮、丸池。各山形県）が国指定史跡に指定、さらに二〇〇九年森子大物忌神社境内、木境大物忌神社境内と道者道、金峰神社境内、霊峰神社跡（各秋田県）が国指定史跡に追加指定された。適用された指定基準は「社寺の跡又は旧境内、その他祭祀信仰に関する遺跡」などであった。

（05）戸川安章「序」松本良一『鳥海山信仰史』。ただし修験道関係についてはものたりないとも言う。

第一章　大物忌神の創祀　——地主神から撫夷鎮海の神へ——

はじめに

平安京への遷都から四十四年を経た平安時代初期、大物忌神が国史上に初出する。史料上の初出でもある。これより先従五位上であった大物忌神が律令政府から階位一級を進められたことを伝える。

承和五年（八三八）五月十一日。出羽国の従五位上勲五等大物忌神に正五位下を授け奉る。余は故の如し。（①『続日本後紀』、①は六国史上の大物忌神の記載順を示す。以下同）

神格は従五位下で国史に初出する例が多い。それは朝廷に仕える官人が従五位下から殿上人として内裏清涼殿に昇ることが許されたことと関係する。陸奥国の例では貞観元年（八五九）前の神階奉授二三件のうち従五位下の初出が一七件と多いが、そうでない例もある[01]。したがって大物忌神に従五位下の叙位があったかも知れないし、あったとしても欠史となったか（『続日本後紀』は欠史が多い）、そもそもなかったかも知れない。余は故の如しは勲五等に据え置くことをさす。

当時の東北の神々は、神名で見るとおり（注01掲出）、多くが自然神であり地主神であった。また古来から崇敬をあつめた諸国の霊山に対して、律令政府が叙位叙勲を授けた例は少なくないが、大物忌神というような、およそ東北在来の命名ではあり得ない神名をもって一地方の山神を祀ったことは異例である[02]。鳥海山（当時の山名は不明）は北方の辺要とされた出羽国の最高峰（標高二二三六m）で、その立地が北方蝦夷との境界を分かつ微妙な位置関係にあった[03]。また後述するとおり、⑧弘仁年中（八一〇～八二四）山中に火を見ていた。こうした中鳥海山は律令政府によって、王朝貴族的な観念である忌み穢れと関わる大物忌神と命名され創祀された。奇しくもその後、時に周辺の海浜に石鏃が雨るという怪異が生起したが[04]、年代から推して、これが命名創祀に関与したとは考えにくい。ちなみに六国史上の大物忌神の記載は十三回と東北の神々では異例の多さである[05]。筆者の見立ては、これらの地理的条件や自然現象をもとに、この頃の朝廷に関わる政治的、軍事的さらに国際的に緊迫した情況に対して、鳥海山が北方政策と密接に関係付けられたことによる。

鳥海山信仰に関する研究は後掲する「参考文献」に見るとおり、江戸時代半ば以降断続しながらも積み上がっている。しかし創祀と神名に関しては従来の定説的な研究は後代の大物忌神という神名に依存する、いわばあと説明の解釈であった。そこで本章では鳥海山はなぜ、いつ頃、この奇怪な大物忌神という神名を以て、律令政府によって祀られたのかを考察する。これまでの研究は神威神徳をさす神格を主たる対象としたが、ここでは神名の由来、祀られた理由、年代などを広義に検討する。

一　山名の古称

鳥海山の山名は室町初期の、北朝年号暦応五年（一三四二）銘のある鰐口（大物忌神社蕨岡口ノ宮所蔵）に、「奉懸　鳥海山　和仁口　一口」とあるのが初出である[06]。鰐口とは仏堂または社堂の、正面軒先に吊り下げられた金属製の祭具で、布麻製の縄を垂らし、参詣者がその縄を引いたり振ったりして鳴らすものである。この鰐口は山上の御堂に懸けられたものと伝える。

これ以前は北岳・飽海岳・大物忌神山などと称されたと伝えるが、確かなことは判らない。北岳は和銅五年（七一二）出羽建国後に庄内平野南部から眺望した名称であるが、十八世紀成立の進藤重記『出羽国風土略記』一ノ二によれば、十四世紀に成立した作者不明の軍記物語である『義経記』第五巻にある、義経の行方を慕った忠臣の言とされる、「西は鎮西博多の津か、北は北山か佐渡が島、東は蝦夷の千島」の北山は鳥海山を指し、また「庄内村々夏月参詣の為に講を立て御北講といふ」「土俗北の山といふ鳥海以前の号にや」と伝える[07]。前段は判断しかねるが、後段は地元呼称伝承の採録として信頼性がある。この北岳は飽海岳よりも広域性があり、後述する国府城輪柵の斎庭祭祀では称名された可能性が高い。

次に飽海岳は承和七年（八四〇）初出の飽海郡（『続日本後紀』）建郡以降の名称であるが、十六世紀初から真田在庁が書き継ぎ、十八世紀後半羽黒山僧が書き写した『大泉庄三権現縁起』（別名『羽黒山歴代記』）が伝える、「欽明天皇七年（五四六）本宮大権現飽海岳ニ出現、今鳥海権現是也」は伝承世界と考えざるを得ず、よって飽海岳の山名が現実に用されたとまでは断言できない[08]。次に大物忌神山は熊谷直春氏が、『三代実録』中の富士山、阿蘇山、薩摩開聞岳等の噴火記事から帰納して推定された、大物忌神の命名以降の名称である[09]。

これらによって鳥海山の古称は当初の北岳から、のち飽海岳と称された可能性はなしとしないが、大物忌神の命名以降は大物忌神山が併用されたと推察される。他方、山麓に伝来する幾つかの鳥海山縁起はそれぞれに創祀伝承を伝えるが、いずれも史実とは言い難い[10]。

二　諸説の検討と批判

1　大いなる物忌説

大物忌神の性格に関する研究は、阿部正己を経て、誉田慶信、新野直吉、伊藤清郎らの諸氏が主導した。これらを従来説とすれば、概要は次のとおりである。なお引用では著者の略記号を用いる[11]。

しばしば噴火や変異を顕す大物忌神は、⑧貞観十三年紀などをもって極端にケガレを嫌う、大いなる忌の神であるとし、常に兵役の変との関わりで意識され、夷乱凶変を未然に防ぐ神であるとする。誉田氏は国家辺境の守護神（誉田ａｂｃ）、伊藤氏は国境鎮護の守護神（伊藤）とする（⑧は国史上の記載順、研究五、以下同）。

①神名の由来

従来説は阿部の次の一節に尽きる。踏み込んだのが新野氏である。

○物忌とは斎戒にして、不吉不浄を忌むの意に外ならず、鳥海山の噴火爆発は山の神が夷乱凶変を忌み嫌ひて、予め発生するものなりと信ずるよりして、物忌即ち斎戒を行ひて山神の憤りを鎮じ(ママ)め、其力を假りて夷乱凶変を未然に防がんとするにあり、此山神を物忌神と称する所以なり（阿部二九頁）。

○大物忌神の「物忌」とは天変地異に対する怖れ慎みの「物忌」である。この神の神格は噴火の変と連動する兵役の変との関わりにおいていつも意識され、畏敬された。「大物忌」とは、火山鳥海の噴火という恐るべき天変地異に対する怖れ慎みの「大いなる忌」に外ならない（新野a三八頁、b二三五頁、c三三一頁）。さらに近年、「大物忌」の神名も仰ぎ崇敬する人たちの側が「慎重に謹み敬うべき大いなる神」という（d一八頁）。

②祀られた理由

新野氏によれば、兵変とか戦乱に関わって平安時代を通じきわめて重要な神として注目され（新野c三二二頁）、当時の不安と不穏に対する大物忌神への畏怖や恭敬があった故とする（同三二八〜三二九頁）。他方、誉田氏は、「ケガレ」↓「キヨメ」の（物忌）観念は内（天皇）から外（諸国）へ順次拡大していくとする学説を援用し、この観念が国家のもっとも北端に神となって鎮座したと説く（誉田a五三頁、b二七頁）。

③祀られた年代

阿部によれば、徴すべき史料を缺けるを以て軽々しく断定せざるを優れりとし（阿部三四〜三五頁）、最初の叙位①以前の授位につき恐らくは和銅五年（七一二）国府設置後間もなく最初の授位ありたるなるべしと記す（同二九頁）。新野・誉田氏に特段の言及がない。この点は従来説の難点として後述する。

④武神である理由

新野氏によれば、②承和七年（八四〇）紀中の宣命は大物忌神が武の神徳を持つ神であることを余すところなく示す。この山に変事があると兵変があるというのは古老の言であるから、九世紀におけるこの地方の常識であったと言ってよいとする（新野c三二三頁）。一方誉田氏は、このような性格（引用注／国家の守護神、国境界を守る軍神）を持った客観的要因として、秀峰の神秘性と山形の歴史が日本の歴史における「北・東的」なものと「南・西的」なものとの接点にあたる位置関係をあげる（誉田a五六頁）。

当説の考察

従来説は大物忌神の神名を所与として、後代の国史上の記述をもって神格を説明する。大物忌神が成立して以降のアト説明である。こうしたアト説明の内容自体は尤もであるが、そもそも何故そのような神名が付されたのか肝心な点が説明されない。物忌（イミ、ケガレ）が命名に関係したとすれば、（鳥海山の）いつ、いかなる爆発噴火や天変地異であったろうか。大物忌神が初見する承和五年（八三八）以前は史料で見る限り、弘仁年中（八一〇〜八二四）山中に火を見るの一件である[12]。その後幾ばくならずして兵杖の事があったが（⑧『三代実録』貞観十三年（八七一）紀）、これを以て当時大物忌神と命名し創祀した可能性はなしとしないが、従来説があげる貞観十三年の大噴火は命名の理由にはなり得ないし、神格もアト説明のトートロジー（同語同意の反復）である。

須藤儀門によれば、物忌と関わる「けがれ」「きよめ」との関連性を窺わせる記事は⑧貞観十三年(八七一)紀が最初である。これよりはるか三十年余前に大物忌神の名は見えているから、この記事内容が大物忌という命名の由来とはなり得ない(『鳥海考』四六頁、四九頁)。さらに官社化に関連し、①承和の初見から三十年近く、あるいはそれ以前から大物忌と名付けられていても④貞観四年(八六二)まで官社でなかったとすれば、それまでは一地方神に過ぎなかったわけで、(私注、仰々しい)大物忌という名はいささか奇態であると指摘する(同六〇頁)。

また誉田氏が主唱する国家辺境の守護神(誉田b一八頁)であるが、②承和七年(八四〇)紀で大物忌神が南海で示した威力を引いて、「大物忌神は国家の守護神であり、それは同時に観念上の北の境界に位置し、その境界を侵さんとする外敵すべてに対して、神力で威圧し征夷せんとする神であった。境界においてこそ、もっとも国家の守護神としての本質があらわれた」という(同三〇頁)。しかしながら当時、鳥海山以北の秋田平野や横手盆地に居住する蝦夷が鳥海山をこえて南下侵犯した形跡は一切認められない。逆に朝廷政府としては出羽北半を平治し、南退していた国府を再度北上させる必要があった。してみれば、大物忌神をもって国家辺境の守護神とする所説は字義どおりでは成立しない。なお、ここでは創祀命名に関して考察しており、神威が情況によって変動することまで否定するものではない。また誉田氏も言及されているが、天平五年(七三三)出羽柵は秋田村に進出しているので、鳥海山をもって国境守護とすれば一時的にせよ国府が国境をこえて外に出たのかという問題を生ずる(同四八〜四九頁)[13]。さらに従来説は大物忌神の性格に関心が集中し、初期の阿部を除けば、歴史研究にしては創祀の年代が考察されなかったという構造的な難点を内包する。しかしながら他方、大物忌神が国家辺境ないし国境鎮護の守護神的な側面がなかったと言うつもりはない。ただし、その発想は出羽国国境や鳥海山立地の理解が漠たるものであった律令政府や中央官人の視点であって、「北に鳥海山が覆いかぶさるように目前にそびえ」（誉田b二五頁）、鳥海山に日々対峙した下向官人や在地豪族の視点ではあり得ないし、これでは南の住民は安心して暮らせるものではない。ちなみに現地蝦夷の視点に立てば、創祀された大物忌神は征夷滅夷の中央勧請神であったと言わねばならない。

2　怨霊鎮魂説

従来説は近代の大物忌神研究が始まって以来多少の異同こそあれ、国史記載に依拠し繰り返されてきた所説である。そこに発表された田牧久穂「大物忌神月山神の神名起源攷」一九九五は異説らしい異説の出現であった。概要は次のとおり。

桓武天皇の蝦夷征討で大量犠牲となった怨霊の朝廷（天皇）に対する祟りを鎮め、ないしは祟りを排除する鎮魂の神とする。これより先、田牧は伝統史学では到底構想し得ないユニークな史論を大著『元慶の乱・私記』一九九二で展開し、この論考はその系統上の異説であった。

①神名の由来

出羽建郡の翌年和銅二年（七〇九）、朝廷軍の第二次出羽大侵攻で鳥海山麓方面から今の秋田県南部に辛うじて逃れ得た蝦夷は、律令政府の目からすれば、人間ならざる「モノ」で、その「モノ」どもが再び出羽郡内に立ち戻ることは「忌む」べきことであった。「勿来（なこそ）」と同じ、穢れを「忌む」観念が作用する（田牧三二頁、以下右論文）。このとき月山山麓に逃げ込んだ蝦夷は、そこが内陸部のゆえに袋の中の鼠状態となり、殆どが殺され死に「尽き」た。その怨みの「憑く」山の故に、「月（ツキ・ツク）」の好字を宛て、鎮魂を籠め（ママ）、朝廷に取り込む山の神として月山神とした（三五頁）。他方、大物忌神の大は尊称、物は物の怪（モノノケ）のモノ、霊（モノ）の意、魂（タマシイ、タマ）と言ってもよい。生霊（イキスダマ）死霊（シニスダマ）として祟りをなす。よって（蝦夷怨霊の）祟り鎮めを祓い清めなければならない神（として命名された）（三五頁）。

②祀られた理由

桓武天皇を終生懊悩させた天皇位をめぐる肉親の抹殺（父光仁帝皇后の井上内親王、同皇太子の他戸親王、皇太子の実弟早良親王）のほか、史料上では隠されているが、桓武帝の二大事業とされる征夷による蝦夷蝦狄（かいかてき）（東北民衆）の大量殺戮による怨霊に対する桓武、その子の平城両天皇の祟りに対する恐怖を鎮めるため（一八、二二頁）。桓武にとっては、再々の征夷にもかかわらず頑強に続く蝦夷の抵抗は祟り以外の何物でもなかった。軍事で祟りを排除することの不可能を悟ったとき、残された方法は一つが地元神を律令政府に取り込むこと、二つは現地民の制圧弾圧を自らの皇統（天智系）とは縁のない系譜の代、つまり「上古」、即ち元明天皇（天武系）治下の和銅二年にその源をもっていくことであった。そのためには新たなる神は陸奥ではなく出羽に置かねばならなかった（三二頁）。

③祀られた年代

大物忌神と月山神の神名付与と従五位下授位の時期は、桓武帝の最晩年（八〇六年三月没）か、父帝の意を体する平城天皇の即位間もない時期（同年月即位、年号大同）の可能性が強い（二二頁）。（大物忌神の）従五位下の授与は延暦晩年から大同にかけてであることはほぼ間違いない（三三頁）。

④武神である理由

武神としての所論は見えない。

⑤両所宮の成立

祟りとは「モノ」が人に「憑く」現象をいい、これを祓い清めなければならない。祓い清めることが、「物忌み」である。「モノ」が「憑く」ことと「忌む」ことは密接不離である。かくて月山神と大物忌神は同所に祀られ、同時に祭られねばならなかった。これが、この二神が両所宮として、一所にまとめられ並び建つ社殿形式となった理由である（三六頁）。最初は「憑き」「モノ」の「尽き」ることを願って、月山神が朝廷から祀られ、加増も早かったのであるが、祓いとしての「忌み」が重視されるに及んで、大物忌神は遅ればせながら月山神と肩を並べ、両神共に、東北の神々としては最高位の従二位に至った（三六頁）。

当説の考察

この説は初めて従来説を打破した画期的な所説である。今後史料的な補強を要するとしても、伝統史学では容易に発想できない卓見である。この説の核心は桓武天皇の大征夷策で大量殺戮された陸奥国の蝦夷と、出羽国の蝦狄の怨霊が桓武を懊悩させる点にある。ところが、この蝦夷蝦狄そのものが蔑視の表現であるし、王権の周辺が獣類異類醜類などと蔑称してやまなかったとすれば（三四頁）[14]、逆にそうした差別の精神構造から推して、異次元世界の存在ともいうべき蝦夷蝦狄がいかにして天皇の怨霊となり得たのかが問われなければならない。祖神の天照大神につらなる皇統譜上の前述三人の抹殺とは同列上にないはずである。他方、養老四年（七二〇）隼人反乱の大量殺戮は宇佐八幡の放生会による鎮魂を創祀したと伝える。この点を含め当説は全体としてなお考証を要するが、限られた史料では容易なことではない。

3　鹿島神代替説

従来説は出羽国の最高峰になぜ大物忌神が創祀されたのか、その年代は何時かなど肝心の疑問に答えていない。そこで筆者は次のとおり思案する。

弘仁二年（八一一）陸奥国が征夷将軍文室綿麻呂の大征夷作戦によって一応の安定をみて以降の律令政府の課題は、秋田城から庄内城輪柵へ南退遷移していた国府の回復など出羽方面の北進策に移った。律令政府は陸奥国の蝦夷に対しては伝統的に征夷策をとったが、出羽国の恭順的な夷俘に対しては鎮撫策をとった。ことに弘仁二年以降の出羽国では兼陸奥出羽按察使の文室綿麻呂が意図的に鎮撫策をとった[15]。

陸奥国の征夷で武神の機能を担ったのは鹿島（嶋とも）神であった。鹿島神は常陸国に鎮座するが、記紀神話で武神として華々しい活躍が記載される中央神である。以降、陸奥国では北進征夷策の実施につれて所々に勧請された。『三代実録』貞観八年（八六六）紀によれば、鹿島神の苗裔神（分祀）は陸奥国に三十八社あった。これら苗裔神に対し延暦年間（七八二〜八〇六）以降は常陸の鹿島神に供された封物を割いて奉幣するほどであったが、弘仁年間（八一〇〜八二四）に絶えてしまうなど神威が衰退した。そこで嘉祥元年（八四八）鹿島神宮司が先例を復活しようと幣物をもって陸奥国へ向かったが、旧例にないとして関所で止められ追い返されたことなど仔細に伝える[16]。こうして出羽国では鹿島神に代わる武神を必要とした。これより先、日本海を隔てた大陸から渤海国の使節団がたびたび出羽国に来航漂着していた。また朝鮮半島では貴族支配の不安定化によって新羅では緊迫した情勢があり、これらに対する警戒と防備の必要もあった[17]。

①神名の由来

同時代史料である『皇太神宮儀式帳』（延暦二年（七八三）撰上）によれば、大物忌は（伊勢）神宮の特殊な職掌をさす。神域に常居して昼夜の別なく神前に近侍し、もっぱら斎戒と神祭に奉仕した童女をいう。諸物忌の上首に立って心御柱の守護、御饌供撤、御鎰管理、御扉開閉など禰宜職にまさる奉仕特権を有していた。「大」と云うのは諸物忌の長なることを意味した[18]。神宮（内宮、外宮）では宮守、地祭、酒作、御塩焼、土師器作などの諸物忌が、賀茂・春日・鹿島などの有力神社では御神座近くに仕えた物忌が存したことは知られているが[19]、同時代においても以降においても、「大物忌」という表記は神宮の特殊な職掌をさす以外の用法は見当らない。新野説があげる「大いなる忌」などの用法は当時の国史、その他の史料を博捜しても見い出せない。また「大」が忌の大いなることを指す例も見ない。してみれば大物忌神の神名は一見して不思議であるが、こうした特殊な職掌名に由来すると考えるほかない。この件は再論する。

②祀られた理由

出羽国において鹿島神に代替して夷俘鎮撫の神威を発現できる神は如何、はたまた大陸をにらむ鎮海を祈願する神は如何と、藤原氏が主導する当時の律令政府は思案したに違いない。そうした中、これまでの鹿島神との所縁を切断しないという妥協的な思案から案出されたのが、当時も今も奇想天外な発想ではあるが、「大物忌」を神として祀ることであった。大物忌であれば鎮撫も鎮海もあわせ可能である。鹿島神の原神は境の神である共に海の神でもある。

③祀られた年代

弘仁二年（八一一）閏十二月、さきに大征夷作戦を撤収していた征夷将軍文室綿麻呂は征討後の守衛策を上申した（『日本後紀』）。これにより対陸奥国の征夷は一応終決したはずだが、一年半後の弘仁四年（八一三）五月、綿麻呂はかさねて征夷将軍に任ぜられた（『日本紀略』）。これは延暦二十年（八〇二）出羽権守とされて以来東北と関わり、名将坂上田村麿の没後はその偉業をついだ綿麻呂を引き続き征夷将軍とする必要があったからに違いない。この再任は多く言及されてこなかったが、主たる理由は出羽国蝦狄の鎮撫と北進策と、それに大陸および半島の情勢をにらんだ鎮海にあったと見るべきである。してみれば大物忌神は弘仁四年か、その後数年内に国府城輪柵において出羽国の神祇政策の目玉として祀られたと推察できよう。綿麻呂の征夷将軍の解任年月は不明だが、兼陸奥出羽按察使は弘仁六年（八一五）巨勢野足に交替しているので、その頃までには祀られたであろう。

④武神である理由

陸奥国の征夷戦で武威が衰えた鹿島神の代替神として、また大陸の動静をにらむ鎮海神として考案された故に、本来的に武神の性格をもつ。ただし征夷ではなく鎮撫である点に注意を要する。

4 物忌行為の神格化説

その後、筆者は仲川成章氏の好論文「陰陽師と大物忌神」（『由利』十号、二〇一七）に接した。これによれば、「自然崇拝として鳥海山は崇められてきたが、鳥海火山に対する官人の対応は柵戸・蝦夷・俘囚の動揺を鎮めるために「物忌み」行為の説諭と普及が重点施策だったと考えられる。この鳥海山への物忌み行為の信仰行為が、やがて神格化して、鳥海山には「大物忌神」が宿る山となったと推定される」という。物忌行為の神格化説である。そして益田勝美の次の所説を引用され[20]、「日本の神道は、神の姿や神の行為よりも神を信ずる方の人間の心に重点がおかれる宗教である」と指摘される。実に腑に落ちる所説である。

山は神であった。山が清浄だからではなく、山が神秘不可測な〈憤怒〉そのものだったからである。山はまず火の神であることにおいて神なのであった（六六頁）。日本の神道は恐れと慎みの宗教であり、客体として対象化されるべき神の面よりも、禊ぎ、祓い、物忌みして斎く人の側に重心がかけられている、いわば主体性の宗教である（七〇頁）。（オオモノイミの神の）名は神の性格から発しているのではなく、その神に対する山麓の人々が物忌みして神火の猛威を防ぎ続けなければならないところの、祭る側の態度を反映したものである（七一頁）。

この所説には刮目させられるが、他方、物忌み行為が如何なるプロセスを経て神そのものに転化したのか、破格の大物忌神という神名を国司以下の下向官人が自ら命名できたのかなど、この説を実証傍証に近付けるのは至難である。その上で、第一に大物忌神社（吹浦）の伝統神事である春冬物忌祭を考察する。この物忌祭は春冬（旧暦正月第三寅の日より、旧暦十月第三寅の日より）の各七日間、神職および氏子一同が髪月代爪をとらず、穢物を洗わず、病を問わず、喪を問わず、葬礼せず、竹木を剪らず、土を穿たず、灰を取らず、音楽（神楽を除く）をなさずの九箇条をもって、古来厳重なる物忌をなすと伝える[21]。この物忌祭は「春は五穀豊熟を祈り」「秋は五穀成熟を謝し」から推せば、大物忌神が農業神として成立以降と推察されるが、起源はいつまで遡及するかとか、命名に導いた原初の物忌み行為は不明だが、それにしても山神の怒りである火山噴火を鎮める物忌みとしては緩やか過ぎる印象を拭えない。

第二に大物忌神は伊勢神宮に存在する「物忌」と結びつかないとする所見を考察する。前述のとおり、新野氏は大物忌とは「大いなる忌」であり、「慎重に謹み敬うべき大いなる神」であるとして、その上で、大物忌神は伊勢神宮の「物忌」と関係性がないと主張される。この点に関して、最新の所見である講演録によれば、「ここに出てくる神（私注、火山神の大物忌神ヵ）は極めて強い、怖ろしい、神威を持っている神様のことです。神宮のお祭りでやさしく穢れなくやっている乙女たちの「物忌」とはとうてい思えない」という[22]。なるほど尤もであるが、視点を変えて、祀る側の人々と祀られる側の神々を峻別する当説に照らせば、大物忌神が荒ぶる神だとしても、神宮で物忌の長を称する大物忌の物忌童女とは決して相克せず、むしろ存在自体が至高の物忌である物忌童女こそが最高の物忌であると按じてもよい。よって大物忌が大物忌神の祖形か、逆に大物忌神は大物忌から名を仮(かり)た仮名(けみょう)であるとも考えられる。

三　関係の神々

ここでは当時の大忌神、大物主神など関係の神々を見てみよう。

1　大忌神、大物主神

○大忌神(おおいみのかみ)

大和国広瀬神社における若宇加能売命(わかうかのめのみこと)などの祭神の総称をいう（延喜式）。奈良盆地を流れる飛鳥川、初瀬川など諸河川の合流点に農業用水の神として祭られた。律令時代に恒例祭祀の四時祭の一つとして大忌祭(おおいみのまつり)が施行、起源は天武四年（六七五）四月、大忌神を広瀬の河曲に、風神を龍田に祭ったことによる。したがって古代北方蝦夷との関係で荒ぶる神であった大物忌神の原神とはなり得ない。

○大物主神(おおものぬしのかみ)

奈良県桜井市に鎮座する大神（おおみわ）神社の祭神をいう。大国主命（おおくにぬしのみこと）の幸魂（さきみたま）奇魂（くしみたま）とも（古事記）、大国主命の別名とも（日本書記一書）、大己貴神（おおなむちのかみ）の和魂（にぎみたま）とも（出雲国造神賀詞）いう。国家の守護神であると共に祟りなす強力な神という。このような神の性格から推せば大物忌神の原神となり得る可能性は否定できないが、なぜ大物「忌」神に転化したのか肝心な点が説明できない。

○物忌御社（ものいみのごしゃ）

神宮史料によれば、「此社『神祇本源』ニ社名ヲノミ載テ在所ヲ注セス。物忌并父ノ奉祀スル社ナルヲ以テ根倉御社トモ、物忌御社トモ、一社二名ニ唱ヘタルニハ非ルカ」（御巫清直「二宮管社沿革考巻五」『増補大神宮叢書7』）。古代に物忌並びに物忌父が奉祀し、恐らく内宮境内に鎮座していたとすれば、大物忌神の原神となった可能性が認められてよい。

2　諸国の大物忌神

○小物忌神社（おものいみ）

山形県酒田市山楯にあり級長津比古命（しながつひこのみこと）、級長津比売命（しながつひめのみこと）を主祭神とする。酒田市飛島に同名神社がある。旧出羽国三宮。『延喜式神名帳』に小社と記載され、元慶二年（八七八）従五位下勲七等に、同四年（八八〇）従五位上に昇叙された、袁物忌神に相当する。当社は大物忌神に随伴した相伴神にあたり原神ではない。

○物忌奈命（ものいみなのみこと）神社

東京都神津島にある神社で、式内社（名神大社）。三嶋神（伊豆国一宮）と本后の阿波咩命（あわひめのみこと）の御子神とされる。承和五年（八三八）神津島で激しい噴火が発生、これは三嶋神の後后が位階を賜ったにもかかわらず、本后の阿波咩命に沙汰がなかったことに対する怒りとされ、承和七年（八四〇）無位から従五位下へ（続日本後紀）、斉衡元年（八五四）正五位下となり、この間の嘉祥三年（八五〇）官社に列した（文徳天皇実録）。当社は噴火を原因として大物忌神とほぼ同時代に初出し、以降神階の昇叙など（官社化は大物忌神より十二年先行）、その神名と共に注目されるが、「物忌奈」と「大物忌」の関係が明らかでない。

○開聞岳噴火

薩摩国の開聞岳（かいもんだけ）は有史以降でも度々噴火があったとされるが、貞観十六年（八七四）と仁和元年（八八五）は大噴火だった。とくに貞観十六年の大噴火は「神社を汗穢（かんえ）する故」（『三代実録』貞観十六年七月二日条）と伝え、貞観十三年（八七一）（鳥海山）大物忌神の大噴火と同じ原因とされる。なお開聞岳を神体とする神は開聞神（『三代実録』貞観二年（八六〇）初出）と伝え、これを祭る神社は枚聞（ひらききき）神社などがある。これら諸国における霊山の噴火や山名神名の由来などは（鳥海山）大物忌神の創祀を考える上で、継続の研究を要する。

○その他
近江坂本の日吉大社を構成する上中下各七社の内、中七社に属する摂社大物忌神社（祭神大年神、本地毘沙門）、摂社新物忌神社（祭神天知迦流水姫神、本地持国天または吉祥天）は山王神道と関係し大物忌神の祖神ではない（『出羽国』神道体系神社編28）。相模二宮の川匂神社の祭神の一にある大物忌神は近世の勧請である（『式内社調査報告書』十二）。なお右三社は筆者参拝済。陸奥栗原郡荒黄川神社の祭神大物忌神（「奥羽観蹟聞老志」、他）は委細未詳。

四　大物忌神の創祀

1　撫夷鎮海神の成立

それでは、なぜ大物忌神が鹿島神の代替とされ出羽国の最高峰に祀られたのか、再度考察する。まず鹿島神であるが、『日本書紀』によれば鹿島神宮の祭神である武甕雷神（『古事記』では建御雷神）は、香取神宮の祭神の経津主神とともに天照大神の神詔を奉じて出雲国に降り、大国主命と国譲りの交渉をして建国の基礎をきづいた。のち香取の神とともに葦原中国を平定し、鹿島の地を本拠として東国の鎮撫と開拓にあたり、神武東征では武神として活躍したと伝える[23]。

鹿島神は養老五年（七二一）編集説が有力な『常陸風土記』に、「神郡を別置す。其の処は天之大神社、坂戸社、沼尾社の有る所なり。三処を合せて香嶋天之大神と惣称す」（香島郡条、原漢文）と伝える。よって右三社は鹿島神の原神としてよい。委細は省くが、天之大神は海神、坂戸の神はエゾ地の入口にある境神、沼尾の神は水神とされる。こうして香嶋天之大神は海の大神であると共に、エゾ地に対して海坂の地にある境の神である。エゾ地（私注、ここでは陸奥国をさす）とは陸続きではあっても、鹿島の地からエゾ地へは船で出発し、エゾ地は海の彼方の異境であった。鹿島神は大和政権のエゾ地への進出と共に太平洋岸に沿って北上した[24]。やがて鹿島神は陸奥国への進出に連れて徐々に神威が衰退する。熊田亮介「「征夷」と鹿嶋苗裔神」同『古代国家と東北』二〇〇三によれば次のとおり（要略）。

征夷にあたって軍需物資等を運送する海上輸送路があったことは確かであるが、東海道の延長で養老三年（七一九）には成立していた海道ルート（常陸国府から海道十駅）の陸上輸送路がより重要であった。こうして海道ルート上の諸郡に苗裔神が祀られ、それは政策的に勧請されたというよりは鹿島神を奉じて進んだ兵士らの足跡を示す可能性が高い。その中核はのちに鹿嶋社神賎と称される兵士である。ところが弘仁期（八一〇〜八二四）陸上輸送路が東山道およびその延長ルートに切り替えられ、海道筋の諸駅が廃止された。これに伴って苗裔神の神威も衰退を来した。

右所見の内、軍旅を旨とする兵士らの鹿島神勧請に関しては、自力で特定の浄地に勧請できたとも思えず、征夷軍の軍略上の政策があったと考える。つぎに鹿島神は古く中臣鹿島連（なかとみかしまのむらじ）が奉斎したが、延暦十六年（七九七）大中臣朝臣清持が京より下って宮司に補せられ、以後十世紀前半まで大中臣氏が代々宮司として仕えたと伝える。他方、神宮内宮の荒木田神主はいつの頃か大宮司中臣氏（遠祖大鹿嶋命）の引きで荒木田姓を受けたが、先祖を大中臣として鹿島神と深く関係する。伝承によれば大物忌の出自は荒木田神主の系譜に属すると伝え、両者の密接な関係を推察させる[25]。また当時（弘仁年中）嵯峨天皇を擁立する藤原摂関家は、氏神である春日大社の第一殿に鹿島大神を勧請するなど鹿島神と深く係わる系譜であった[26]。

こうした情況で注目された「大物忌」は、北方の鎮撫神に仕立てられ、併せて遠く大陸および半島をにらむ鎮海の神として北部日本海に寄せて屹立する出羽の最高峰に祀られ、神威衰退の鹿島神に代替し、鹿島神のもつ境の神・海の神の性格を継受し、なおかつ陸奥国に多数鎮座する鹿島神との関係を断絶しない神として案出されたと考える。なお初出の論文では如上の主旨を含め「撫夷神」としたが、本書では「撫夷鎮海の神」と明示する。こうして大物忌神の創祀は出羽国および北部日本海の神祇大系の再編をはかる基軸に据えたものであった[27]。これによって大物忌神は基本的に鎮撫鎮海の神格を授けられ、他方では出羽国諸神の頂点に立つ神ともされ、ときに「神気は賊に帰す」（⑪『三代実録』）という二面性を持たされた。その年代は前述のとおり（25頁）弘仁四年（八一三）から数年以内と推定される。命名には後述のとおり国司が主導し、在地領主らが参列して経年催行された、鳥海山を仰ぐ斎庭祭祀が影響したと推察するが、国司および下向官人だけでは創出され得ない神名である。場合によっては征夷将軍文室綿麻呂、それに鹿島社、荒木田神主、藤原氏の妥協の産物であった可能性すらある。

なお、このころ大宰府大野城、秋田城内四天王寺、それに山陰道および北陸道諸国など日本海沿いの辺要国では対外的な緊張関係から国家鎮護を目的とする四天王法が盛んに修されていた[28]。にもかかわらず、こうした仏法に依存せず大物忌神が辺要の出羽国で成立した点は注目されてよい。

2　斎庭祭祀から社殿造営へ

斎庭祭祀

仁和三年（八八七）出羽国府は庄内平野の出羽郡井口の地に在り、これは平安時代初期の延暦年中（七八二〜八〇六）の建造と伝える[29]。この井口とは、近年の研究によれば酒田市城輪に所在し、国指定史跡の城輪柵跡である。これより先、和銅五年（七一二）建国された出羽国府の所在地は、移転北上があったとしても、庄内南部であったと推定されるが、具体的な箇所は不明である。他方、天平五年（七三三）出羽柵が秋田村高清水岡に遷置され、のち天平宝字四年（七六〇）秋田城が史料上に初出し、これらによって出羽国府は機能の全部または一部が国指定史跡の秋田城跡に移転したとされる。ところが宝亀六年（七七五）紀の出羽国言う「蝦夷の余燼猶ほ未だ平殄せず、三年の間鎮兵を請い、且つは国府を遷さん」、宝亀十一年（七八〇）紀の「今此秋田城は遂に永く棄てられんか」を経て、延暦晩年に国府は最上川北部の城輪柵跡に南退し、後述する大地震による短期の移転を除いて、平安時代および以降この地に在ったとする所説が有力で[30]、これに私も納得する。

この城輪柵跡に立って北方を望めば、鳥海山が圧倒的な存在感をもって壁立することに気付く。この感慨は鳥海山と山神を一体とする古代人には一層強烈であったろうし、国司以下の下向官人には四季多く雪を戴く秀峰は神々しく仰望されたに違いない。こうして鳥海山は辺要の地主神ではあるが、国司らに畏敬と信仰の念が生じたとしても不思議ではない。城輪柵が右のとおり延暦晩年の延暦二十三年（八〇四）に造営されたとすれば、前述で推定した大物忌神の創祀年代である弘仁四年（八一三）から数年後までの約十年間は無社殿の時代に当たるが、この間は国府近傍に臨時仮設される斎庭において先述のとおり北岳大神の神名をもって、国司らが律令的な祭式作法によって奉祭し、在地豪族らが参列したと按ずる。創祀以降は、後述する吹浦社殿の造営年代にもよるが、長ければ（④預之官社）五十年弱、短かければ数年は大物忌大神の神名をもって仮設の斎庭で奉祭されたと考える。ただし国司祭祀で鳥海山の山神を鎮める物忌祭祀が行なわれたとしても、如何ような祭祀であったかまでは判らない[31]。

さて城輪柵跡の北東に隣接する城輪神社は創建年代が不詳で、祭神は倉稲魂命（うかのみたまのみこと）であるが、貞観七年（八六五）従五位下が授けられ、元慶四年（八八〇）従五位上に昇級と、古来大物忌神社の二之宮と称される名社で、鎮座地の小字が「表物忌」である。この「ひょうものいみ」と音読する小字の由来は明らかにし得ないが、少なくとも地名に遺る以上、考案を逞しくすれば、当鎮座地は経年祭事が催行された斎庭（ゆにわ）の跡で、のち吹浦に常設社殿が建造された年代に、代わって地主神として城輪神が祀られた処と考えても不思議でない。この所見は新説で今後の考証と批判を俟ちたい。さらに想定される時代は降るが、吉田東伍によれば、「今に社頭の東西を衆徒屋敷寺屋敷と云ひ、田畑の下名に正月油田、鳥居畑、物忌田、（略）等の唱あるは、往古の神領なる由也」と伝え（『大日本地名辞書』城輪神社条）、城輪神社の境内と周辺地は「物忌」と深く関わることを暗示する。

社殿建造

大物忌神社（吹浦）の社殿建造に関しては、史料aによって、貞観十年（八六八）に海岸に近い吹浦に大物忌神と月山神（もと田川郡）を祀る、二つの並設された社殿があったと推定される。この社殿は貞観四年（八六二）大物忌神の預之官社（④『三代実録』）による国司奉幣のために設置されたと推察されてきたが、もっと早い可能性がある。次に史料bは読解の別れる処で、大方は、「大物忌神の社（ヤシロ）は飽海郡山上に在り」として貞観十三年（八七一）に山上社殿があったと推定したが、第四章で再論するとおり筆者は異説に与し、「大物忌神の社は飽海郡に在り、山上は云々」とするので、飽海郡すなわち吹浦に在ったと考える。

a出羽国言、飽海郡月山大物忌両神社前、雨石鏃六枚（⑦三代実録、貞観十年紀）

b出羽国司言、（略）大物忌神社在飽海郡、山上巌石壁立、人跡稀到、（略）去四月八日山上有火（⑧三代実録、貞観十三年紀）

その後、筆者は大物忌神社（吹浦）の社殿建造年代を城輪国府と関連施設の空間形成から再考した。近年の発掘調査によれば、以下に掲載する関連遺跡の遺構から城輪柵一帯では国府・国分寺・関連社寺の創建、駅家（うまや）の設置、条里制の施行など計画的な地方都市造りが行なわれたと推定される[32]。そして国府造営後は同社殿の建造が国分寺建造に並行するか、これに準ずる事業であったと考え、貞観四年（八六二）の預之官社までは降らず、早ければ国分寺の存在を伝える弘仁十一年（八二〇）近傍、または承和五年（八三八）の初出・昇級に先立つ従五位上（または従五位下）の叙位があったと推定する八三〇年代、降っても②宣命が下された承和七年（八四〇）以前ではなかったかと按ずる。城輪柵跡に立てば、鬼門である丑寅の北東方位に大物忌神社（蕨岡）が望まれ、その先に鳥海山が鎮座する（当時は七高山が最高峰）。当時柵の造営で方位信仰がいか程の影響力があったか筆者は不明だが、南面する鳥海山を仰拝できるという優れた位置関係にある蕨岡（上蕨岡の微高台地）は、吹浦に先行する里宮機能があったのかと想像したくなる。他方、吹浦（布倉）では鳥海山頂を仰望できず、南面する社殿から山頂を望めないという位置関係にあるが[33]、南退した国府は何よりも出羽国北半の鎮撫安定を最優先し、社殿建造の地をあえて庄内平野最北部の駅路上の遊佐に選択し、建造を急いだに違いない。南退した国府の国司以下下向官人の眼前に迫る鳥海山は国境守護神ではあり得ず、国司らの喫緊の課題である、出羽国北半の撫夷と北部日本海の鎮海であったと考える。

八森遺跡／八幡町市条、柵東三km／嘉祥三年（八四三）地震で国府一時移転地
堂の前遺跡／八幡町法蓮寺、柵東南一・二km／国分寺、九世紀前半
庭田遺跡／酒田市庭田、柵東南一・二km／国分尼寺ヵ、十世紀以降
俵田遺跡／八幡町岡島田、柵南東一・五km／祭祀遺構、陰陽師、九世紀中葉
上ノ田遺跡（酒田市）、後田遺跡（八幡町）／柵関連官衙または集落跡
（本楯）大物忌神社／酒田市新田目城跡、柵北西三・五km／古代勧請は不定
延喜式駅家「遊佐」／遊佐町大楯または遊佐町大字遊佐
条里制／八幡町市条付近、酒田市新田目B遺跡
（注）八幡町は現在酒田市域。

結び

如上のとおり、鳥海山と一体で自然神であり地主神であった山神が、九世紀初に律令政府によって大物忌神と命名され、撫夷鎮海の神に仕立てられた様相がおおむね描出できたと思う。筆者は斎庭における国司以下下向官人の祭祀が創祀命名を醸成したと考える。斎庭の祭祀は物忌行為そのものではないが、物忌行為の神格化説と無縁ではない。さて肝心の撫夷鎮海の神としての機能は如何であったろうか。この点に関して元慶の乱（八七八年）で国府（城輪柵跡）から出軍した出羽国軍が行軍の途上、大物忌神を勧請した形跡は認められない。他方、大乱の終焉は必ずしも政府軍の軍事的な勝利によるものではなく、出羽権守藤原保則らの夷俘に対する懐柔と鎮撫策の奏功によるものだったが[34]、大乱後の大物忌神の昇叙から推察すれば、律令政府が大物忌神の神威を高く評価したことは疑いない。また鎮海神であれば、南海で相戦の遺唐使船に対して威稜があった大神（大物忌神）に昇叙、充神封二戸を伝える記事（②承和七年紀）はあながち牽強付会ではない。今後の研究課題は並立する月山神の神名と創祀[35]、物忌御社（伊勢）の委細、律令政府による諸国地主神の創祀などであるが、平坦な研究であるはずもない。

注

(01) 岡田荘司編『古代諸国神社神階制度の研究』二〇〇二によれば、大物忌神の初出前に国史に現れ、位階等が授与された東北の神々は次のとおり。いずれも陸奥国に所在し、おおむね現地色の神名である。宝亀十一年（七八〇）桃生白河等神十一社（桃生白河郡）預幣社、延暦元年（七八二）（陸奥国）鹿嶋神授封二戸、同九年（七九〇）石上山精社（黒川郡）為官社、同十五年（七九六）多賀神従五位下、承和三年（八三六）八溝黄金神（白河郡）従五位下兼充封二烟。初出後の承和年では、同八年（八四一）都々古和気神従五位下、同九年（八四二）大高山神（柴田郡）無位↓従五位下、同十年（八四三）多久都神従五位下↓正五位下、伊波止和気神従五位下、玉造温泉神無位↓従五位下、伊佐酒美神上同、同十一年（八四四）刈田嶺名神上同、鼻節神上同、同十四年（八四七）宇奈己呂別神上同。なお、この段階では志波彦神社（式内名神大社）、鹽竈神社（式外社）は見えない。

（02）注01に掲出された神名ならびに日本海側の白山、立山、（伯耆）大山などの霊山はいずれも地形や地名等に由来するか意味不明である。神祇思想の発展と関わる大物忌神のような神名は珍しい。

（03）天長七年（八三〇）秋田大地震を報ずる出羽国奏言に「夫れ辺要の固め、城を以て不虞の備えとす」（『類聚国史』巻百七十一）、仁寿元年（八五一）出羽国に下した太政官符に「去年出羽国解に称す、辺要の事予め備うるを本とす」（『類聚三代格』巻五）などの用例がある。鈴木拓也『古代東北の支配構造』一九九八、二頁によれば、蝦夷の居住地を国域の「東北」とする認識はすでに七世紀後半において見られ（『日本書紀』斉明元年（六五五）七月己卯条など）、これが継承され律令制下では陸奥国と出羽国は「東辺北辺」と言われ「辺要」と位置づけられた（「関市令」『令集解』など）という。

（04）雨石鏃は『三代実録』貞観十年（八六八）、元慶八年（八八四）、仁和二年（八八六）紀に伝わるが（研究五）、いずれも大物忌神の初出後である。また当時、皇朝に顕れた物恠として次の例が伝わる（『続日本後紀』）。①承和六年（八三九）七月五日。僧六十口を紫宸殿と常寧殿に延きて、大般若経を転読せしむ。禁中に物恠有るを以て也。②承和七年（八四〇）六月五日。物の恠内裏に見わる。柏原山陵（私注、桓武天皇墓）の祟りと為す。

(05) これまで私は十二回の記載としたが、同日条（『続日本後紀』承和七年七月廿六日）の記載二回を勘定に入れ、十三回の記載と改める（委細は研究五）。大物忌神に次ぐのは出羽国では月山神七件、袁物忌神・城輪神各二件、他一〇社は各一件、陸奥国では苅田嶺神が四件、宇奈己呂別神・大高山神・都々古和気神が各二件、他二六社が各一件である（『六国史索引』）。

(06) 銅製、径二九・四cm、厚一一cm（遊佐町教育委員会『遊佐町の文化財』二〇〇六）。重量六kg（遊佐町史資料、三七頁）。鰐口は大伽藍をもつ寺院では用いず、むしろ古くから大衆の信仰を受けていた山岳寺院において用いられ、山岳寺院特有のものとする所見があるが（佐和隆研「山岳信仰美術の特質」和歌森太郎編『山岳宗教の成立と展開』二七四頁）、当時は神仏習合で寺院佛堂に限定されるものではない。

(07) この他、進藤重記は、十七世紀成立の戦記を基とする『羽源記』によって、羽黒山を訪ねた最上義光を案内した山伏が語ったという「飛島淡島佐渡か島北仙の嶽」の、北仙の嶽も鳥海山とするが疑わしい。なお岡見正雄校注『義経記』一九九二は、「西は西海の博多の津、北は北山、佐渡の島、東は蝦夷の千島」と翻刻し、北山は佐渡第一の金北山とするが、私は納得する。

(08) 小著『鳥海山縁起の世界』一三二頁。

(09) 熊谷直春「鳥海山名私考」『鶴舞』57、一九八三・三。この他、熊谷氏は「すくせ山」「とりのうみ」を考察され、前者（宿世山、寿久世山）は否定、後者（鳥の海）は肯定される。なお鳥海山名は第三章で再考する。

（10）①景行天皇御宇大物忌神当国に現わる（大物忌神社記）、②欽明天皇七年（五四六）鳥海権現が飽海嶽に出現（三権現縁起）、③欽明天皇二十五年（五六四）飽海郡山上に鎮座（大物忌神社記）、④貞観二年（八六〇）慈覚飽海嶽に登り開山（三権現縁起）などがある（小著『鳥海山縁起の世界』）。

（11）阿部正巳「鳥海山史」一九三一、誉田慶信a「大物忌神社研究序説」一九八三（誉田b「国家辺境の守護神」『中世奥羽の民衆と宗教』二〇〇〇に修文収録）、新野直吉a「大物忌神の神格」『日本歴史』四二四、一九八三・九、新野b「鳥海山大物忌神社」谷川健一編『日本の神々』12、一九八四、新野c『古代東北史の基本的研究』一九八六、伊藤清郎「鳥海山信仰と飛島」『霊山と信仰の世界』一九九七、新野d「古代における鳥海山信仰」日本山岳修験学会『山岳修験』56、二〇一五（講演レジメは「鳥海山学術大会資料集」二〇一四所収）、誉田c「東北史のなかの鳥海山信仰」『山形県地域史研究』43、二〇一八などがある。

（12）史料を精査した松岡正樹「近世鳥海山噴火試考」『秋大史学』23、一九七六は、古代中世期の鳥海山の噴火は弘仁年（八一〇～八二四）、貞観一三（八七一）、天慶二（九三九）の三回とする。このほか地震、鳴動が再々あったが、同期の噴火十五回とする姉崎『鳥海山史』は史料の信頼性を欠くとする（七九頁）。

（13）天平五年（七三三）出羽柵の秋田村高清水岡への北進とともに出羽国府も附随して移転した（『続日本紀』宝亀六年（七七五）十月十三日条など）とする説が有力であるが、これを否定する説や一部機能の移転説がある。なお誉田氏は二〇一七年の講演で「観念としての北方」という見解を強調された（誉田c、同b三一頁）。律令政府から見れば佐渡は北方の四至、出羽国は北方の辺要であったが（注03）、鳥海山の鎮座地に関してはさらに史料による考察を要する。

（14）異類は化外人、異国人、外国人などをさす律令用語という（高橋崇『律令国家東北史の研究』一九九一、四七七頁）。なお異類は「国司上言、件俘囚等、幼棄野心、深愧異類、帰衣佛理」の用例がある（『三代実録』貞観元年三月二十六日条）。六国史では外国とは畿内、京中、京畿の外をさす。

（15）注11新野c二七八頁以下、新野『古代東北史の兵乱』一九九五、二一五頁以下。

（16）延暦元年（七八二）五月二十日。陸奥国言く。鹿島の神に祈祷して凶賊を討ち撥む。神験虚に非ず。望むらくは位封を賽せむと。勅して勲五等封二戸を授け奉る（『続日本紀』）。さらに延暦七年（七八八）三月三日条は鹿島神の神賎が東征に参じたと伝える（『続日本紀』）。こうして鹿島神の苗裔神は陸奥国に分布したが、やがて神威は衰える（『三代実録』貞観八年正月廿日条）。

（17）渤海国からの来航漂着は次のとおり（『続日本紀』）。

・宝亀二年（七七一）渤海国使等三二五人、船十七隻で出羽国賊地野代湊に着。
・宝亀十年（七七九）渤海及鉄利人三五九人、入朝し出羽国に在る。
・延暦五年（七八六）渤海国使以下六五人、船一隻で出羽国に漂着、一二人が蝦夷に略（殺）され、四一人が存命。
・延暦十四年（七九五）渤海国使等六八人、出羽国に漂着（『類聚国史』）。

○対新羅悪化情況の主要例は次のとおり（『日本後紀』）。

・宝亀十年（七七九）遣新羅使の帰国を以て対新羅の公式関係おわる。
・弘仁三年（八一二）二十艘以上の新羅船対馬を窺う。

・弘仁五年（八一四）新羅人二六人博多に漂着。
・弘仁十一年（八二〇）駿河遠江に配置されていた新羅人七百人蜂起（『日本紀略』）。
(18) 中西正幸「伊勢の大物忌」『神道宗教』一三九、二〇一五。
(19) 櫻井勝之進『伊勢神宮の祖型と展開』一九九一、一七八頁以下。
(20) 益田勝美『火山列島の思想』二〇一五。同主題の論文であるが、新朋秀「火山列島における山岳祭祀と蛇信仰―古代の鳥海山を例として―」『環太平洋文化』17、二〇〇一は、「神名火山である鳥海山の大物忌神の正体は、大穴に棲む主であるオホナムチ、すなわち大蛇である」とする。
(21)（大物忌神社）社務所「大物忌神社の特殊神事」『民俗芸術』第三巻十二号、一九三〇・十二。阿部「鳥海山史」一二八頁以下。
(22) 委細は次のとおり（『山岳修験』56号、二〇一五、新野d一八頁）。この史伝（引用注、貞観十三年（八七一）大噴火条）は伝える書により字句の小異もあるが、この火山の神の神畏神徳を極めてよく示している。そして「大物忌」の神名も、仰ぎ崇敬する人たちの側が「慎重に謹み敬うべき大いなる神」ということによっていると認められるのである。これは私が長年考えた結果です。伊勢神宮に存在する「物忌」というものとこれは直接結びつかない。なぜならここに出てくる神は極めて強い、怖ろしい、神畏を持っている神様のことです。神宮のお祭りでやさしく穢れなくやっている乙女たちの「物忌」と同じとはとうてい思えない。それでこういう解釈をしました。（中略）。この「忌」を神宮の物忌という熟語と同じ状態で解釈してはこの状況は解釈できない。よって私は漢字の物と忌という二つの文字の意味をこの峻峰の山の神様の神徳というのに対応させてこういう表現をしていると考えざるを得なかったのです。

(23) 沼部友彦「鹿嶋神宮」式内社研究会編『式内社調査報告書』第十一巻、一九七六。東実『鹿島神宮』二〇〇〇年（初版一九六八）。

(24) 大和岩雄「鹿島神宮」谷川健一編『日本の神々11』二〇〇〇、三二五頁以下。

(25) 大物忌の起源は不明だが、伝承によれば初代は荒木田神主の遠祖とされる天見通命（あめのみとおしのみこと）の孫（平安期成立の『皇太神宮儀式帳』では川倭姫、鎌倉期成立の『神祇譜伝図記』では大乎禰奈）と伝え、大物忌と荒木田神主との深い関係が推察される（中西正幸「神宮の大物忌」『神道宗教』一五五・一五六、各一九八九）。大物忌の任に荒木田神主の子女が当てられたとする史料は筆者未見。なお鹿島神宮の物忌職に関しては、森本ちづる「鹿島信仰の環境—物忌職を中心に」『日本学研究』2、二〇〇四が同神宮鎮座と物忌の由緒などが不可分とする。

(26) 天長十年（八三三）春日社に宛てた「伊都内親王願文」は証知証乗し給う神として「鹿（香）取鹿嶋相殿枚岡四所の大神」をあげ、この時すでに藤原家の守護神の一が鹿嶋神であったことを示す。また作成年代が不明であるが室町時代の写本がある『類聚既験抄（るいじゅきげんしょう）』（『続群書類従』所収）によれば、春日大明神の一宮は「武雷槌命、鹿島大明神」である。

(27) 神々の初期進階が陸奥国に比較し遅れた出羽国では大物忌神と月山神以外では漸く貞観四年（八六二）熊通男神、石通男神、真蒜神が、貞観六年（八六四）城輪神、高泉神が各正六位上から従五位下へ昇叙した（『三代実録』）。これらの神々と記録上に現れない出羽国諸神の最高神が大物忌神であった。

(28) 三上喜孝「古代の辺要国と四天王法」『山形大学歴史・地理・人類学論集』五、二〇〇四、同「同補論」『同』六、二〇〇五。

(29)国府は出羽郡井口の地に在り。即ちこれ去る延暦年中（七八二～八〇六）陸奥守が、田村麻呂の論奏に拠りて建てし所なり（『三代実録』仁和三年（八八七）五月二十日条）による。
(30)『山形県史』第一巻、一九八二、四一三頁以下、加藤稔「古代出羽国に関する二、三の問題」『山形県立博物館研究報告』8、一九八七、小松正夫・日野久「出羽国府論」『月刊文化財』一九九一・八。なお一九七八年柏倉亮吉・小野忍発表の論文（『山形県民俗・歴史論集』第二集）がとった弘仁六年（八一五）～同十年（八一九）移転説は、この間十数年の河辺府、平鹿府の存否に関係し注目されるが（右小松・日野論文）、立ち入らない。
(31)国司祭祀の最新の研究によれば、「国家が国司に対して執行を推奨していた祭祀とは、国郡内への霊験を祈念する国郡レベルの祭祀、国内の平安を国司の責任をもって祈念する国司祭祀であった」という（小林宣彦「国家祭祀と国司祭祀」『律令国家の祭祀と災異』二〇一九、四四頁）。
(32)長瀬一男「地名が物語る古代出羽国の謎―出羽国大物忌神と移民の記憶―」『環太平洋文化』二七・二八合併号、二〇一三。柏倉亮吉・川崎利夫「出羽」『新修国分寺の研究』第三巻、一九九一。
(33)令和三年七月、地元在住の吹浦布倉区長後藤徹也氏のご示教で確認する。
(34)小論「秋田営と元慶の乱」『北方風土』66、二〇一三年六月。
(35)『新抄格勅符抄』第十巻を字義どおり読めば、月山神は宝亀四年（七七三）封戸二戸の奉宛が国府から牒をもって朝廷に上奏され、大同元年（八〇六）朝廷から国府に下された符をもって同二戸の奉宛が下達されたが、この間の三十三年は長すぎ今後の研究を要する。大物忌神に比較し、山名の史料上の初出で六十五年、封戸の奉宛で三十四年と先行する。また田牧論文で国府官人命名の好字とされる、月山という山名についても考察を要する。

第二章　神宮寺の創建——安慧の出羽国講師派遣が契機——

はじめに

当神宮寺の創建に関する研究は大物忌神の創祀に関する研究と深く関係する。また八～九世紀日本宗教史上に神仏習合として現われた初期神宮寺の諸相を考える上で重要である。大物忌神（同神社を含む）に関する研究は江戸時代過半以降、相応に積み上がっているが、同社に付設された神宮寺に焦点を当てた、体系立った研究は未だ出ていない。私は自らの生家にちなむ出羽仙北神宮寺に関心を寄せ、先に当神宮寺を含む出羽陸奥両国の神宮寺を網羅的に研究したことがあるが[01]、これらを踏まえ、大物忌神の創祀との関連で、当神宮寺の創建の様相を究明しようと思う。

一　神宮寺

1　史料上の神宮寺

当神宮寺の史料上の初出は、⑬『三代実録』仁和元年（八八五）十一月二十一日条の、「去る六月二十一日出羽国秋田城中及び飽海郡神宮寺西浜に石鏃雨りき」である。この記事によって当時神宮寺を称する寺院が飽海郡に所在したと了解されてきたが、大作『鳥海考』『続鳥海考』を著された須藤儀門は、大物忌西浜あるいは神社西浜といわず、あえて神宮寺西浜と呼んだのは理由があるとして、聚落名の可能性を示唆する[02]。しかし右文脈では「秋田城」と「神宮寺」に並置の関係が認められるし、聚落まで形成されたのか懐疑するので、私は神宮寺を称する寺院と按ずる。そして神宮寺西浜と称するからには神社と神宮寺の立地は不即不離で同所とは考えにくい。神宮寺は神社境内の西端か隣接する境外の海岸寄り小丘にあって、神社と神宮寺は一定の間隔があったと推察する[03]。いずれにしても本条は仁和元年に出羽国飽海郡に神宮寺が存在したと伝えるので、これより早く創建されたことは間違いない。

宝暦十二年（一七六二）当社社家の新藤重記が成稿した『出羽国風土略記』には、「上古の寺地は吹浦川の（川筋今は古に変れり）南に有て西浜の上なり、兵火の為に焼れしと云伝たり。瓦の多く焼たるありて地理国史に符号す」とある（6ノ45）。これは江戸時代過半の伝承を伝えるもので、「西浜」による後世の付会とは考えない。西浜の上という記述からすれば、神宮寺の所在は吹浦西浜の高台であったと考えられ、右推察と合致する。つぎに当神宮寺の史料上の出現は四十年余経過した延長五年（九二七）撰上の『延喜式』である。同主税上（巻二十六）によれば出羽国は次のとおり。

正税　二十五万束
（私注、朝廷に納める国税）
月山大物忌神祭料　二千束

文殊会料　　　　　　　　　　　　　二千束
（同、文殊菩薩を祀った文殊堂の費用らしいが場所は不明）
神宮寺料　　　　　　　　　　　　　一千束
四天王修法僧供養并法服料　　　　二千六百八十束
（同、秋田城にあった四天王寺の僧の供養料と法服料）

この神宮寺に所在の郡名が付されていないが、さきに見た初出の飽海郡神宮寺であることは疑いない。大物忌神社（吹浦）に付置された神宮寺をさす。古代の出羽国では吹浦以外に神宮寺が存在しなかったことが私の研究で知られるからである[04]。ちなみに右神宮寺他がいずれも所在の郡名が付されていないのは当時は自明だったからに違いない。こうして当時吹浦に神宮寺が所在し、維持祭料として稲一千束が国庫から給付されていたことになる[05]。一千束がいか程か分かりにくいが、当時一町当りの基準収穫高が上田五〇〇束、中田四〇〇束、下田三〇〇束であったと伝えるので、上田二町に相当する[06]。意外に少ないが、当神宮寺の性格と関係するので再考する。

こののち当神宮寺が史料に現れるのは、慶長一七年（一六一二）吹浦両所宮造営棟札である。この棟札は火災で失われ今は銘文しか遺らないが、願主に「羽州一宮両所山神宮寺」と記されてある。七百年余の空白である。大物忌神社や庄内地方には古代はともかく中世の文書がそれなりに伝わるが[07]、神宮寺の記載は一切ない。これを思えば古代および中世期の当神宮寺の研究は容易なことではない。

2 初期神宮寺

先学の研究によれば神宮寺は全国で八世紀に十六寺、九世紀に八寺が創建された。これら八～九世紀に出現した神宮寺は一般に初期神宮寺と称され、十世紀以降に本地垂迹説の普及につれて出現した神宮寺と区別される。仁和元年（八八五）に初出する当神宮寺は奇しくも初期神宮寺の掉尾をかざる[08]。初期神宮寺を研究された逵日出典は、初期神宮寺とは神が神身を苦悩し、この救済のため山岳修行者が地方豪族層の助力によって、まず地方に創建したもので農耕生活の安定（風雨順調、五穀豊穣）が得られるという筋書きであったとする[09]。これに対して義江彰夫は、初期神宮寺の概念を用いないが、神の苦悩は共同体祭祀の崩壊に起因するなど社会史的研究から当時は越前気比、宇佐八幡、常陸鹿島、伊勢神宮など官主導で創建された神宮寺と、民主導で創建された若狭比古、多度など諸国多数の神宮寺という二つのタイプがあったと指摘する[10]。ちなみに当神宮寺は前者に該当する（神の苦悩については後考する）。

二　神宮寺の創建

1 出羽国分寺の存廃

出羽国分寺は弘仁十一年（八二〇）編纂施行の『弘仁式』に初見する。このとき出羽国に国分寺が存在し、その国分寺料は籾四万束である。

出羽国　正税十四万束。公廨二十万束。国分寺籾四万束。

陸奥国　正税六十万三千束。公廨六十万八千二百束。国分寺料六万束。

公廨／コウカイ。地方官人に宛てられた職田。

さらに『続日本後紀』承和四年（八三七）六月六日条は、出羽国に国分二寺（国分寺、国分尼寺）が存在したことを伝える[11]。

従五位下勲六等小野朝臣宗成（むねなり）が請に依り、勅して、出羽国最上郡に済苦院一処を建立することを聴す。又宗成が司る所の国分二寺に仏菩薩像を造り奉り、并せて雑経四千余巻を写し得んことを、（聴す）。

ただし宗成は天長七年（八三〇）には出羽守であったが、本条では官名を欠く。このため出羽守であったかどうかを疑問視し（このときの国守は不詳）、「宗成が司る所」は必ずしも出羽国ではないとする異見がある。承和四年は天長七年からかぞえて七年を経過しており、当時出羽守の任期が五年であったことを考えれば、宗成が出羽国守であったとは限らない[12]。しかしながら宗成がなお済苦院を出羽国に建立したいと請願するからには出羽国と相当の関係があったことを示唆する。してみれば何らかの事情で宗成が出羽国分二寺を司っていて、自ら仏菩薩像（国分寺は存するのであるから本尊の可能性は少ない）の造立を願い出たと推察できる。

では出羽国国分寺はどこに所在したのであろうか。他国の例から推せば国分寺は国府の近辺にあったはずである。一九九六年柏倉亮吉と川崎利夫はそれまでの文献研究や遺跡発掘の成果を再検討し、出羽国分寺の研究集成とも言うべき論考を連名で出された。要点は次のとおり[13]。

イ（八世紀末頃までの）奈良時代に庄内に国分寺は存在しない。

ロ九世紀初頭、（秋田城に北遷していた）国府が南下し現在の酒田市城輪に移され、そのとき国分寺と国分尼寺が建立された。それが『弘仁式』や『続日本後紀』に記載のある国分寺であろう。国分寺は八幡町の堂の前遺跡であることはほぼ確定的である。尼寺は不明な点が多いが酒田市庭田遺跡が擬せられる。

ハ災害によって国府は移転を余儀なくされ、のち城輪に戻ったが、十世紀後半には衰退し、国分寺の所在も不明確となった。しかし十世紀に堂の前に堂塔が存在したことは確かである。一時移転は嘉祥三年（八五〇）の大地震によって「高敞の地」の八幡町八森遺跡へ移ったとする説が目下のところ最も説得性がある。

これ以降も関係の研究論文を見るが、変更を迫るほどの目立った新知見は見られない。したがって右要点を受容すれば、九世紀初期に国府が城輪、国分寺が堂の前にあったと考えてよい。さて前述の延長五年（九二七）撰進の『延喜式』は出羽国に国分寺料を記さない。記載がないのは出羽国のほかは安房、志摩、壱岐、対馬の二国二島である。これらには不記載の理由がある。安房は薬師寺料の二万束が国分寺料に相当し、志摩は国分寺の修理料が伊勢国に計上されてある。壱岐と対馬は島制なので国分寺が存せず、国分寺料があるはずもない（ただし島分寺料も見えない）。それでは出羽国の不記載はなぜであろうか。この点につき阿部正己は、「この時既に廃毀することは明らかなり」とし、

「其の廃毀の年月は審らかならず」「恐らくは嘉祥貞観の震災に罹り再興を見るに至らざりしものなるべし」という[14]。

このうち嘉祥三年の震災は同年十一月廿三日条の詔に、「邑居は震蕩し、厚載（私注、大地）を踏んで安からず、城柵は傾頽す」「其の被災尤も甚し、自存する能わず」「何ぞ拯救に懈るや」として、救済にのぞんだことが記されてある[15]。かなりの震災だったに違いない。これより凡そ四十年後の仁和三年（八八七）五月廿日条にも、「去んぬる嘉祥三年地大いに震動し、形勢変改す。既に窪泥と成る。加之、海水漲移して、府六里の所に迫る」という記事がある[16]。これに対して貞観十年は社前に石鏃が六枚雨った程度であり、同十三年は大爆発の噴火であったに違いないが、特段の被害が記録されていない。してみれば貞観十年説、十三年説を否定できないが、主として嘉祥三年（八五〇）に国分寺は停廃に追い込まれたのはではないかと按ずる。この点で前述要点ハと合致する。

2　定額寺と同時代に創建　—従来説

江戸期過半以降断続する長い大物忌神（神社）の研究で、当神宮寺の創建に立ち入って考察したのは鳥海山史を深く研究した阿部正己である。たびたび引用する彼の力作「鳥海山史」を再度見てみよう（三三頁）。

> 出羽国の寺院にて定額に指定されたるものは斉衡三年（八五六）より貞観十二年（八七〇）に至る十五ケ年に六ケ寺なり、此前後に一切定額寺の指定無きを以ても其隆盛を知るべし。大物忌神に神宮寺を設けたるも此頃に在るべし。

出羽国における定額寺の指定は指摘のとおりである[17]。嘉祥三年（八五〇）の震災で出羽国分寺が恐らく停廃に追い込まれ、以降断続があったとしても、国分寺が再興された様子が見えない。したがって国府は新たに仏式で奉仕する祈祷所を臨時にせよ常設にせよ必らず必要としたはずである。

こうして当時すでに大物忌神という特異な神名を授けられ、承和七年（八四〇）従四位下へ兼て神封二戸を充つ、貞観四年（八六二）官社に預く、貞観六年（八六四）二月正四位上へ、同年十一月従三位へと立て続けに厚遇をうけ、それだけ畏怖されていた大物忌神社には既に必ずや神宮寺が付設されていたと考える。ここでは神の苦悩は見られない。官寺的なタイプの初期神宮寺である。ただし、この頃であれば国府近在の定額寺を充てる方策もあったろうが、国司の祈願所とするほどの荘厳が得られないなどの理由で採られなかったと按ずる。この説は『延喜式』に出羽国の国分寺料の記載がなく神宮寺料の記載があることとよく合致するが、神宮寺の創建年代に関しては後考を要する。注目すべきは、諸国中で神宮寺料の記載があるのは出羽一国である。その外は越後国に神宮寺観音院料四千束を見るのみである。この点に関して阿部正己はいう（「鳥海山史」三九頁）。

延喜式に出羽国の国分寺料無きにより、国分寺は此時既に廃毀せることは明かなり。其廃毀の年月は審かならず、恐らくは嘉祥貞観の震災に罹り再興を見るに至らざりしものなるべし。依て出羽国にては廃毀後の国分寺の寺務を神宮寺に兼掌せしめしなるべしとの説ある所以なり（一部再掲）。

ところが前述のとおり神宮寺料がわずか一千束という点はこれまた注目されなければならない。さきに見たとおり出羽国分寺は籾四万束であった。仮にも神宮寺が国分寺に代替する性格のものであるならば、一千束で済むはずがない。月山大物忌神祭料と文珠会料の各半額、秋田城内の四天王料の半額以下という祭料はこの説の難点をあらわす。とくになぜ当神宮寺が創建されたのか、その事情が明らかでない。

3　安慧の出羽国赴任が契機 ——自説

これに対して筆者は新しい所説をこころみる。まず国内名神社に法華経を読ましむという詔勅がある（『続日本後紀』承和三年（八三六）十一月朔日条）。

　神道を護持せんも一乗の力に如かず。禍を転じて福と作す。亦修善の功を憑む。宜しく五畿七道に僧各一口を遣し、国内名神社毎に法華経一部を読ましむ。国司をして検行し、潔信を存するに務ましめ、必ず霊験を期せしむ。

資料によっては「名神社」を「各神社」とするが、『新訂増補国史体系』によれば「名神社」である。この詔勅によって名神の社格をもつ諸国諸社に僧各一員が派遣され、法華経を読経する措置がとられることになった。年代は降るが、延長五年（九二七）撰上の『延喜式』神名帳によれば大物忌神社は名神大の社格をもつ。

この詔勅から八年後の承和十一年（八四四）、延暦寺僧の安慧が出羽国に講師として赴任した。安慧は十三歳で最澄に付し、最澄の滅後は円仁に従い、円仁の滅後に第四代天台座主となった比叡山きってのエリート僧であった[18]。安慧の出羽国派遣は承和三年の詔勅が出羽国でようやく実現をみたものであった。当時安慧は四十歳。蝦夷の畏服がすすまない北方辺境の出羽に於ける法華一乗、神仏融合を徹底させるための超大物僧の派遣であったろう。

古代の講師は諸国の国分寺に配置され、僧寺に住み、毎国一人で増減もあり、僧尼統括・講経・部内教化・資財検校を任とし、任期は六年で一時は永年としたこともある職掌である[19]。これに従えば安慧は国分寺に配置され、(国分)僧寺に住したことになる。そして右詔勅の命ずるところ必ずや大物忌神の社前において法華経を奉読したはずである。それは赴任四年前の承和七年(八四〇)、大物忌神が破格の待遇に預かったことと無関係ではない。このとき大物忌神は皇朝に顕れた物怪が同神の祟りとトされ、また遣唐使の無事帰国に功があったことを以て二段昇叙と神封が充てられ、大物忌大神(「大神」号は破格の称号)とまで称された。

こうして超エリート僧安慧の社前読経のために、異例ではあるが出羽国では大物忌神社に神宮寺を付置し創建したのではないかと推察する。承和三年の発勅から赴任まで八年の経過を考えれば、赴任前の創建を計画したであろうが、竣功は承和十一年(八四四)の赴任直前となったであろう。ここでは神の苦悩の様子は見えない。官寺的な第二のタイプの初期神宮寺である。安慧は当時存在した国府城輪の近くの堂の前の国分寺に居住し、法会があれば吹浦の神宮寺に赴いたと按ずる。なお当時の神宮寺は一般に草葺きの粗末な構造であったという。後代まで神宮寺料が一千束に止まったのはこうした当初の事情が影響したのではないかと思案を廻らすが、明証は得られない。ちなみに、早ければ八二〇年代に吹浦に常設社殿が建造されたと推定される大物忌神(第一章)は、当神宮寺付置の年代では、後述するとおり月山と並祭する両所宮は成立していなかったと推察される。
安慧は、承和十三年（八四六）仁明天皇が延暦寺に定心院を建て十禅師を置いたとき、員数に加えられたので赴任は短期だったらしい。これに付き「是の時郡内の道俗、法相宗を一学し、天台宗に改帰す」とある（『往生伝』）。超大物僧の赴任であれば天台宗への改帰はさも有りなんだが、国内所々の寺院から僧侶が参進したとすれば、その感化力が郡内の道俗であったするのはいささか腑に落ちない[20]。この後、間もない嘉祥三年（八五〇）六月出羽国は朝廷に奏言して、境夷地に接し動々もすれば夷乱動変の嫌疑なしとせず、依って史生一人を省いて陰陽師を置くことを請い、許された記事が見える[21]。諸国への陰陽師（おんみょうじ）の派遣は太宰府を別にすればこのとき出羽国が最初である。これは安慧離任後の対応策であった可能性が高い。出羽国では蝦夷に対する強い不安がなお続いたのであろう。

4 開基開山伝承から検証

諸国の霊山には開基伝承が伝わる。近世史料であるが、鳥海山に伝わる主な縁起から慈覚大師（七九四〜八六四）の開基伝承を見てみよう。

イ元禄一六年（一七〇三）庄内藩医芹田貞運著『大物忌小物忌縁起』[22]
大同元年（八〇六）釈慈覚が山頂の大物忌神を吹浦村に遷坐。
ロ明和三年（一七六四）写『羽黒山暦代記』[23]
貞観二年（八六〇）慈覚大師飽海嶽（私注、鳥海山）に登り青赤の二鬼を封ず。
ハ宝永二年（一七〇五）神宮寺衆徒等書上（口上書）[24]

鳥海山は吹浦より慈覚大師の開基。

前述のとおり慈覚とは安慧が兄事し、のち最澄の滅後に義真を経て延暦寺第三代座主となった円仁をさす。仏教では寺院の開基者に自らの師をあげる伝統を考えれば、これは安慧が当神宮寺の創建に深くかかわったことを示唆し、自説の傍証となり得る。ただし慈覚の創建伝承は東北各地の寺院に伝わるので、必ずしも当神宮寺が特異なわけではない[25]。

他方、縁起には鳥海山は役小角が開いたとする伝承が見られる。これを関係付けて阿部正巳は、「大物忌神は役小角の開きし所とし、後には慈覚が続きて開きし山なりと伝ふるは、神宮寺社僧の所伝なるべし」という（『鳥海山史』三三頁）。これに付言すれば、当神宮寺に慈覚自筆と伝承される金胎両部曼陀羅と天台智者大師の座像絵が所在する[26]。当初の製作年代は不明だが、曼陀羅は元和五年（一六一九）、座像絵は明和六年（一七六九）再表具の記録がある。慈覚自筆は伝承としても、これらは当神宮寺が慈覚大師の創建伝承と深く関わることを示すと考えてよい。

三　本尊と読経法会

1　本尊と本地佛

神宮寺の創建当時の本尊は何であったか、これを明確にする資料はない。神宮寺の創建が前述のとおり比叡山僧安慧の出羽講師としての赴任に伴うものであったとすれば、法華一乗の本尊として薬師如来が据えられた可能性が高いが、これもまた断言できない[27]。また国分寺との関係を重視すれば、諸国の国分寺が多く薬師如来を本尊としたことから推して、薬師の可能性を推察できるが、少数ながら釈迦如来や阿弥陀如来などを本尊とする例があって推断できない[28]。

さて大物忌神と月山神を並祭する両所宮の成立は、両神が従三位をもって同位階になった貞観六年(八六四)とする説と、元慶二年(八七八)元慶の乱の頃とする説があるが、私は貞観十年(八六八)の「飽海郡月山大物忌神社前、石鏃六枚雨(あめふる)」(⑦『三代実録』)から、この年までに大物忌神と月山神が吹浦の常設社殿に並祭されたと考えるので(神名書順は月山神が先)、実際は貞観六年説に近い。したがって早ければ八二〇年代に吹浦に常設社殿が建造されたとする推定によれば(第一章)、後代の祭祀様式から推して、当初は一社殿に大物忌神一神が奉斎され、貞観十年までに月山神を祀る一社殿が並設され、二神二社殿の奉斎になったと考える。ただし吹浦に建造された常設社殿は出羽国北部に対する出羽国南部の神威を動員する祈願所であったとすれば、当初は建造された一社殿に両神が並祭された可能性も捨てきれないが、現実的ではない。

ところで当神宮寺の創建が前述のとおり承和十一年(八四四)延暦寺僧安慧の出羽国赴任の直前であったとすれば、当年代には両所宮または両所宮信仰が成立しておらず、したがって創建された神宮寺には大物忌神の本地薬師と月山神の本地阿弥陀の二尊像が同時に安置された可能性は認められない。主神である大物忌神の薬師が先行し、月山の阿弥陀が追随したと考える。

この二尊につき後代の新藤重記は「神宮寺草創の時大物忌神社薬師如来、月山神社阿弥陀如来と習合する所也」とし、続けて「但し弥陀堂は古く光勝寺の屋敷に在て本妙坊といへる衆徒別当たりしとい〻伝たり。講堂一宇に二佛を置くは慶長以後の事にや」という[29]。また阿部正己は、「慶長年以前は薬師一体を光勝寺に安置し、弥陀は光勝寺境内の本妙坊に安置し、本妙坊は衆徒別当たりしと伝う」という[30]。

この経緯はやや分かり難いが、近世資料などを総合すると、かつて神宮寺は神宮寺と唱えた本寺と坊中から成っていたが、何れの時にか本寺が亡び、坊中の梵宮山光勝寺で神宮寺の寺務を行ない、光勝寺が神宮寺と称されるようになった。光勝寺は院号を教観院、坊号を学頭坊といい神宮寺の別称であった。その始期は明らかにし得ないが、これに伴い薬師は神宮寺を別称する光勝寺に、阿弥陀は同寺境内の本妙坊に安置され、近世初の慶長年（一五九六〜一六一五）以後は一山仏事の中心となっていた講堂に安置されたことを指す。近世、薬師堂とも本地堂とも称された講堂では薬師弥陀の二尊を本尊とし、左右の壇上に十二天の画像を懸け、中央に護摩壇を設け、神宮寺衆徒の修法の道場にしたと伝える[31]。

この薬師弥陀の二尊は明治三年（一八七〇）神仏分離によって当時神宮寺の末寺であった女鹿村（現遊佐町）の鳥海山松葉寺に遷され、今日同寺の本尊である。二体はともに木造の座像である。体内にそれぞれ製作年月、作者名、近世における修理年月などを墨書した銘文がある。それによれば記録に混乱があるが、阿弥陀如来が暦応元年（北朝号、一三三八）、薬師如来が永正三年（一五〇六）の制作である（研究一）。これによって慶長年以前に光勝寺、本妙坊にそれぞれ安置されていたと伝える薬師弥陀とはこの二体をさす。しかしながら反面この二像が草創以来であるかは疑わしい。年銘から考えて、第二世代以降の仏像の可能性が高い。当初の仏像は火災等で失われ新たに製作安置されたと考えられる。

2 読経法会

さて当神宮寺では如何なる読経法会が執行されたであろうか。自説によれば創建当初は法華一乗の法華経を主としたはずだが、やがて他経に代わった可能性がある。先学の研究による九世紀後半の神宮寺および神前読経の一覧によれば[32]、貞観元年（八五九）賀茂、春日社で法花経の例をみるが、これ以外は斉衡元年（八五四）七道諸国における名神社での大般若経の読経など殆ど金剛般若経、大般若経、般若心経である。また当神宮寺では出羽国分寺の停廃につれて、そこでの読経法会が徐々に移転執行されたに違いない。そうした当時の出羽国分寺の読経法会は次の如くと推定される。

天下諸国に令し、国分寺又は国分寺なければは定額寺に於て、大般若経を写し奉読　供養を行はしむ。（『日本後紀』大同四年（八〇九）一月十八日条）

これにより九世紀初めに創建されたと目される出羽国分寺では、鎮護国家を祈る大般若経が奉読されたと推定される。このときはまだ出羽国に定額寺はない。先学の研究によれば、当時諸国の国分寺では承和六年（八三九）以前は五穀豊穣を祈る夜の吉祥天悔過とこれと対の昼の最勝会（以後、吉祥天悔過は国庁で執行）、とくに貞観年（八五九〜八七七）からは当時盛行の悪夢悪相や兵乱鎮圧を祈る夜の薬師悔過とこれと対の昼の金剛般若経の転読などの法会が修されたという[33]。これに従えば嘉祥三年（八五〇）出羽国分寺が停廃して以降は右法会が神宮寺で執行されたであろう。

これより少し時代は降るが、俘囚叛乱の降賊法が修されたのは当神宮寺と考えられる。注目すべき神宮寺の機能である。前述のとおり元慶二年（八七八）三月、元慶の乱と称される古代出羽国で最大の叛乱が発生した。朝廷政府の出先機関である秋田城が陥落し、俘囚側は「秋田河以北を己が地と為さん」と要求してきた。ただならぬ要求である[34]。こうした状況下で律令政府は高僧の寵壽(ちょうじゅ)を出羽国に派遣し、大々的に降賊法を修させることを決した。すなわち、「詔す、大元帥法阿闍梨傳灯大法師位寵壽を出羽国に遣し、七僧を率い、降賊法を修せしむ」（『三代実録』元慶二年六月廿八日条）。この修会は吹浦で執行されたに違いない。当時国分寺は停廃していた可能性が高い上に、秋田郡以北で蜂起した夷俘を降し、大物忌神（鳥海山）以北の山北三郡の俘囚を宥恕するには、これらの諸郡から霊峰が望見される大物忌神の神前で修し、同神をさらに鎮撫の武神に仕立てる必要があったはずだからである。ちなみに再言になるが、これ以前もこれ以後も俘囚が鳥海山を南下して侵攻した記録がないが、このことは大物忌神の創祀と命名を考える上で重要である。

結び

如上のとおり、八〜九世紀の日本宗教史上に神仏習合の典型として出現した、初期神宮寺の掉尾を飾る当神宮寺の創建事情をさまざまの推察を交えて考察した。史料上の制約は甚だしいが、それでもなお当神宮寺の創建に関してかなり明らかにし得たと思う。当神宮寺では本尊と本地佛が渾然一体の様相であるが、他方、先学の研究によれば神宮寺本尊と本地佛は本来別で、両尊佛が一致するのは中世の神仏習合の熟成期以降のことだとする所説を見るので、これに留意しなければならない[35]。今後は中世期以降を含めたより系統的な研究が望まれるが、当神宮寺の停滞と中興、神宮寺が中核となった一山組織の形成、（鳥海山は）両部勤行の山など、かなりの程度見えてきている。さらなる研究に踏み出す思案は出来ている。

注

（01）小論「出羽国所在の神宮寺に関する基礎的研究」『出羽路』137、二〇〇五、同「東北地方の神宮寺」『北方風土』56、二〇〇八。

（02）須藤儀門『鳥海考』八三頁。現在大物忌神社の西海岸を西浜という。

（03）神社と神宮寺所在の距離関係はおろそかに出来ない。いち早く独特の神仏習合を遂げた宇佐八幡では神の菩薩への変身は本来の社殿で行なわれ、皇祖神を祀る伊勢神宮では直接の接触があってはならず別空間に建立され、古来王権の北方の固めであった越前気比神社では神社境内の一隅に建立など神仏習合の形態上でも微妙である（義江彰夫『神仏習合』岩波新書、一九九六、五九〜六〇頁）。なお、『遊佐町史』上、二〇〇八は字布倉の神宮寺跡と称される敷地とは別に、創建当初の位置は字堂屋の台地上にある吹浦遺跡を含め検討を要するという（二八四頁）。

（04）出羽国で過去現在に神宮寺の名称をもつ寺院は十四寺（修験寺を含む）をかぞえるが、当神宮寺以外は中世以降の創祀である（注01小論二〇〇五）。なお高橋富雄は小滝口（秋田県にかほ市）の旧小滝山竜山寺を神宮寺とするが（「鳥海山の歴史と文化」『本荘市史研究』3、一九八三）、これは別当寺だったことを表現したもので、神宮寺を称する寺院に当たらない。また一条八幡宮に神宮寺があったとする記述があるが（『遊佐町史資料』一六頁）、確認できない。

(05)『延喜式』の記述は「祭料」「供養并法服料」などと微細に使い分ける中で、後考を要するが、神宮寺料とは維持および祭料と推察する。

(06)『日本史広辞典』、『国史辞典』による。なお束は両手の拇指と中指でつかむ稲の量。一束は十把（容量）、一斤（重量）とし、稲穀一斗（舂米五升。現在の約二升、約三kgの説有り）に当る（右両『辞典』）。

(07)『荘内史料集』鶴岡市史資料編一―一、古代・中世史料、上巻、二〇〇二。

(08)逵日出典『神仏習合』一九八九、四八頁。同『八幡神と神仏習合』二〇〇七、四四頁。

(09)右『神仏習合』五三頁。右『八幡神と神仏習合』五〇頁。ただし近年の研究では地方に創建された神宮寺でも仔細に見れば政府・政治主導であったとする（脊古真哉「北陸道の初期神宮寺」『同胞大学佛文化研究所紀要』33、二〇一三。

(10)注03義江『神仏習合』二五頁以下。原論文の義江「日本前近代の所有と対自然関係から」（『現代思想』一八―九、一九九〇）があげる官・民主導の神宮寺の創建理由の官・民の異同は難解だが、結論的に神の苦悩をあげる。これに対して仏教史に精通した田村圓澄は、古代国家と関連をもつ八幡神や天照大神・賀茂神などの場合は、神宮寺が建てられ神前読経も行なわれたが、神身離脱の要求を含まないとする（田村圓澄「神仏関係の一考察」曽根正人編『神々と奈良仏教』一九九五）。

(11)依従五位下勲六等小野朝臣宗成請、勅聴出羽国最上郡建立済苦院一処、又宗成所司国分二寺奉造佛菩薩像、并写得雑経四千余巻。この中で「宗成所司」はかつて「宗成所同」と読まれ、最上済苦院があった近くに国分二寺があったことになるが、その後の定本は改めている（柏倉亮吉・川崎利夫「出羽」角田文衛編『新修国分寺の研究』第三巻、一九九六、二一〇頁）。

（12）任期五年は『類聚三代格』弘仁七年（八一六）一月十二日条及び承和二年（八三五）七月三日条による。当時の宗成の記録を示す。

・天長七年（八三〇）閏十二月二十六日『類聚三代格』

彼（出羽）国守従五位上勲六等小野宗成。

・承和四年（八三七）六月六日『続日本後紀』

本文掲載。ただし記された「従五位下」は誤記か降位か。

・承和七年（八四〇）五月八日『続日本後紀』

従五位上藤原宗成、後太上天皇崩御の御前次第司の次官たり。

なお、『続日本後紀』承和七年紀（八四〇）によれば、一月三十日藤原宮房、三月五日和気真菅、六月十日小野千株、八月二十二日文室有真とたて続けに出羽守が任ぜられていて、当年何らか異変があったことを示す。

（13）注11柏倉・川崎「出羽」二二五頁以下。これによれば出羽国府は延暦二十三年（八〇四）ごろ秋田城より城輪に移され（城輪Ⅰ期、九世紀前半）、これが『三代実録』仁和三年紀に見える「出羽郡井口」とする。なお第一章注30参照。

（14）阿部正己「鳥海山史」三九頁。

・嘉祥三年（八五〇）十月十六日（『文徳天皇実録』）

地大いに震裂し、山谷処を易へ、圧死する者衆し。

・貞観十年（八六八）四月十五日（⑥『三代実録』）
飽海郡月山大物忌両神社前に石鏃六枚雨る。
・貞観十三年（八七一）五月十六日（⑦『三代実録』）
去る四月八日山上に火有り。土石焼く。また雷の如き声有り。山より出る所の河、泥水泛溢す。其の色青黒し。

(15)『文徳天皇実録』嘉祥三年十一月丙申。
(16)『三代実録』仁和三年五月廿日癸巳。
(17)定額寺の指定は次のとおり。斉衡三年（八五六）出羽国法隆寺。貞観七年（八六五）出羽国観音寺。同八年（八六六）出羽国瑜伽寺。同九年（八六七）出羽国長安寺、最上郡霊山寺。同十二年（八七〇）山本郡安隆寺。
(18)『拾遺往生伝』上（『秋田県史』資料古代・中世編、八〇頁）。鷲尾順敬編『日本佛家人名辞典』、今泉淑夫編『日本仏教史辞典』は「アンエ」、『望月仏教大辞典』「アンエ（ネ）」と読むが、再考して、慧の呉音「エ」から「アンエ」とする（先に訓じた「アンネ」は改める）。円仁は九歳下野国広智和尚に師事、十五歳師に伴われて比叡山に登った。安慧は七歳同じく広智和尚に師事、十三歳師に伴われて叡山修行に入った。それぞれ最澄に師事、両者は兄弟弟子である。
(19)注11角田編著『新修国分寺の研究』第六巻、一九九六、二一七頁以下。注18今泉淑夫編『日本仏教史辞典』。
(20)菅野成寛は別史料をあげ（尊経閣文庫所蔵『類聚国史』抄出紙片、青蓮院門跡蔵本『天台座主記』裏書）、「みな法相宗を改め天台宗に帰依した」とするが、「みな」の範囲が判らない（「鎮守府

付属寺院の成立」入間田信夫編『東北中世史の研究』上巻、二〇〇五、一〇頁）

(21) 嘉祥三年六月甲戌。出羽国奏言。境接夷落。動為風塵。至有嫌疑。必資占騒。請省史生一員。置陰陽師一員。許之（『文徳天皇実録』）。なお太宰府の陰陽師存置は『続日本紀』天平宝字二年（七五八）六月四日条に見える。

(22) 米沢市立図書館蔵。翻刻・解説は小著『鳥海山縁起の世界』所収。

(23) 鶴岡市立図書館蔵。末尾に永正五年（一五〇八）羽黒山宥栄写之、自永正七年（一五一〇）真田在庁記之とあるが、明和三年（一七六六）羽黒山宥栄写之が妥当という（『山形県史中世史料二』）。

(24) 大物忌神社（吹浦）文書。なお略称される『神宮寺縁起』とは当書上をさす。翻刻・解説は小著『鳥海山縁起の世界』所収。

(25) 天台宗立石寺（通称山寺、山形市山寺）などでは慈覚の東北巡錫による創建伝承が根強い。同寺の本尊薬師如来は慈覚作と伝える。

(26) 式年遷宮記念誌刊行会編『鳥海山』収録写真、『鳥海山修験』一一七頁。

(27) 天台宗の比叡山延暦寺（根本中堂）、三千院、寛永寺などでは本尊は薬師であるが、青蓮院（熾盛光如来）、妙法院（千手観音）、中尊寺（阿弥陀）などでは薬師ではない。

(28) 角田文衛『国分寺と古代寺院』一九八五、二一四頁。注19『新修国分寺の研究』三〇二～三〇三頁。当初多くは丈六釈迦であった国分寺本尊は弘仁時代に丈六薬師が流行し、以降は薬師が主となったが、必ずしもこれに限らない。

(29) 新藤重記『出羽国風土略記』6ノ43。

(30) 阿部正巳「鳥海山史」五〇頁。

(31) 安倍親任「三郡雑記上」『筆濃余里』一六〇頁。
(32) 注10田村圓澄「神仏関係の一考察」一一九頁。
(33) 関口明「九世紀における国分寺の展開」佐伯有清編『日本古代政治史論考』一九八三、一八一頁以下。ここで悔過とは自己の罪業を仏に懺悔し救済を求める悔過会をいい、最勝会とは最勝王経の転読会をいう。
(34) 小論「秋田営と元慶の乱」『北方風土』66、二〇一三。
(35) 嵯峨井建「神宮寺の神祇奉斎」『神道宗教』一三一、一九八八・六によれば、貞観元年(八五九)護国寺の建つ男山に宇佐から勧請された石清水八幡が神宮寺とした護国寺の本尊は薬師であるが、八幡神の本地は阿弥陀(主祭神の応神天皇は阿弥陀、神功皇后は観音、玉依姫は勢至)などという。

第三章　鳥海山信仰の成立――大物忌神の展開――

はじめに

八二十年代、出羽国府の城輪柵における祭祀を機縁に律令政府によって創祀されたと推定される大物忌神は、やがて神仏習合の潮流の中で、凡そ百年後の十世紀前半に大物忌明神として現れ、以降は古代蝦夷の反乱終焉に連れて急速に農業神へと変容し、山名はいつか鳥海山になったと推察されるが、その年代は明らかでない。その後、十四世紀半ばの南北朝時代、鰐口銘に「鳥海山」の山名が初出し、大物忌神社（吹浦）は出羽国一宮と称され、大物忌・月山の両神は両所大菩薩として並祭されるなど、激しく変動し展開する。

一　大物忌明神

大物忌神の国史上の最終記載は、『三代実録』仁和元年（八八五）紀⑬で、神宮寺西浜などに石鏃が雨ったのは大物忌神等が怪を為す故と伝える（十一月廿一日条）。このあと大物忌神が史料に現れるのは六国史の後をつぐ史書という『本朝世紀』天慶二年（九三九）紀の、「鎮守正二位勲三等大物忌明神山燃（割注、有御占）事恠」である（四月十九日条）。これは鳥海山が再び爆発噴火したので御占したところ恠事と出たことを伝える。恠は怪の俗字なので、「山燃」は変事を示す怪事と捉えられたことを示す。これと期を一にして同年四月、出羽国は馳駅して俘囚の叛乱を朝廷に言上し（『日本紀略』四月十七日条）、同年五月ついで七月と重ねて俘囚の叛乱を言上した（『同』五月六日条、七月十五日条）。天慶の乱である。

天慶の乱（出羽国）とは、天慶二年「俘囚が叛乱し秋田城軍と合戦」（『貞信公記抄』四月十七日条）、「秋田郡に到来した賊徒が官舎を開き、官稲を掠め取り、百姓の財物を焼亡」（『同』五月六日条）を伝える俘囚の叛乱で、これに対して、律令政府は出羽国に対し、一通は陣容の強化、一通は国内動員の強化、一通は大物忌神の慰撫（鎮め守れ）を指示する三通の官符を発給する（『本朝世紀』四月十九日条）などで対応した。交戦の経過は不明だが、同年八月に至り、出羽兵乱および祈年穀等の事で朝廷（八省院）から幣帛使が出羽国に発遣された（『貞信公記抄』八月十八日条）ことで、その頃までに沈静化したと見られる[01]。ここで幣帛使発遣の事由の一つに上げられた祈年穀（祈年祭用の穀物カ）であるが、六月の月次祭、十二月の新嘗祭と並んで、律令国家の恒例祭祀の一つであった二月の祈年祭（としごいのまつり）が当時出羽国府で施行されていたことを伝え、注目される。なお同年代、承平・天慶の乱と並称される、西海では藤原純友の乱（九三六〜九四一）、東国では平将門の乱（九三七〜九四〇）が起こり、朝廷は平定に腐心した[02]。この山の爆発噴火は『三代実録』⑧では兵杖の予兆であったが、ここでは現下の兵事を示す。この記述は六国史最後の記載から五十四年後のことだが、大物忌神はいつのまにか従二位から正二位へ昇級し、大物忌明神と表記されている。明神については先行研究に凡そ二説がある[03]。

第一説

古代において諸国の神社のうち、とくに霊験あらたかで、『三代実録』で「名社神明」とされた高名な神を名神（みょうじん）と称した[04]。神社祭神の等級の一つ。「明神（みょうじん）」は音を同じくし、これと同義とする。ただし明神の語は「延喜式」以前から見えることから、元来は名神は社、明神は神を指すといった区別があったとする説がある。その区別は弘仁期（八一〇～八二四）以降次第に失せて、中世以降は名神の称が使用されなくなり明神を用いる例が増加し、さらに明神を尊んで特に大明神とする用法がひろまった。

第二説

神号あるいは神の尊称として古代に「尊（みこと）」「命（みこと）」が用いられたが、神仏習合時代に「明神」「菩薩」「権現」が使用された。神号は神の性格や時代ごとの神観念の変化によりさまざまな名称が生まれたが、これらは仏教の影響を受けた称号である。なお明神は別に「アキツカミ」と訓じられ、「顕神」と表記されることがある。

第一説によれば前述のとおり延喜式で名神大とされる大物忌神は、これに因んで「大物忌明神」と表記されたことになる。藩内地誌の研究に精励した庄内藩士の安倍親任は「吹浦神跡誌」『筆濃余理』で「古書ニ名神ヲ明神共見エテ」「共に呉音ヲ以テ呼ブ例ナルベシ」として、これに与同する。しかし諸国の名神が一様に明神と称されたのか疑念を払拭できない。そこで私は第二説の神仏習合の進展によって大物忌明神と表記されたと考える。神仏習合の影響を看過しえないからである。いずれにしても大物忌明神はこの後に出てくる倉稲魂命など勧農神との過渡期に現れる。ただし以降でも大物忌神の名称がすたれたわけではない。『左経記』寛仁元年（一〇一七）紀に御神宝が下される諸国四十八所の一として、陸奥塩釜社などと並んで出羽大物忌社と記されている[05]。

つぎに大物忌明神が史料に現れるのは、十二世紀の鎌倉時代初期成立の体裁をとる『和論語』で、「鳥海山大明神の外に大物忌大明神と有是」と伝えるが[06]、国文学研究史料所編『古典籍総合目録』によれば、『和論語』は近世成立の偽書と断定されているので、これは該当しない。ついで永正七年（一五一〇）佐竹義舜起請文に記された「鳥海山大明神」である[07]。地元史料では元禄十六年（一七〇三）吹浦両所山神宮寺と同衆徒が荘内藩主酒井氏宛てに御宮修覆のため奉加を願い出た文書で、「大物忌大明神御宮慶長十七年（一六一二）以前最上源五郎様御建立」と述べた時代まで降る。

二　出羽国一宮、菩薩・権現号

出羽国一宮

大物忌神社に出羽国一宮の称号を付した初見は、正平十三年（一三五八）北畠顕信が「出羽国一宮両所大菩薩」に宛て、天下（南朝）の興復と陸奥出羽両国の静謐のため由利郡小石郷乙友村を寄進した文書である[08]。この両所とは吹浦に鎮座する大物忌神月山神を並祭する両所宮をいうが、実質的には大物忌神社をさす。しかしそこに並祭される両神は菩薩形に変貌し、出羽国一宮の称号が付されている。

乙友は今は小友と書く（秋田県由利本荘市本荘）。この地は永仁七年（一二九九）関東（連署北条貞時ら）より小早川定平に給与され、のち元弘三年（一三三三）南朝方の出羽国守葉室光顕が定平の子宗平に安堵し、また暦応二年（一三三九）足利尊氏が再度小早川氏に安堵した所である[09]。正平十一年（一三五六）南朝軍は庄内地方で窮地に陥ったが、正平十三年顕信は前内大臣名をもって、この鳥海山北麓の南北朝支配の交互した地を寄進した。このころ出羽国一宮であった両所大菩薩に対して顕信は必死の祈願をしたに違いない。この祈願をもって顕信は直ちに吉野へ向かったとする推測を見るが[10]、前後の動静は分からない。

これよりさき建保六年（一二一八）鎌倉幕府は雑色正家を遣して「出羽国両所宮」の修造を催促させたが、翌年の承久元年（一二一九）将軍源実朝の殺害によって正家は帰参した。承久二年（一二二〇）幕府は今度は雑色真光を出羽に遣して北目地頭新留守が懈怠なく修造を終えるよう催促させる一件があった[11]。これは鎌倉幕府が両所宮を重視した証とされるが、この段階では出羽国一宮の称号が定まっていなかった可能性が高い。仮にも出羽国一宮制が固まっていれば、必ずやその旨を表記したはずである。このご出羽国一宮と表記する史料は慶長十七年（一六一二）河北亀ケ崎の二代守護者である志村光惟の宮殿一宇（吹浦両所宮）造営棟札まで時代がくだる[12]。光惟は関ケ原戦で庄内を恢復した最上義光の配下で亀ケ崎城代であった志村光安の二代にあたる。この棟札は今は火災で失われたが、謄本に見る「羽州一宮両所山神宮寺」は両所宮の別当をさす。山号を付し両所山と記してある。ここでは両所宮は後退し、羽州一宮と両所山神宮寺は一体的である。この事例で見れば、一宮制は神仏習合と不可分に進展したようである[13]。

諸国一宮に関する集成的な研究を主導した井上寛司によれば、中世の日本では中央の王城鎮守二十社に対して、各国ごとに国の鎮守神が定められ一宮と呼ばれた。この諸国一宮は十一世紀末から十二世紀初頭にかけて各国ごとの多様性をもって成立したと説く[14]。出羽国ではいつごろ一宮が確立したのか明らかにし得ないが、前述のとおり史料上の初出は十四世紀過半である。その後の井上氏の研究によれば、中世諸国一宮の本質的な特徴は各国ごとの地域的な多様性であるが、同時に中世「日本国」を構成する有機的な一環（各国の鎮守神）であり、そのことを離れては意味を持ちえず、この矛盾した二つの側面をいかに統一的に把握するかが課題であると言う[15]。

これに照らして顕信寄進状を考えれば、十四世紀半ば南北朝争乱の非常時に出羽国一宮の大物忌神社（両所大菩薩）が南朝の興復と陸奥出羽両国の静謐のために祈願されたことになる。これは出羽国鎮守の域をはるかに超える祈願である。ところが慶長十七年棟札では社殿の造営は一国どころか一地域にあたる河北亀ケ崎の守護者の施行である。祈願の内容は記されていないが神威は際立って狭小化している。

菩薩・権現号

大物忌神に菩薩号を付した初見は、前述の出羽国一宮と同じく正平十三年（一三五八）北畠顕信の寄進状である。宛先が「両所大菩薩」である。両所宮に並祭される大物忌神および月山神は神仏習合によって菩薩形である。ここでは大物忌神が後述する倉稲魂命などと同神同体であるなどと内実が問われる余地は見えない。菩薩そのものである。他方、権現号を付した初見は永正七年（一五一〇）より真田在庁が書継ぎ、明和三年（一七六六）羽黒山宥栄の写を伝える『大泉庄三権現縁起』[16]である。真田在庁とは中世に庄内地方の真田に置かれた留守氏の機構をさす。この縁起は史料批判を経なければならず、内容も史実とは言い難いが、「本宮大権現、同七丙寅年（私注、欽明七年、五四六）飽海嶽に出現、今鳥海権現是也」と記してある。

その後は元和四年（一六一八）鳥海山上の薬師堂建立棟札に記された「鳥海山大権現（略）御堂奉造立」であるが、もはや近世である[17]。こうして史料で見る限り、出羽国の一宮制は菩薩権現号の付与に示される神仏習合と一体的な進捗である。

三　同神同体から勧農神へ

同神同体

その後、大物忌神は食物・農業神の倉稲魂命、水神の広瀬神、伊勢内宮の天照大神に奉仕する御饌都神（みけつのかみ）である外宮の豊受大神（とようけのおおかみ）などと同神同体として近世史料に現れる。

主要史料によって見てみよう。

○芹田貞運『大物忌小物忌縁起全』元禄十六年（一七〇三）成稿「夫れ当社は倉稲魂命」。右縁起に寄せた宝永三年（一七〇六）鴨宮権宮司鴨県主祐之の序文は、「大物忌小物忌今此の神（私注、広瀬龍田の両社）にして」と記す。両社は大和国に座し広瀬は水神、龍田は風神を祀る。古代中世に豊作祈願の大忌祭が（又は龍田の風神祭と合せ）広瀬社で行なわれ、広瀬社は大忌神とも称された。

○新藤重記『出羽国風土略記』宝暦十二年（一七六二）成稿「倉稲魂命にして五穀の霊神也。故に郡民二月種籾を奉りて五穀成就を祈る。又夏月麦を奉る。」

○安倍親任『筆濃余理』慶応二年（一八六六）成稿「祭神ハ吹浦社伝ノ倉稲魂命ト云ハ不取、豊受大神トス。（略）社伝ハ、唯五穀ノ霊神ト云ニ基キテ、イツシカ倉稲魂命ト云習セルモノか」

これに対して大物忌神社の祭神を多数の史料に渉って調べた川副武胤は、古代中世では祭神を倉稲魂命などとする史料は皆無であるとして、倉稲魂命・豊宇気姫・大忌神としたり、これらの神々と同神とした見方は、いずれも後世に考え出されたもので、当社の祭神は大物忌神と断言すべきという（『式内社調査報告』）[18]。

勧農神へ

この点につき誉田慶信氏は天慶二年（九三九）蝦夷の天慶の乱に際して、大物忌神が噴火して兵革の動きを知らせたとする前掲『本朝世紀』をもって軍神としての古代大物忌神の性格はおわったとする[19]。その理由として古代東北史に詳しい大石直正氏の研究から、九世紀から続いてきた蝦夷反乱は天暦元年（九四七）の鎮守府使者殺害事件で終わり、以降は十一世紀後半の前九年の役（一〇五六〜六二）まで平穏となり、その間十世紀後半以降、いわゆる「奥六郡」「山北三郡」が形成されたとする所説を引かれる[20]。その上で大物忌神社に今に伝わる菅粥神事、御浜出祭は開発の進展、在地領主による所領寄進という状況下にあって、後になって付与されたものではないか、それは大物忌神が国家の守護神から勧農神へと変化していったことを意味するとして、大物忌神社の祭神に倉稲魂命という五穀豊穣の神が加わったのも、あるいはこの頃かと推察される[21]。

さらに伊藤清郎氏は、元慶の乱（八七八〜八七九）以降エミシの反乱はなくなっていく。十世紀には仙北三郡が建郡され、清原氏が郡司として登場してくると、国境もずっと北上して大物忌神の辺境鎮護の性格はうすれていき、本来もっていた農業神としての性格が全面に出てくる。こうして中世を迎える[22]。その上で、誉田氏と同じ菅粥神事と御浜出祭の神事をあげ、この二つの祭礼は明らかに大物忌神社が中世において勧農神として崇敬されていたことを示すものであろうとする[23]。

このように大物忌神につき国家守護神から勧農神への変化を初めて体系的に説かれた誉田氏の所説は、古代大物忌神から中世鳥海山信仰への変化を伝えるなど、それまでの大物忌神の研究に新たな視座を与えるものであった。この中で勧農神への変化の年代について、誉田氏の「あるいはこの頃」とは十世紀後半の仙北三郡の成立以降と読める。他方、伊藤氏の「こうして中世を迎える」は仙北三郡の建郡、清原氏の郡司登場、国境の北上を事由とするが、具体的な年代は読み取れない。なお大物忌神が農業神としての性格を本来もっていたかに関しては慎重を要する。

この点につき多少立ち入れば、今に伝わる大物忌神社（吹浦）の主要神事は葦管神事（菅粥神事とも）、春冬物忌祭、備荒祭、例大祭、月山神社例祭（御浜出神事とも）である[24]。このうち春冬物忌祭は古代大物忌神の祭事の片鱗を窺わせるが、菅粥神事と御浜出神事は他所神社でも見られる神事である。暫定的な調査によれば、菅粥神事は各地の粥神事と共通し勧農神事と見なせるが、御浜出神事は翌日の月山神社祭（玉酒神事を含む）と一体化している様相からすれば、その限りで勧農神事ではある[25]。しかしながら御浜出神事の中心祭事で古くは室町時代にまで遡るらしい篝火（かがりび）の同時火合せ（吹浦、飛島など）はいつの頃か中断し明治後に復活したものだが、基本的には火祭りであることを考えれば、勧農神事と無関係ではないにしても、如何なる意味で勧農神事なのか、なぜ月山神社の例祭宵宮で執行されるのかなどは今後の研究を要する。

四　鳥海山名の再考

これに関しては姉崎岩蔵『鳥海山史』一九八三（初刊一九五二）、須藤儀門『鳥海考』一九八八、同『続鳥海考』一九八九が有力な先行研究である。姉崎は郷里矢島を離れながら鳥海山史、由利郡中世史などを精力的に研究された篤学である。この点、私は畏敬し共感を覚える（ただし私は生家を保持帰省し、半身なお郷里にあるという迷想をもつ）。他方、須藤は秋田県由利郡象潟町（当時）の生家の正面に鳥海山があったとし、「この山および鳥海という固有名詞について」一九七二年ころ研究を開始（前書自序）、以来十五年余を経た一九八八年、五月一日前書刊行、五月八日大物忌神社の例大祭に、同社鎮座の吹浦布倉地区の区長の故に、神宿主人として参列されたという（後書あとがき）。慶賀至極である。四〇〇字詰原稿用紙に換算して、およそ前書が九百枚、後書が一千枚の大著である。全十章からなる両書は、自序で「鳥海という固有名詞について」と言うとおり、前書で三章、後書で二章を当てて、鳥海山、鳥海、鳥海氏、鳥海族など「鳥海」にこだわった考察を展開する[26]。

こうした先学の研究を私はなお仔細には飲み込めていないが、次の三点に付き関心事として考察する。第一はその読み方である。須藤によれば、室町時代初期に出てくる「鳥海山」という名は今では「チョウカイサン」と読むが、この読み方が「きわめて完璧な音読である」ことから、初見当時からずっとそう呼ばれていたかとなると、多分に否定的であるとして、諸事例を引いて、トリウミ、トリノウミ、トリノミまたはトンノミの可能性を指摘する[27]。私は音訓学に不通だが、月山（ツキヤマ）の例から推して、さも有りなんと按ずる。

第二は鳥海山名の由来となる「鳥海」である。これに関して姉崎は、「鳥海山は鳥海氏領土の山という意味でつけられたものと断定しても、無理からぬことゝ考える」とし、それは「鳥海の地名が陸奥から出羽へと、鳥海氏と共に移動したものという見方である」とする[28]。他方、「鳥海」を集中的に研究された須藤は、アイヌ語由来の三説を含む、十五の所説を掲示する[29]。その該博な学識に驚くが、各説はそれぞれ尤もで、私にはその優劣を裁断する力量が有るとも思えない。そこで各説を丁寧に閲覧すると、須藤が上げた十五説中の第十五「鳥海弥三郎所領説」は氏の結論的な説である上[30]、姉崎の右推定と大筋では同じであることに気付く。氏の第十五説とは、鎌倉時代初期、鳥海山北麓（横岡・小滝）にいた鳥海弥三郎が、建暦の変（一二一三）で主筋の由利氏が没落して以降急速に勢力を増し、正中元年（一三二四）由利氏を滅亡に追い込んだが、次代の弥三郎盛満が正中五年（一三五〇）家臣に殺され、由利郡史上から消えた氏族である。その最盛期の暦応五年（一三四二）鳥海山名初出の鰐口が奉納された。この鳥海弥三郎は前九年の役（一〇六二終戦）で源頼義に討たれた安倍頼時の三男鳥海三郎宗任、七男鳥海弥三郎家任と系譜上は不明だが、何らかの関係があったか、それを主張したものと考えられる。この鳥海弥三郎一件は、今後の考証にどれだけ耐えられるかにもよるが、当面は両篤学の結論的な所説として傾聴しておきたいと思う。ただし吹浦、蕨岡など主要登拝口を擁する庄内平野の当時の政治情況が北麓鳥海氏の鳥海山支配を許容したのかは当面の関心事である。

第三は鳥海山の山名が他所にも存することである。須藤調査によれば、岩木山三峰の一鳥海山（青森県岩木村）、鳥海山（青森県平賀町）、東鳥海山（秋田県湯沢市）、小鳥海山（山形県山辺町）などである（市町村名は当時）。うち平賀町鳥海山、東鳥海山はそれぞれ対面立地する岩木村鳥海山信仰、（大物忌）鳥海山信仰下の望拝地ゆえの付名と推察される。小鳥海山は（大物忌）鳥海山信仰の篤信者である稲村氏（元姓鳥海氏）の付名である[31]。難問は岩木村鳥海山である。これに関して姉崎は、岩木山は（大物忌）鳥海山の望拝地であったが故に、鳥海山名が確立すると自ずと名称が移動したとし、また（大物忌）鳥海山が南方の月山を祀ったと同じく、南方の鳥海山を祀ったものだとする[32]。このたび岩木山神社にお尋ねしたところ、晴れた日には鳥海山が望見できるとのことで、前段の可能性は無しとしない。他方、須藤は応永二年（一三九五）安東康季が土崎に勧請した鳥海山・月山・湯殿山の三山願文から、安東氏の本貫に近い岩木山に勧請した鳥海山の名によるかとする推察は魅力的であるが[33]、なお検証を要する。

五　縁起上の神々

古来、人々に信仰され霊山として崇敬されてきた山々は多く縁起を有する。縁起とは勝れた山の美麗や霊妙を讃える文言とか、その山に祀られる神仏や社寺の有り難い由来や功徳をさす。それらを記述した文書を縁起というが、鳥海山にも十数本の縁起が伝わる[34]。そこに記載された内容は信仰によるもので必ずしも史実ではないが、一部史実の残像を伝えるとか（私注、実証を要する）、縁起作成者または信仰者の想念を伝えるとも考えられる。よって、ここでは主要な鳥海山縁起によって、大物忌神から鳥海山信仰への移行を見てみようと思う。

イ鳥海山大権現縁起　明徳二年（一三九一）仁乗作（作成年は第七章で検討）。

「鳥海山龍頭寺の本尊薬師、瑠璃の壷渓ヨリ湧き出給う」「龍頭寺、則ち鳥海山の寺号也」から、直接に薬師信仰を謳う。登拝道中に「御田」「御種池」など農業神への移行を示す地名を記す。

ロ鳥海山記並に序　宝永六年（一七〇九）蕨岡龍頭寺園春興作。「出羽国飽海郡に山有り、号して鳥海と曰う」「其の主は誰れぞ、大物忌神なり」「在昔倉稲魂命と号す」「最も畏き両尊の子にて、五穀を司る霊神なり」「薬師権現、現跡（私注、迹カ）す」という。

ハ鳥海山和讃縁起　文化十四年（一八一七）役氏温良作。「帰命する鳥海大権現は大物忌神社にて、御本地は薬師如来なり」と謳い、「両神（私注、イザナギ、イザナミの男女神）のやわしかし（同、国生み）とき、生み玉ふ倉稲魂命」が垂迹され、「五穀と蚕を産み玉ふ」という。

ニ鳥海山大権現略縁起　文政十三歳（一八三〇）蕨岡有力三坊書上。当縁起は③和讃縁起を抜粋して散文化したもの。「鳥海山大権現は出羽国一宮大物忌神社にて、御本地薬師如来なり」「垂迹は最も賢き両尊のやわしかし時、生み給ふ児を倉稲魂命にして」「五穀衣服の守護神なり」という。

ホ出羽国一宮鳥海山略縁起　安政四年（一八五七）蕨岡衆徒東之院興源作。「鳥海山ハ祭神大物忌

神社なり」「最もかしこき両柱尊飢し時、生み給へる児を倉稲魂命と号す」とし、「倉稲魂命は五穀衣服の守護」という。

これらを仔細に見れば、イは大物忌神や倉稲魂命を経ずに、直接に鳥海山・薬師信仰を謳う。特異である。ロは倉稲魂命が大物忌神の旧号とするが、史実とは成し得ない。ハニホは鳥海山大権現は大物忌神と同神とし、記紀神話に出る倉稲魂命は別格としたものか両尊の子とする。大物忌神とは同神でない。倉稲魂命はロ五穀の霊神、ニ五穀衣服の守護神など農業神、生業神とされる点で共通する。

結び

如上のとおり、本章では大物忌明神、一宮と菩薩・権現号、同神同体から勧農神へなど大物忌神の展開を追究し、その上で鳥海山名の再考、縁起上の神々を考察したことで、鳥海山信仰成立の様相がかなり体系立って明らかにし得たと思うが、他方、所々に後日の検証を要する箇所があることを忘れてはならない。

注

(01) 各引用は『秋田県史』資料古代・中世編。
(02) 日本歴史学会編『日本史年表』増補版。

(03)『国史大辞典』、『神道事典』。

(04)貞観五年(八六三)三月四日条。勅して七道諸国の名神に幣を班す。今春咳嗽流行す。人多く疫死す。仍て名社神明に祷す。感有り。因って以て之れを賽す(『三代実録』)。

(05)『出羽国』神道体系神社編28。なお『小右記』、『御堂関白記』にも当日の記録があるという。

(06)新藤重記『出羽国風土略記』六ノ二二。原田実『偽書が揺るがせた日本史』二〇二〇、三五頁。

(07)永正七年十二月二日付、佐竹義舜起請文写。秋田藩家蔵文書。小著『名族佐竹氏の神祇と信仰』二〇一九に収録。

(08)大物忌神社文書

奉寄進出羽国一宮両所大菩薩　由利郡小石郷乙友村事

右為天下興復　別而陸奥出羽両国静謐　所奉寄進之状如件

正平十三年八月三十日

従一位行前内大臣　源　朝　臣(花押)

(09)須藤『鳥海山考』一四九~一五一頁。吉川徹「出羽国小友村と小早川氏」『由利地方中世史拾遺』一九八六。

(10)阿部正巳「鳥海山史」四七~四八頁。

(11)大物忌神社文書。

出羽国両所宮修造之事　不終其功之由　神主久永訴申間　去建保六年十二月為催促　雖差遣雑色

正家　故右大臣殿御大事出来之間　正家不遂其節帰参　然而有限　修造依不可黙止　為催促所被

差遣雑色真光也　無懈怠可終其功状　依陸奥守殿御

奉行執達如件

承久二年十二月三日　　散位藤原奉

北目地頭新留守殿　　散位三善

(12) 阿部「鳥海山史」五四頁。

(13) 近世に降るが、両界曼陀羅（大物忌神社蔵）元和六年（一六二〇）修理裏書に見える「両所山一之宮神宮寺什物」（式年遷座記念誌『鳥海山』巻頭写真、一四〇頁）も、一之宮と両所山神宮寺が一体であったことを伝える。

(14) 井上寛司「中世諸国一宮制研究の現状と課題」共編著『中世諸国一宮制の基礎的研究』二〇〇〇。なお本書に伊藤清郎「陸奥国」、誉田慶信「出羽国」が収載されてある。

(15) 井上寛司「中世諸国一宮制の基礎的性格」『日本中世国家と諸国一宮制』岩田書院、二〇〇九。

(16) 鶴岡市郷土資料館蔵。

(17)『遊佐町史資料』第一号一二五頁。当棟札は大物忌神社蕨岡口之宮所蔵。

(18) 川副武胤「大物忌神社」。ちなみに相模国二宮の川匂神社（神奈川県中郡二宮町）の祭神の一は大物忌命である。これは江戸時代末、古書に通じた社家二見氏（三十三代景貞の頃）が縁起、古典により式内社川匂神社にふさわしい祭神を奉祀したことによる（岡田荘司「川匂神社」『式内社調査報告』第十一巻）。また近江国の日吉大社の末社である山王二十一社（上中下各七社）の中社に大物忌神社、新物忌神社があるが（岡田米夫『神社』一九九三）、これは江戸時代の山王一実神道によると伝える（第一章参照）。

(19) 誉田慶信（初出論文）一九八三、五七頁。同（収録論文）二〇〇〇、三三三頁。
(20) 大石直正「中世の黎明」小林・大石編『中世奥羽の世界』一九八八、七頁。
(21) 誉田（初出論文）五九頁。同（収録論文）三六頁。
(22) 伊藤清郎「鳥海山信仰と飛島」『霊山と信仰の世界』一九九七、六七頁。
(23) 右同七一頁。
(24) 大物忌神社社務所「大物忌神の特殊神事」『民俗芸術』一九三〇・一二。筒井祐「国弊中社大物忌神社の御濱出神事と「旧式再興」」『日本山岳文化学会論集』四、二〇〇七。
(25) 宝永二年（一七〇五）両所山神宮寺衆徒社人申上「乍恐口上書を以て申上候事」（大物忌神社蔵）。進藤重記「両所宮年中行義」『出羽大社考』巻之二。
(26) 須藤氏は『鳥海考』『続鳥海考』に各所の鳥海弥三郎伝説を収録したが、私の故郷に伝わる伝説は収録がない。そこで後日のために当該伝説の発表紙を付記しておきたいと思う。記事「鳥海弥三郎は伝説か実在の人物か」上中下。

・上中「史料、文献などに見る疑惑」／須藤儀門（山形県遊佐町文化財調査委員、象潟町出身）、秋田さきがけ夕刊一九七六年二月十三日、同十四日付

・下「生家から出てきた〝古文書〟／斎藤孝枝（主婦・大曲市）秋田さきがけ夕刊一九七六年二月十六日付

下は「私の生家は仙北郡神岡町字戸月で、全戸数わずか二十二戸の小集落だが、菅原姓を全戸が名乗る一族である」「承保三年（一〇七六）銘のある古文書」「康平歳中鳥海弥三郎滅亡之時、供死之銘々」などとある。右「下」記事は二〇一〇年ころ有力な戸月菅原家の当主で中学同期の菅原弘

康氏から恵贈され、二〇一七年秋田県立図書館の調べで、秋田魁新報紙に連載された上中下の下であることが判明した。菅原君、県立図書館に感謝申し上げたい。

(27) 須藤『鳥海考』一七三～一七六頁。先行研究が姉崎『鳥海山史』一九頁。

(28) 姉崎『鳥海山史』一九頁。

(29) 須藤『鳥海考』一八〇～二〇八頁。

(30) 「私は、(略)この鳥海氏との関係から(私注、命名の由来が)生まれたものと確信する」(須藤『鳥海考』二〇八頁)。

(31) 万治三年(一六六〇)稲村氏編『大蕨邑鳥海山縁起』は小著『鳥海山縁起の世界』に収録。

(32) 姉崎『鳥海山史』二〇頁。なお、かつて私が岩木山神社参拝、山頂登拝をした折は鳥海山を望見していない。

(33) 須藤『鳥海考』三三三頁。なお岩木山勧進禰宜盛季が応仁三年(一四六九)、永禄三年(一五六〇)棟札などに岩木山安倍氏の祖として頻出するという(星優也「津軽岩木山信仰と安藤氏」佛教大学『歴史学部論集』第11号、二〇二一)。

(34) 委細は小著『鳥海山縁起の世界』。

第四章　神仏習合の進展——本地仏と薬師・観音信仰——

はじめに

鳥海山信仰に関する研究は相当の蓄積があるが、先行研究はすべて大物忌神の本地仏に薬師如来をあてる[01]。その理由として、神仏習合の進展や本地垂迹思想の浸透など一般的な事情の外に、鳥海山を概括して薬師の山とする出羽三山信仰の枠組をあげる。しかしながら仔細に見るとその枠組にも諸説があって必ずしも定かでない[02]。他方、山麓各口修験は江戸時代半ばから、山上祭祀の支配などをめぐって争論を繰り返したが、山上に薬師を祀る一点では一切異論がない[03]。これらの影響によるに違いないが、先行研究では本地仏の薬師がいつごろ、何をもって特定されたのかに関して立ち入った研究がない。また山麓各口に伝わる本尊その他の諸仏が俯瞰されたことがない。そこで本章ではこれらの主題に取り組む[04]。ただし行論の必要上所々で他章と重複するが止むを得ない。

一　山上祭祀と薬師信仰

1　山上社

a　出羽国言、飽海郡月山大物忌両神社前、雨石鏃六枚（⑦『三代実録』貞観十年）

b　出羽国司言、（略）大物忌神社在飽海郡、山上巖石壁立、人跡稀到、（略）去四月八日山上有火（⑧『三代実録』貞観十三年、異説）

史料aは、貞観十年（八六八）海岸に近い吹浦に大物忌神と月山神（もと田川郡在）を祀る、二つの並設された社殿があったことを伝える。この社殿は貞観四年（八六二）大物忌神が官社に預かった（④『三代実録』）ことで建造された常設社殿と推定されてきたが、私は国府城輪柵の造営との関係から、これに先立ち早ければ八二〇年代に建造されたと推定する（第一章）。当時は国司奉幣の便宜が優先され、里宮の吹浦で大物忌神が祀られたと考える。また承和七年（八四〇）の宣明宣下（③『三代実録』）は吹浦に於ける常設社殿の可能性を高める。

ところが三年後の史料b貞観十三年（八七一）紀の読解に関して、多数説は「大物忌神社は飽海郡山上に在り、巖石壁立し、人跡稀に到る」と訓じ、神を祀る何らかの施設である社（ヤシロ）が当時山上に所在したと推察した。その頃神仏習合色が全くなかったとまでは断言できないが、山上に仏像または本地仏が祀られた形跡は一切伝わらない。よって当時仮にも山上に社があったとすれば、山上の大物忌神は無本地仏の時代であったと想定できる。大物忌神は鳥海山（当時は大物忌神山カ）を御神体とするので、山上社では古い信仰伝承がある古峰の稲倉岳を拝礼するか、稲倉岳と結ぶ真線上に安置した御神鏡を御神体として拝礼する方式だったと考えられる。しかしながら山上社は仮に所在したとしても、同条後段が伝える大噴火で同年焼失または埋没したと推察される。ただし古代の山上祭祀は次の山上社否定説と共に否定される。

このような多数説に対して、大著『大日本地名辞書』の著者吉田東伍の「大物忌神社は飽海郡に在り、山上は、巖石壁立し、人跡稀に到る」[05]、または「大物忌神、社は飽海郡に在り、云々」などの異説がある（第一章、研究五）。この読解の相違は後代における蕨岡修験の山頂支配の正当性と関係し、大物忌神の研究上では看過できない問題である。

当初、私は多数説どおりに読めば、「巖石壁立し、人跡稀に到る」の主語を欠くこと、またこれより三年前に伝わる並祭から異説と同じく、「大物忌神社は飽海郡に在り、山上は云々」（小論ａ）としたが、山上祭祀の考察に集中する過程で、次に繰り返しの（山上は）を略したものだとして、「大物忌神社は飽海郡山上に在り、（山上は）云々」と読み（小論ｂ）、さらに多数説どおりに「大物忌神社は飽海郡山上に在り、云々」（小論ｃ）と読んだ[06]。しかしながら、このたび小論ａｂｃを本書に収めるに当たり、この読解を点検し、当初の自論であり多数説に対する異説でもある、「大物忌神社は飽海郡に在り、山上は巖石壁立し、人跡稀に到る」とするのが妥当であると判断した。理由は前述のとおり主語に欠けること、三年前の並祭は重い事実であるとする外、当時の有力諸社奥宮（奥社、上宮とも）の創建年代からは山上社の存否は肯定も否定もできないことを確認した上[07]、相応に神厳を要する常設社殿を山上に建造するには相当の資金、人員、技術を要するが、当該貞観十三年

（八七一）前の年代では、これを負担できるのは国府に限られ（在地豪族の拠出は国境守護神では無理、農業神が必要）、当時の国府は大物忌神創祀の主旨から国司奉幣を優先させたに違いなく、そうであれば国府が無理を押してまで山上社殿を建造する動機が見当らないと考えるからである。

それでは山上に社殿が建造された年代はいつか。これを推測できる史料はないが、前述の異説を展開した吉田東伍は、その次第に関し精細に記述した（『大日本地名辞書』鳥海山神社条、訓は筆者）。

イ鳥海(ちょうかい)の山形(さんけい)、並に鳥海新山（荒神岳）両霊場の関係を按ふに、登山の表口は、畢竟吹浦にて、杉沢、矢島、小滝等は、皆裏口のみ。

ロ蓋、其初め山上には祠宇なかりしを、中世鳥海(とりのうみ)に一宇を置き、新山にも一宇を置くか、鳥海は吹浦小滝の便道にて、新山は矢島杉沢の便道なり。

ハ近世、竜頭寺勢炎最も張り、遂に表口の号を冒し、新山を本社とし、鳥海を遥拝所とす。以て今日に至る、古義にはあらず。

（私注）ここで新山とは荒神岳をいう。鳥海とは東峰新山（２、１２０余ｍ）、西峰笙岳(しょうがだけ)（１、６００余ｍ）間の小湖（深さ三丈・約９ｍ、周廻一里・約４㎞）をいう（右同鳥海山条）。両霊場とは鳥海と称する湖水、新山と称する荒神岳をいう。吉田東伍がいう、右登山道に於ける吹浦の優位性は私の限られた体験に照らしても一面の事実だが、明治後の吹浦優位を反映したものかも知れない。

ここで注意を要するのは「新山」である。当初、私は新山とは「鳥海山の最高峰」「新山は亨和年間の噴出に成れるを以て、亨和岳の称あり」（右同新山条）から、亨和年（一八〇一―〇四）の大噴火で形成された新峰を指すと思い込んでいたため、右述のイロハを容易に飲み込めないでいたが、先ごろ改めて精読し、新山には次のとおり二義あることに気付いた（右同新山条）。すなわち、

二新山とは権現の一名目にして、鳥海明神の眷属と称せらるれば、昔より其名あり、元文亨和の最近の噴火をまたず、

ホ今は新山と荒神岳を分ちて名づくれど、古人は新山権現の一名を荒神といへるにて二者分別なし、

へ元文亨和のの変は専ら荒神岳の中央火口と、其の東側の破方口（やぶけかたくち）に起こり、中央火口の形状改易して、今の新山となる、即新山の中の新山なり。

これらの記述に接して、私は吉田東伍の鳥海山登山歴を知らないが、何度かの登山を経て得られたと紛うばかりの情報に基づく細密な考察であり、仮にも文献資料だけで得られた情報であれば、「地名の巨人」と称されるに相応しい洞察力であることに驚嘆する08。

さて須藤儀門は右記イロハを引いて、「もともと山上には社屋はなかった」「中世になって鳥海湖畔と山上とにそれぞれ一宇を置いた」「竜頭寺の勢炎がもっとも盛んになって表口と号してから」「山上のそれを本社として今日に至った」と忠実に読み解いた（『鳥海考』六三頁、私注／竜頭寺は蕨岡修験学頭）。これによって吉田ならびに吉田を敷衍（ふえん）した須藤は、古代に鳥海山上には祠宇（または社屋）がなかったとし、その上で、中世に鳥海湖畔と新山（荒神岳下）にそれぞれ一宇が建造されたと推察したことを知る。私はこの見立てに賛同し、二宇のうち鳥海湖畔の一宇は古い信仰伝承がある鳥海山古峰の稲倉岳を拝礼し、山上（実は荒神岳下）の一宇は次に古い信仰伝承がある荒神岳を拝礼する施

設であったと考える[09]。さらに前述ロの便道から推して、鳥海の一宇は吹浦と小滝が、山上（実は荒神岳下）の一宇は意外にも矢島と杉沢が（後代杉沢を包括した蕨岡は矢島と対立する）当初の建造に与った可能性がある。やがて蕨岡修験の台頭によって荒神山下に集中された一宇は、長床二棟を具備する社殿へと（あるいは荘厳を具備した薬師堂または権現堂へと）整備され、この社堂および長床が享和元年の大噴火に遭ったのだと読み取れる。この社堂は享和元年の大噴火を経て、行者岳と七高山の中間付近に新社堂が建造され、この新社堂が式年遷宮を経て現本社に至るのだと推察するが（第五章）、山上社堂の位置に関しては確かな史料に恵まれず、これらの推察に一抹の不安を残す。

ちなみに荒神岳を遥拝する拝所に関して、安倍親任は「伏拝（ふしおがみ）ハ往昔弘仁貞観ノ頃、是ヨリ先ノ谷合焼出シテ深谷ナリ、本社ニ参詣ナリ兼、此峯ニテ拝セシヨリノ名也ト云」とし、阿部正己は「伏拝小屋ト申ハ弘仁貞観ノ頃焼ケ候節谷ニ成リ、御本社へ参詣イタシ兼、右小屋ニテ拝シ下リ申候故、伏拝ト申也」とほぼ同文をいう[10]。しかしながら当時常設社殿を構える本社が山上の荒神岳下に所在したとは考えられず、焼出（噴火）の年代と本社の存否を誤認したもので、強いて按ずれば、弘仁（八一四〜八二四）貞観（八五九〜八七七）の大噴火後、中世初期までに伏拝の拝所が成立し、その後に先述の二宇が建造されたと想定する。

2　御堂、本地仏

山上の本地仏の信仰が直截に明らかになるのは近世の十七世紀初期である。元和四年（一六一八）山上御堂の造営棟札が「鳥海山大権現御本地薬師瑠璃光如来御堂奉造立所」と伝える（阿部七〇頁）。

さらに後代、進藤重記は山上御堂につき「薬師の仏像并十二神明有、堂長さ三間幅二間半、長床四間幅二間」「今に杉沢別当坊、山上薬師堂鑰を所持す」（注01進藤六ノ一四）と記す。山上御堂は薬師堂とも称され、御堂開閉は杉沢別当坊の所任である。杉沢別当坊とは国指定重要無形民俗文化財の杉沢比山と称される番楽が今に伝わる熊野神社（旧熊野権現、鳥海山一合目）の別当だが、当熊野権現は「古人上寺（観音）より以前に立たる所なりといふ」（右同六ノ七）と伝えるとおり、その創建は番楽の由来と同じ鎌倉時代であろう、当時当地でいち早く勢威があった熊野修験が如上の鳥海山上一宇の建造に乗り出した功績が記憶され、後代に杉沢が上寺蕨岡衆徒に組み入れられた時代にあっても、山上の鑰役を仰せ付かったのだと按ずる[11]。

なお、進藤は前掲六ノ七条で前述に続き、「按に上寺の観音は熊野社の本地仏と習合したる所にや」と記す。これを考察すれば、現在熊野神社に伝来する主たる神仏像は後掲のとおり男神像（鎌倉期）、僧形神半迦像（南北朝期）の各一体で、仏像はないが、かつて同社に祀られたと伝える伊奘諾・伊奘冉の二尊神の本地は、熊野信仰では前者が薬師、後者が観音とされるので、後代蕨岡が松岳上の半腹に建立して衆徒勤行の道場とした大堂に十一面観音を安置したのも、杉沢熊野の影響を考えてもよい。

3　銅器盤札、鰐口

山上の神仏習合、薬師信仰が明らかになるのは中世半ばである。一つは津雲出郷と称された北麓の矢島から山上へ奉納されたと推定される元徳三年（一三三一）銘の銅器（盤札とも、皿状の板カ）銘文にある「奉鋳於羽州由利郡津雲出郷十二神将」である。十二神将は薬師如来の功徳を守る神とされ、当時薬師が本地仏に特定されていたとしてよい（注01阿部四三頁、『遊佐町史』上巻三七七頁以下）。いま一つは暦応五年（一三四二）銘の、山上御堂に懸け参拝者が綱をふり打ち鳴らす鰐口（鳥海山大物忌神社所蔵）の銘文「奉懸鳥海山和仁口一口」である。御堂（仏堂とは限らない）の廂に懸けられる音器である鰐口を以て直ちに仏具とは言い難いが、表裏に鋳られた蓮花模様などから神仏習合を伝えるものだと按じてよい（注01『鳥海山資料』三七頁）。この銘文は「鳥海山」表記の初出でもある。よって十四世紀前半の室町時代初期には山上に薬師が祀られていたのは明らかだが、他方、私は前述のとおり山上の一宇は杉沢熊野権現の主導で鎌倉時代に建造されたと考えるので、そうであれば初期には観音が単独で、あるいは二尊神の本地である薬師観音が併せ祀られた可能性もなしとしない。

4　遷宮法式

前述元和四年（一六一八）山上御堂造営の棟札銘文は以降たびたび造営棟札に記載され、鳥海山大権現は本地を薬師如来として山上御堂に祀られたことを伝える。時代は降るが、享保五年（一七二〇）および明和二年（一七六五）山上遷宮法席図に、「遷宮ハ錫杖心経観音経尊勝陀羅尼、此方学頭正面ニテ修法執行仕候」とある[12]。これは山上御社に一山衆徒が会同する中、蕨岡学頭の龍頭寺が錫杖経、般若心経および観音経の経文を読誦し、尊勝陀羅尼の呪文を唱えた様子を伝えるが、本地薬師信仰にもかかわらず、所依の薬師経（四訳あり）が誦経されていない点は不思議である。なお天保四年（一八三三）遷宮法席図は、宮殿前に据えた案（神棚）上の真中線上に神鏡を置く。これは修験の本祀が神であることを伝える（後述、由に市八七頁）。ただし図不鮮明のため転載割愛。

（注）天保四年作成の配座図と伝える（矢島郷土資料館所蔵。遷宮式は天保二年カ、第五章）。宮殿正面の上位左（対面右）側に順峰学頭の蕨岡龍頭寺、これに相対して次席右（対面左）側に逆峰学頭の矢島福王寺が座する。龍頭寺側の前列に順峰先達、外列には順峰衆徒が並び、同じく福王寺側の二列に逆峰先達の元弘寺と逆峰衆徒が並ぶ。法席図では本図のみが案上の神鏡所在を伝える。

5 縁起

鳥海山は縁起に恵まれた山である。数え方にもよるが、今に伝わる十二本の縁起（三本は伝中世成立、他は近世成立）のうち、九本（伝中世成立二本、近世七本）が本地または本尊に薬師如来をあげる。このうち特に明徳二年（一三九一）二乗の作と各種写本に記載され、矢島口に伝わる『鳥海山大権現縁起』は成立年の再検討を要するが（第七章）、冒頭に「鳥海山龍頭寺の本尊薬師、瑠璃（るり）の壺渓（こすい）ヨリ湧出給う」[13]と謳い上げる。ここで言う龍頭寺は矢島口が主張する山上の御堂をさし、瑠璃壺（るりこ）とは新山を形成した享和元年（一八〇一）の大噴火以前に右御堂（権現堂）付近にあった小噴火孔をさす。このように山麓に伝存する縁起は鳥海山に対する信仰が薬師信仰と密接な関係にあったことを伝えるが、開山を役小角（えんのおづぬ）とし開基を慈覚とするなど、いずれも伝承の域を出ず、本地仏が特定された年代の典拠とはなり得ない。

如上によって、山上の祭祀は古代では想定されず、中世鎌倉時代に山上一宇が杉沢熊野権現衆徒の主導で建造されたと推定するが、そうであれば、当初は山上で観音が、あるいは薬師観音が祀られた可能性も無しとしないが、中世半ば以降、蕨岡修験が杉沢衆徒を包摂して以降は間断なく山上に薬師を祀る。近世以降の資料であるが、各口修験は山上に薬師を本地として祀ることに争論がない。

二　山麓の薬師と諸仏信仰

登拝口の主要仏像等をあげる。これらは今に伝わる仏像等で、各口諸仏の歴史的な全体像を伝えるものではないが、有力情報に変わりはない。凡例は次のとおり。

出典は、吹浦蕨岡等の南麓が遊佐町教育委員会編『史跡鳥海山保存管理計画書』二〇一一（「遊佐町」と略称）、矢島院内小滝等の北麓が由利本荘市・にかほ市教育委員会編『史跡鳥海山保存管理計画書』二〇一二（「由に市」と略称）などによる。注は筆者が付す。

1　南麓吹浦口

神宮寺に薬師の可能性が高い本尊が安置された。両社並祀された大物忌神と月山神は両所山信仰につれて薬師阿弥陀に対する信仰が深まった（のち再論）。

2　南麓蕨岡口

本尊（主尊）は学頭龍頭寺が阿弥陀、上寺大堂が十一面観音、熊野堂が神像、箸王子が薬師と一定しない。

（1）龍頭寺　蕨岡一山学頭

・阿弥陀如来座像、木造、江戸初期、本堂

　注、龍頭寺の前身とされる旧松岳山観音寺に伝わる仏像という。

・薬師如来座像、銅造、江戸中期以降、本堂

　注、江戸中期以降夏は山上に祀られ、冬は下山して蕨岡上寺の下居堂に安置されたが（遊佐町四三頁）、この像が山上何代目の薬師像かは不明。

・地蔵菩薩立像、木造、江戸中期以降、本堂

・十一面観音立像（旧上寺大堂本地仏）、観音堂

・不動明王立像、木造、江戸後期、観音堂　右脇侍

・毘沙門天立像、木造、江戸後期、観音堂　同

・金剛力士（仁王）立像、木造、江戸中期〜後期、本堂軒先

　注、蕨岡山門にあった（遊佐町四三頁）

（2）上寺大堂　現蕨岡口ノ宮

別称が一の王子（遊佐町一〇七頁）、上寺観音（注01進藤六ノ六）。蕨岡の衆徒は古来山上の大物忌神即ち本地薬師如来に奉仕するものにして、蕨岡には別に祠堂を設けず、松岳上の半腹に大堂を建立し、風神級長津彦（しながつひこ）級長津比売（しながつひめ）二神の本地仏十一面観音を安置し、衆徒勤行の道場とせり（注01阿部六五頁）。

　注、十一面観音は風神二神の本地仏で、鳥海山大権現の本地仏ではない。

・本尊　本地仏十一面観音立像、木造、江戸後期
　注、明治初に龍頭寺観音堂に移置（遊佐町一〇七頁）。
・修験行者神像、木造、江戸後期、神庫

（3）熊野堂　現熊野神社
別称が二の王子（遊佐町三二頁）、熊野権現（注01進藤六ノ七）。古人上寺より以前に立たる所なりといふ（右同）。
・男神像、鎌倉期（十三世紀）
・僧形神半迦像、南北朝期（十四世紀）

（4）箸王子　現廃寺
別称が三の王子また横堂。四合目（標高八〇〇m）。
・本尊薬師如来座像、銅造、天保十一年（一八四〇）
・両脇寺像、銅造、江戸後半以降ヵ
・十二神将像、銅造、江戸後半以降ヵ
　注、右三像は明治初酒田市長渕寺（本堂）へ移置（遊佐町七一～七二頁）。

3　南麓剱社口　長坂口

剱積寺および五坊。御神体は剱龍の神剱、大己貴神を祀る。中古下塔常恩寺十世黙山が薬師如来を祀る。長坂登拝口を開発（注01鳥海山資料五二頁以下）。

注、慶長十四年（一六〇九）以前、別当密蔵坊が薬師如来を祀る薬師堂を建立（注01松本二三七頁）。

4 南麓新山口

新山村新光山衆徒八人（天和三年（一六八三）酒井藩の幕府国目附宛調書（注01鳥海山資料一二〇頁）。新山大権現（注01進藤五ノ二三）、新光山阿伽井坊護国院最勝寺（平田町）（注01鳥海山資料七八頁）。

注、本尊は毘沙門カ（注01松本八九頁）。新山修験は宝蔵寺（本尊大日如来曼陀羅）中心に三千坊を称した鷹尾山修験が、上杉氏の転退により勢力を失った、残余の結集（同九〇頁）。

5 北麓矢島口

矢島の『鳥海山大権現縁起』が薬師信仰を鮮明にするにもかかわらず、大日如来像と不動明王が目立つ。鳥海山麓にないとされる御正体が四体伝わる。

（1）福王寺　矢島一山学頭、現存

・大日如来座像（本尊／佐藤久治『秋田の密教寺院』）
・二師像（役行者座像、聖宝座像）、一組、近世作
・不動明王座像、不動明王立像

（2）元弘寺　鳥海町矢ノ森、現廃寺、三森家
・御正体懸仏（十一面観音菩薩像）、青銅、
（3）八幡寺　旧光明院、矢島町打越、現廃寺、矢越家
・不動明王立像、木造、
・御正体懸仏（薬師如来座像）、鋳物、二体
（4）歓喜院／鳥海町直根、現廃院、藤山家
・大日如来像
・観世音菩薩座像、木造、天正元年（一五七三）銘
・不動明王像、愛染明王像
・御正体懸仏（像不明）
（5）明学院　矢島町川辺、現廃院、松田家
・大日如来像
・聖観世音菩薩立像　四体（一体は不定ヵ）
・十一面観音菩薩立像　六体、如意輪観音座像
・不動明王立像
（6）大教院　矢島町郷内、現廃院、大杉家
・十二神将、虚空蔵尊神像

（7）新山堂　木境大物忌神社

・享和元年（一八〇一）掲額「薬師堂」

6　北麓滝沢口

旧薬師堂（現、森子大物忌神社）の本尊は薬師とし、脇侍に日光月光両菩薩を据え、さらに薬師ゆかりの十二神将、薬師座像を刻した御正体が伝わるなど、典型的な薬師信仰を示す。

・薬師如来座像、木造、本尊
・日光菩薩立像、木造、脇侍
・月光菩薩立像、木造、脇侍
・（薬師）十二神将／十二体
・御正体懸仏（薬師如来座像）、青銅
・観音菩薩立像（馬頭観音ヵ、現森子保食神社安置）

7　北麓小瀧口

小滝に伝わる、寛文五年（一六六五）写の『鳥海山大権現縁起』は、一峰を分け破って放脱した瑠璃玉を鳥海山大権現とし本地は薬師と謳いあげるが、薬師像は伝わらず、小滝を代表する仏像は平安中期作の聖観音立像と蔵王権現立像（三躰）である。

（1）金峰神社　旧蔵王権現
・聖観音立像、平安期作（伝慈覚大師作）
・蔵王権現立像（三躰）、平安期作
・蔵王権現像
・山王権現像、二体（内一体、伝慈覚大師作）
（2）龍山寺、現廃寺、遠藤隆家
（蔵王権現は）小瀧村に有、衆徒有、院堂を龍山寺と云ふ（注01進藤八ノ六）
・観音小像、明治四十三年田楽森田より出現
・観音像、聖観音立像
・聖法尊師像　二体、行者座像、地蔵尊像、不動明王像
（3）和光院、現廃院、遠藤光胤家
・大日如来座像、木造、永録拾年（一五六七）銘あり
・不動尊、不動明王　二体、不動明王像
・太子像、その他諸像　七体
（4）鳥海山大権現　現霊峰神社
現在は跡のみ。金峰神社の一ノ宮に対して一ノ鳥居、また女人堂を称する。祭神は八十禍津日神、本地は観世音菩薩（由に市一二三頁以下）。

8　北麓院内口

（七高山権現は）院内村に有、享保年中の書付に七高山別当極楽寺と有（真言宗也）、社家一人有、古へは衆徒も有けるにや、寺家十一面観音を本地仏とす（注01進藤八ノ二九）。極楽寺は現存。十一面観音の所在は調査中。

以上、各口一山の学頭坊など主力寺坊の本尊を今に伝来する仏像をもって概観すれば、吹浦神宮寺の薬師以外は意外にも多様であることに気付く。この点は鳥海山信仰を研究する上で疎かにできないと肝に命じて置かねばならない。

三　本地仏特定の要因と信仰

1　神宮寺本尊の影響

当神宮寺は仁和元年（八八五）「秋田城中及び飽海郡神宮寺西浜に石鏃雨る（あめふる）」（⑬『三代実録』）に初出する。吹浦社（現吹浦口ノ宮）に付属する神宮寺である。創建事情は伝わらないが、前述によれば承和十一年（八四四）比叡山僧安慧の出羽国講師赴任を契機とするものであった。神宮寺は必ず本尊を要するが、創建当初の本尊が何であったかを伝える史料はない。安慧の派遣は承和三年（八三六）の詔勅「五畿七道に僧一口を遣し、国内名神社毎に法華経一部を読ましむ」（『続日本後紀』）が出羽国において漸く実現したものであった（第二章）。そうであれば法華一乗の本尊として薬師如来が据えられた可能性が高いが、他所の神宮寺の例では断言はできない[14]。しかしながら貞観十年（八六八）には月山大物忌両神社の並祀が明らかなので（⑦『三代実録』）、これによって成立したと推定される両所山信仰から、並祀から遠く隔たらない年代に大物忌神が薬師、月山神が阿弥陀の二尊体制をもって祀られた可能性が高い。

時代は降るが、吹浦の講堂に本尊として安置された薬師弥陀の座像二体が、神仏分離によって明治三年（一八七〇）当時神宮寺末寺であった女鹿村（現遊佐町）松葉寺に遷され今日に至る[15]。胎内にのこる墨書によれば、薬師は永正三年（一五〇六）、阿弥陀が暦応元年（一三三八）の制作である（研究一）。当初の仏像は火災等で失われ、両像は新たに制作安置された第二世代以降の可能性が高い。しかしながら薬師弥陀両像の組合せは、前述した貞観十年（八六八）以来の大物忌神と月山神の並祀を反映したものに違いなく、当初から不変であったに違いない（両所宮、両所山信仰）。こうして神宮寺本尊の主尊は薬師であったと推定され、その影響によって、大物忌神の本地特定の段階で自ずと薬師が選択された可能性が大きいと考える。

2　遊佐荘藤原氏の信仰の影響

遊佐の地名は承平年中（九三一～九三八）編の『和名類聚抄』に遊佐郷と見え、十二世紀前半に奥州藤原氏の関与で立荘されたと推定されている[16]。この地はもと関白藤原忠実領であったが、久安四年（一一四八）譲与された次子頼長が、翌年現地差配の藤原基衡に金、鷲羽、馬の増額を要求、これに対して基衡は金十両、鷲羽五尻、馬一疋を回答して、仁平三年（一一五三）に決着した[17]。のち頼長は保元の乱（一一五六）で敗死し、翌年当荘は後院領（皇室御領）に組み込まれた。

出羽国における宗教的要地の吹浦と政治の中心である国府（城輪柵）を包摂する当荘には、藤原摂関家の信仰が持ち込まれた可能性がある。藤原氏の信仰といえば祭神として第一殿に武甕槌命、第二殿に経津主命、第三殿に天児屋根命、第四殿に比売神を祀る奈良の氏社春日大社である。十二・三世紀の史料であるが、これら四神にはそれぞれ不空羂索観音または釈迦、薬師または弥勒、地蔵、十一面観音または大日という本地仏が特定されていた[18]。この内、いずれの信仰が優先して持ち込まれたか確言できないが、当時神宮寺の本尊（かつ主尊）であったと推察される薬師仏に対する信仰、また兵乱鎮圧など安寧に優れた薬師悔過の薬師仏に対する信仰を強化する方向であれば、本地仏の特定において薬師仏が持ち込まれた可能性が考えられる。

結び

第一節では、山上の大物忌神信仰が銅器盤札、鰐口からは十四世紀前半、棟札からは十七世紀初に本地が薬師と特定されたことを明らかにし、山上一宇の建造では鳥海山麓でいち早く勢威を張った南麓杉沢の熊野権現衆徒の貢献を推定した。他方、山上の本地薬師については山麓各口では争いがなかったことに触れた。第二節では、にもかかわらず山麓各口では薬師の外にさまざまの諸仏が伝来した様相を明らかにした。この多様性はなぜか速断できないが、厳しい北国の環境に生きる庶民には現当二世の御利益の希求が欠かせなかった事情と関係するに違いない。さらに伝来する諸仏群に何らかの関係性があるのか今後の研究を要するが、南麓蕨岡口では本尊が阿弥陀、十一面観音、神像と不定であるし、北麓矢島口では大日如来像と不動明王が目立ち、北麓滝沢口では典型的な薬師信仰を示し、北麓小滝口では平安期作の聖観音、蔵王権現像が突出する、ことなどを初めて体系立って明らかにした。これらは本地仏薬師の信仰下にあっても、なお山麓各口の歴史や環境の異同による鳥海山信仰の多様性を示すものである。

特記すべきは、鳥海山麓に五体の御正躰が存するという知見が得られたことである。政次浩氏によれば、「御正躰（鏡像）が優勢な東北地方における熊野ゆかりの信仰拠点にあって、御正躰がほとんど見受けられない例外地がある。鳥海山と男鹿半島の二ケ所である」とし、これに基づいて、「早くから国家宗教の拠点と位置付けられたこの山（私注、鳥海山）の歴史的環境が、御正躰を受け入れた他の信仰拠点と異なっていたのではないだろうか」とされた[19]。ところが鳥海山麓には五体の御正躰が伝わる。私の調査で初めて明らかになった知見である。矢島の元弘寺に一躰（十一面観音）、八幡寺に二躰（各薬師）、歓喜院に一躰（不明）、また滝沢の薬師堂に一躰（薬師）である。これらは伝来品で歴史的な遺物とまでは言えない（私注、後代何かの都合で流入を疑うヵ）とする超厳密な論理を聞くが、永々現在に伝来する以上、これら修験口の信仰を伝えるものだ了解しても何の差し支えもない。これによって右政次氏の所見は妥当しないことを明らかにした。

第三節では、本地が薬師に特定された事由として、神宮寺本尊の影響と遊佐荘藤原氏の信仰の影響が考察された。特定の年代が早ければ前者のみによる可能性が高いが、時代が降ると複合も考えられる。この点に関して、津田左右吉の「本地垂迹論では神に対して本地仏を定めるに際して神の性質とは関係なく附会された」とする定説的な所見があるが[20]、近年に至って、高良社の事例から本地仏が何らかの信仰的共通性をもとに時の政治や高良山における仏教勢力の盛衰と深く関係して変遷したことを実証された津田勉氏の論文が注目される[21]。

こうした中、本章は津田論文に示唆をうけ、必ずしも明らかでない個別の霊山である鳥海山を事例として本地仏信仰の様相と特定事由の研究に取り組んだものである[22]。今後は日本海側の霊山である岩木山、立山、白山、伯耆大山等の本地仏[23]、さらに出羽国式内社の本地仏に関する研究を経て[24]、総合化される必要がある。

注

(01) 芹田貞運『大物忌・小物忌縁起』一七〇三成稿、進藤重記『出羽国大社考』一七五九成稿、阿部正己「鳥海山史」一九三一、松本良一『鳥海山信仰史』一九八四、須藤儀門『鳥海考』一九八八など。ただし高橋富雄「鳥海山の歴史と文化」(『本荘市史研究』3、一九八三)は、小滝院(現金峰神社)に祀られた平安時代中期と推定される聖観音、蔵王権現から小滝口信仰の独自性を指摘する。

(02) 第二章、第六章。

(03) 明暦元年(一六五五)吹浦蕨岡守札・参拝道者争論、元禄十四年(一七〇一)蕨岡矢嶋御堂造替争論、元禄十六年(一七〇三)蕨岡矢嶋嶺境争論など(注01阿部六四~一〇一頁)。

(04) 由谷裕哉氏は「地方霊山信仰史の研究」の限界を指摘する中で、「本地仏や垂迹神からそれら如来・菩薩・神祇に対する信仰を導き出したり」を否定的に捉え、代わって開山以前の伝承や一山組織に注目すべきことを主張するが(『白山・立山の宗教文化』二〇〇八)、前段は史料批判を経ればあえて否定されるものではなく、後段の伝承や一山組織が必ずしも史実に近いとも限らない。
(05) 吉田東伍『大日本地名辞書』第七巻（奥羽）増補版、冨山書房、一九七〇。
(06) 小論a「大物忌神の研究覚」二〇一〇、小論b「鳥海山大物忌神と薬師・観音信仰」二〇一四、小論c「鳥海山の本地仏と諸仏信仰」二〇一五（委細は後掲初出論文）。
(07) 養老元年（七一七）泰澄が白山頂上に奥宮奉祀、天応二年（七八二）勝道が二荒山山頂に祠を祀るなどの事例があるが（上山春平・他編『日本神社総覧』一九九二）、これらは開山の修験者が何らかの施設（磐座〔いわくら〕、小祠）の設置を伝えるもので、常設社殿というほどのものとは想定されず、また鳥海山の開山は縁起伝承にはあるが特定の修験者ではない。
(08) 吉田東伍が本文中でイ、ロ、ハと想定できた典拠は何か、これが本件に関する私の最大関心事であるが不明である。『大日本地名辞書』（前掲注05）中の関係条「鳥海山神社（松岡）」「杉沢」「鳥海山」「新山」に記された典拠は新風土記、風土略記、庄内史、震災予防調査会報告、大泉叢誌、飽海郡郷考などであるが、今後の調査を要する。ちなみに奥羽編を含む全六冊の刊行は明治三三年（一九〇〇）〜同四〇年（一九〇七）なので、当該執筆時は本書が参考引用する、後掲注10の安倍親任『筆濃余理』は稿本、阿部「鳥海山史」は未刊であった。
(09) 二〇〇八年七月南麓湯ノ台口から山上本社参拝を経て矢島口へ下山し、同行願った現地ガイドから「鳥海山峰と信仰は西から東方へ、稲倉岳から荒神岳へ、さらに新山方向へ動いた」と聞いた。なお同主旨が姉崎『鳥海山史』八八頁。
(10) 安倍『筆濃余理』一六四頁。阿部「鳥海山史」挿入絵図書入れ。
(11) 熊野神社は杉沢字宮ノ後に鎮座、社伝は承和元年（八三四）出雲国熊野神社からの勧請とする

(『山形県の地名』平凡社)。創建年は伝承、出雲国からの勧請は日本海航行によると考えられるが、仔細は不明である。後世、鳥海山修験が表口(蕨岡)から入峰修行するとき「二之宿」役務(宿役)を担い、「鳥海山二之王子」とも称された。神事の杉沢比山は鎌倉時代の田楽や室町時代の猿楽の流れを伝える「古風を存し」(本田安次『山伏神楽・番楽』一九七一)、その発祥は中世に遡及は十分ありえるという(菊地和博「鳥海山麓ら伝承される修験系芸能(番楽)の考察」東北文教大学・同短期大学部『紀要』第8、二〇一八)。なお当地には鎌倉・室町時代の陣屋館跡が所在するので(『山形県の地名』)、同時代の先進開発地だったことが推知される。

(12) 小論「鳥海山上御社の造営事例と遷宮方式」『山形県地域史研究』38、二〇一三、九二頁。

(13) 小著『鳥海山縁起の世界』一〇一頁。

(14) 天台宗の現本尊は延暦寺(根本中堂)、三千院、寛永寺が薬師、青蓮院(熾盛光如来)、妙法院(千手観音)、中尊寺(阿弥陀)が非薬師である。

(15) 講堂に関しては「御坂の下、向て右脇にあり」(進藤『大社考』巻一本地堂条)、「本尊は薬師弥陀也、ただし弥陀堂は古光勝寺屋敷に在て本妙坊といへる衆徒別当たりしといゝ伝えたり、講堂一宇に二仏を置くは慶長以後の事にや」(新藤『風土略記』六ノ四三)と伝える。なお講堂は薬師堂、本地堂ともいう(上同)。

(16) 伊藤清郎「出羽国」『講座日本荘園史』5、一九九〇。

(17) 『台記』仁平三年九月十四日条(『増補史料大成』)。

(18) 「春日大明神本地注進」、「春日社私記」(国學院大学『神道事典』)。

(19) 政次浩「東北地方の熊野信仰と出羽三山信仰についての覚書」熊野信仰と東北展実行委員会『熊

野信仰と東北』二〇〇六、五二頁。

(20) 津田左右吉「日本の神道」『同全集』第九巻、一九六四、六一頁。

(21) 津田勉「神とその本地仏の信仰」『神道宗教』第一九九・二〇〇号、二〇〇五年一〇月。また本論文は、本地垂迹では性質が異なる数百もの神々の本地仏が、ほぼ十二仏に集約され、この実態にこそ、仏教側から説かれた本地垂迹の方便的本質が如実に表されているという。

(22) 宮家準編『修験道辞典』本地垂迹条は「神仏習合が進展する過程でなぜ各神祇に本地仏が定まるのか、という本地垂迹説の発生論については必ずしも明らかにされていない」という。

(23) 日本海側の霊山（宮家準『修験道の地域的展開』二〇一二）

・岩木山／十六世紀末頃より度々爆発。三所権現。中央岩木山国常立命阿弥陀、左峰巌鬼山多都比姫十一面観音、右峰鳥海山大己貴命薬師。

・立山／立山権現阿弥陀、地獄谷。

・白山／八、十六、十七世紀等史料上九回噴火。三所権現。御前峰白山妙理大権現、十一面観音、大汝峰大己貴命阿弥陀、別山大行事聖観音。

・伯耆大山／有史以来噴火なし。智明権現（地蔵菩薩）。

(24) 出羽国式内社の本地仏（『式内社調査報告書』、所在地名は当時）

小物忌神社（平田町、他）（江戸時代）観音

遠賀神社／（鶴岡市井岡）勢至菩薩、さらに観音

由豆佐売神社（湯田川）現社殿は別当寺観音堂

塩湯彦神社（山内村）観音、秋田三十三観音第一番

波宇志別神社（大森町）　熊野権現
副川神社（神岡町神宮寺）　観音

第五章　山上社堂の造営——勧化、造営と遷宮——

はじめに

大物忌神を祀る社堂がいつ鳥海山上（当時の山名は不詳）に建造されたか、これを伝える確かな史料は存しないが、私は古代に唯一経済的かつ技術的な建造能力がある国府城輪には多難を押してまで施工する動機に欠けるとして古代を想定せず、中世鎌倉時代に至って、山上に近い鳥海の湖畔と山上に各一宇を建造されたのが最初かと推察した[01]。ただし山上とは荒神岳下を指し、当然ながら近世大噴火後の山上ではない。時代が降った、江戸時代初期の承応三年（一六五四）造営に関して、「権現堂二十一ケ年目毎ニ御造営の儀」と伝えるので[02]、始期は不明としても、当時二十一ケ年の式年造営の慣行があったと推察できる。また北方日本海に寄って立つ鳥海山上に建立される社堂であれば、再々に屋根などの風雪破損の修復があったに違いない。これらの式年造営や屋根替を含む修復工事では必ずや御本尊（または御神体）を一時移座し、工事の成就後に遷宮法会が挙行されたと考えられる。

鳥海山上の社堂に関しては資史料によって初期は一宇、小祠など、後に御社、御堂、権現堂、御本社などと記されていて区々（まちまち）である。そこで本章では資史料の引用を除いて、神仏に融通する「社堂」

をおおむね用いる。御本社に関しては後述する。これら山上社堂の造営に関しては目立った先行研究は存しないが、かねて私はこの点に注目し史料の発掘と研究を進めてきた。第一部では山上社堂の造営事例を丹念に収集し、その上で山麓修験集団の諸役分担で施行された遷宮法式を明らかにし、第二部では近世の社寺造営で主要な資金調達方法であった勧化が如何に施行されたか、その勧化方式を初めて明らかにする[03]。

［第一部］　社堂造営と遷宮法式

一　修験集団間の争論

山上社堂の造営と遷宮法式に深く関係するのが、江戸時代過半以降、全山の宗教的エネルギーを傾注したかに見える蕨岡、矢島、小滝、滝沢の修験集落間の熾烈な争論である（吹浦を除く[04]）。これらは一大訴訟史を形成するが、ここでは造営事例の考察に先だって必要な争論の大要を阿部正己、他の研究によって見てみよう。

1、いずれの時代よりか蕨岡は順峰衆徒、矢島滝沢は逆峰衆徒と称し、鳥海山をもって古来順逆両部勤行の霊山としてきた。こうして蕨岡一山は順峰の法式を修める本山派であったが、貞享元年（一六八四）当山派の三宝院より逆法式の下知をうけた（阿部六九頁）。しかし順峰の法式を遵奉しながら逆峰の当山派に属することは撞着を免れなかった。

2、こうしたなか矢島と滝沢は逆峰名称を争論し、矢島は訴えを起こして逆峰院主を滝沢より取り戻した。また蕨岡と矢島は順逆を争論し、蕨岡の順峰・矢島の逆峰の法式が規定なった。これらは延宝六年（一六七八）矢島から差上申証事（阿部七一頁）を以て蕨岡に通知された。

3、しかるに山上における本社（御社）の造替（ぞうたい）に付き、滝沢は矢島と、矢島は蕨岡と争うに至った（阿部七三頁）。こうしたなか天和二年（一六八二）棟札に書かれた「庄内飽海郡」は、これよりさき元和・承応棟札の「大泉庄遊佐郡」を変えるものであった（郡付問題）。

4、この郡付問題を好機として、矢島は元禄十四年（一七〇一）御社造営にあたり、逆峰衆徒にて建立するを至当なりと陳訴、これに対して三宝院は同年八月「瀧沢矢島之逆之義出入有之、逆峰は弥（いよいよ）矢島ニ相究候由」「然ル上は修復之義も順逆相互ニ申合相勤可然者也」と和解書を下した（阿部七四頁）。

5、これ迄一山を支配し、本堂（御社）の造替をしてきた蕨岡はこれに到底納得できず、同年同月（元禄十四年八月）訴訟人蕨岡学頭龍頭寺他、相手矢島先達福王寺他の、訴訟書付を三宝院へ差出した（次掲史料一）。これに対して同年十月三宝院事務方の鳳閣寺（ほうかくじ）より、御堂逓番（ていばん）（順逆交互に番にあたる意）造替は成立せず、山上本社の造替は先例の通り順峰方より建つ可しとの裁断が下った（同史料二）。

6、これによって元禄十五年造営は執行されたが、同十六年（一七〇三）六月遷宮式で「庄内飽海郡」と記した当棟札文面をめぐって矢島百姓が騒動を起こした。これはその後蕨岡と矢島の嶺境（みねさかい）争論に発展し、庄内矢島両藩や幕府老中等を巻き込む訴訟となり、宝永元年（一七〇四）九月蕨岡、庄内藩の完全勝利で決着した（阿部第三・五章）。以降鳥海山一山は蕨岡修験の完全支配となった（松本二二七頁）。

これら紆余曲折を経た争論の結果、宝永元年（一七〇四）以降、蕨岡修験（一山組織では衆徒）が山上社堂の造営、遷宮に関して支配的な地位を獲得した。なお如上の争論に関しては、酒田市立光丘文庫所蔵「鳥海山古書物控」に収録された次の文書を一部参照したが、今後の活用が望まれる。

寛文年中瀧沢龍同寺小滝院主秋田霞場出入ニ付、本地蕨岡江之書物
瀧沢矢嶋逆之出入ニ付、龍同寺誤（謝り）証文控
寛延四年小滝院主本庄直旦那之者より初尾取納め候ニ付、誤（謝り）証文
同院（小滝院）文政元年参詣道筋江小屋掛致し候ニ付、誤（謝り）札
文政十二年丑年矢嶋道祓川より本庄道者初尾之義ニ付、書状控

二　山上本社の一山持

二〇〇七年十一月、筆者は酒田市立光丘文庫に架蔵される『由緒御改ニ付書上帳』に出会うことが出来た。この出会いがなければ本章主題の研究は覚束なかった。「意あれば道開く」である[05]。この書上帳は天保十一年（一八四〇）十二月付で、鳥海山蕨岡学頭の龍頭寺と有力四坊が連名をもって寺社奉行所に差し出した、一山由緒の書上げである。宛先は庄内藩寺社奉行所と推察される。

当書上帳によれば、鳥海山上の御本社一宇と長床二ケ所は一山持を伝える。長床とは本殿と拝殿をむすぶ廊下または通路をいう。このほか蕨岡登拝道に所在した伏拝観音堂、一王子観音堂、峯中堂なども一山持と伝えるので、ここで言う一山とは蕨岡衆徒中を指す。したがって山上御本社（長床を含む）の一山持とは、これらは蕨岡衆徒中の所持所有の主張を容れた表記である[06]。

他方、本章で明らかになる研究によれば、山上御本社の一山持は当然に山頂の祭祀権を独占するものではない。また蕨岡の強い支配下にあった造営と遷宮の実態も全山衆徒中が多かれ少なかれ関与した点に留意を要する。よって本章では引用以外では「御本社」を用しない。ちなみに、全山衆徒中は通常は鳥海山全山の修験集団をさすが、本章では吹浦神宮寺と同衆徒社人は含まれない。吹浦神宮寺と同衆徒社人は山頂御社の祭祀、造営に係わらなかったからである。

三　造営遷宮の主宰と分掌

前述した修験集団間の争論のなかで、山上社堂の造営と遷宮は如何に行なわれてきたか、これを概括的に伝える史料が元禄十四年（一七〇一）八月蕨岡より三宝院宛てに出された訴訟書付（史料一、阿部七五頁以下、松本一四五頁以下）、ならびに同年十月三宝院（書面上は鳳閣寺）より発給された裁断書である（史料二、阿部七九頁以下、松本一五〇頁以下）。十七世紀末年蕨岡から出た訴訟文書と、これに対する裁断書という限られた史料であるが見てみよう。

史料一　元禄十四年八月蕨岡訴訟書付（訳抄出）

一　鳥海山権現堂（山上御社）造立の節は、先規により大工、木挽（こびき）、鍛冶等（の工人）は蕨岡にて集め、堂切組（松本注、堂建設に要する人夫組か）や川北三組（同、田川、櫛引、飽海）の人足をもって、荒神ケ嶽へ（諸材を）持ち運び造立した。

一　権現堂造替（造立と同意カ）の時分は、順峯蕨岡から逆峯矢島と小滝院主へ通知すれば、先規により助成金として矢島と小滝から相応の金子が届いた。他領からの寄進金だったので、矢島からの書状にも助成金としてあった。送付された先年の書状を今に所持する。また遷宮の時は表口の蕨岡学頭が導師をし、裏口の矢島学頭衆徒、次に小滝院主が会合して、法式を勤めた。このような権現堂の支配や堂切組等の件は、他領から異議を申されることは古来から無く、蕨岡で一切支配してきた。

史料二　元禄十四年十月鳳閣寺裁断書（訳抄出）

一　権現堂は往古順逆替々相建てきたる由を、逆峰方が申し出きたが、証拠無きの上は元和・承応・天和年中の如くに、順峰方より相建つべし、尤も逆峰方より助力金相往（ママ）に差し出すべき事、

この両文面によれば、主意は山上御社に対して蕨岡の主宰とこれに付随する矢島と小滝の分掌を主張する。二箇所に見える「先規より」は先例があったに違いないが、何時の頃からかが問題になろう。また助成金とは微妙な表現だが、これは前述「権現堂は（略）順峰方より建つ可し」（一―5）、なら

びに鳳閣寺裁断中の「逆峰方より助力金相往[ママ]ニ可差出事」（史料一一）と見合う。

四　造営事例

如上の山上社堂の造営と遷宮に関する修験集団間の主宰と分掌で、具体的にいかなる造営があったのか、その事例を前述「書上帳」、他の資史料で見てみよう。

（凡例）出典は付四参考文献の略称をもって記す、・印は筆者の解説。

1　元和四年（一六一八）七月造営

一元和四午年鳥海山上御本社并に長床共、最上出羽守殿より御造営下置かれ、唐金ニて御紋三基下置かれ、今に所持仕り候（書上帳）

一鳥海山大権現御本地薬師瑠璃光如（来）御堂造立棟札（阿部七〇頁、遊佐資料一一五頁、所蔵蕨岡口ノ宮）

・棟札に記された衆徒、院主は次のとおり

松岳山順衆徒　　小瀧院主　　瀧沢逆院主　　矢嶋衆徒中

・最上氏の寄進による造営である。なお大物忌神社蕨岡口ノ宮に鳥海山上薬師如来御堂造立棟札が十一枚残存し、当棟札が最古という（遊佐資料一一五頁）。

2 承応三年（一六五四）七月造営

一 承応三年年山上御本社、大乗院様御代御造営成し下置かれ、唐金ニて御紋二基、御本社へ御据え置かれ候（書上帳）

一 鳥海山大権現御本地薬師瑠璃光如来御堂造立棟札（阿部七一頁、遊佐資料一二五頁、所在不明）

一 鳥海山上御本社へ衆徒十六人堂番相勤め、表口より参詣道者初穂等取納め、鳥海山支配仕来り申し候、権現堂二十一ケ年目毎ニ御造営の儀、御領主様へ願奉り、御初穂銀を仰付られ、献備御座候、御遷宮の節は日限り、御領主様へ御伺い申上げ、御聞済みの上、裏口矢島学頭衆徒并に小瀧龍山寺へ告知させ、三方出会の上御遷宮法式執行仕り候、其節御入佛尊師、蕨岡学頭相勤め申し候、尤も学頭病気指合い有之、登山仕り兼ね候節は衆徒の内指立て候者相勤来り申し候（書上帳）

・棟札に記された衆徒、院主は次のとおり

松岳山順衆徒中　小瀧院主　瀧沢逆院主　矢嶋衆徒中

・元和八年（一六二二）八月最上氏の改易により酒井氏が信州松代から移転、庄内藩が成立して以降史料に見える最初の造営である（大乗院、第二代忠当代）。御社へ据えた酒井氏の御紋二基は庄内藩の御社支配を象徴するものであろう。入部から三十二年が経過した当年、漸く「権現堂二十一ケ年目毎ニ御造営」が実施なったものと推察される。なお矢島小滝への告知、遷宮法式は前掲史料一と同じだが、事前に領主へ伺い（造営の決定）があったことが判る。

・延宝五巳年（一六七七）御堂建立を伝えるが（「差上申証事」阿部七二頁）、委細不詳。

3　天和二年（一六八二）造営

一　天和二戌年山上本社御造営下置れ候（書上帳）

一　鳥海山大権現御本地薬師瑠璃光如来御堂造立棟札（阿部七四頁、所蔵蕨岡口ノ宮）

・棟札に記された衆徒院主は次のとおり

　松岳山順峰衆徒中　　瀧沢院主　　小瀧院主　　矢嶋逆峰衆徒中

・この棟札では「瀧沢院主」と記され、元和四年および承応三年棟札の「瀧沢逆院主」は書き改められた。次の経過があった。すなわち、「矢島衆徒ハ逆峰在之、執行仕候瀧沢ニハ逆峰無之、蕨岡ニテ順之峰執行仕来候」「就夫ニ（それにつき）、前々何之頃よりか誤、棟札ニも瀧沢院主を逆之院主と書来候」（史料一続き）。そこで（蕨岡では）当棟札から「逆峰矢島」と記した。これに不服の滝沢院主は江戸寺社奉行へ訴えたが、蕨岡の吟味どおりと裁定された。この件は史料三でも確認できる。この間の経過、滝沢の主張、蕨岡の困惑等は貞享元年（一六八四）蕨岡返答書に詳細に見える[07]。

史料三　鳥海山棟札相極書物之事

一　今度逆峰之法式見届順逆寄合棟札相極申候、自今以後相違有之間敷候、此棟札之儀は来五月下旬ニ吉日次第ニ口々相改寄合打可申候、其如此（鳥海山棟札相極書物之事、前掲「鳥海山古書

物控」収録)

天和二年

壬戌十月廿六日

一和尚　般若院

二和尚　南性院

三和尚　千手院

以下の二坊、惣衆徒は略

(宛先) 宝積院様以下七坊、惣衆徒中は略

・一和尚～三和尚等は蕨岡衆徒、宝積院以下七坊は矢島衆徒。同日付で矢島衆徒から蕨岡一和尚～三和尚等へ差出したほぼ同文の文書がある（右史料続き）。相互に取り交したものに違いない。

4 元禄元年（一六八八）造営

一 元禄元年棟札（遊佐資料一二五頁、所蔵蕨岡口ノ宮）

・この造営は委細不詳。

5 元禄十五年（一七〇二）造営

一 元禄十二年卯年山上御本社御造営の砌、御金六拾両下置れ、外ニ御金三両御寄附下置れ候（書上帳）

一 元禄十四年棟札（阿部八二頁、所蔵蕨岡口ノ宮）

松岳山順衆徒中　　小瀧院主　　矢嶋逆峰衆徒中

一　元禄十四巳年鳥海山上御本社棟札郡付候ニ付、裏口矢島衆徒と出入ニ及び、同十五年より十六年の間鳥海山の郡（に付き）諍論出入の節、江戸表へ一山学頭役僧衆徒罷登り追々拝借願奉り、都合三百拾三両拝借仰付られ、境出入御威光を以て一山利運罷成り申し候（書上帳）

一　元禄十五年遷宮法席図（図A）

・この造営年は右のとおり史料によって異同があり、いずれが事実か決めがたい。阿部によれば元禄十四年十月鳳閣寺裁断によって、山上の本社（御社）造営は先例の通りという。こうした裁許の趣意と先例により逆峰は助成金五両を納め、御堂造立に着手、翌十五年竣功、同十六年六月八日遷宮式施行された（阿部八二頁）。

・この造営棟札に「飽海郡」と書いた郡付一件の争いは、やがて元禄十六年六月遷宮式における矢島百姓の騒動となった。これはその後蕨岡矢島両衆徒の嶺境（みねさかい）争論に発展し、庄内藩矢島藩それに幕閣を巻き込む一大訴訟となり、宝永元年（一七〇四）九月に至って蕨岡、庄内藩の完全勝利で決着した。この件は右「書上帳」では親藩酒井氏の「御威光」を以て「一山利運」になったと直截に記してある。

6　享保五年（一七二〇）造営

一　享保四亥年山上御本社御造営（書上帳）

一　享保五年（一七二〇）棟札（遊佐資料一二五頁、所蔵蕨岡口ノ宮）

一　享保五年遷宮法席図（図B）
一　惣家中、両城下に相対勧化（書上帳）
・このあと元文元年（一七三六）蕨岡は出羽一宮鳥海山大権現大物忌神社に正一位の口宣位記を蒙り（書上帳）、鳥海山全山で圧倒的優位に立つ。

7　延享元年（一七四四）造営

一　延享元子年山上御本社御造営（書上帳）
一　延享二年（一七四五）棟札（遊佐資料一二五頁、所蔵蕨岡口ノ宮）
一　延享元年遷宮法席図（図B）
一　惣家中給人、両城下に相対勧化（書上帳）

8　明和二年（一七六五）八月造営

一　明和二酉年山上御本社御造営（書上帳）
一　明和二年棟札（遊佐資料一二五頁、所蔵蕨岡口ノ宮）
一　明和二年遷宮法席図（図C）
一　惣家中給人、両城下に相対勧化（書上帳）

9　天明五年（一七八五）造営

一　天明四辰年山上御本社御造営（書上帳）
一　天明五年遷宮法席図（図Ｄ）
一　惣家中給人、両城下に相対勧化（書上帳）

10　文化八年（一八一一）造営

一　文化八未年御本社御造営（書上帳）
一　文化八年棟札（遊佐資料一二五頁、所蔵蕨岡口ノ宮）
一　文化八未年節之（遷宮法席図）控相見不申（鳥海山古書物控）
一　惣家中給人、両城下に相対勧化（書上帳）

注、この造営は享和元年（一八〇一）大噴火後最初の造営であるが、当然行なわれたと推察される鎮座地の移動等を含め、一切記述がない。

11　天保二年（一八三一）造営

一　天保二卯年山上御本社御造営（書上帳）
一　天保二年棟札（遊佐資料一二五頁、所蔵蕨岡口ノ宮）
一　天保二年遷宮法席図（図Ｅ）
一　給人は組々勧化、城下は相対勧化（書上帳）

一　天保三辰年御本社棟札認方（したためかた）、遷宮導師并に本庄道者の取扱ニ付、矢島学頭衆徒と出入の節、御金弐百七拾弐両拝借仰付られ、其後難渋ニ付御願申上げ候処、永年賦上納ニ仰付られ候（書上帳）

・認方は記載の仕方、本庄道者は本庄内の道者、永年賦は永年の割賦をさすヵ。

12　天保六年（一八三五）造営

一　天保六未年御本社雪損ニ相成り候ニ付、御本社御造立并に石垣篭立（かごたて）願奉り候処、御米弐百表、内百表は一山役立の上上納仰付られ、御金六拾両拝借仰付られ候（書上帳）

・本件は右書上帳に見るばかりで、造営があったとしても修復なので遷宮に至らず、棟札も打たれなかったのであろう。

13　天保八年（一八三七）造営

一　天保八酉年御本社御造営（書上帳）

一　給人は組々勧化、城下は相対勧化（書上帳）

一　御本社御遷宮毎度矢嶋方ニて矢嶋様御紋付き御幕御纏等持参仕り候得共、一山に於ては御紋付御幕御座無く、御造営の御宮ニ御幕御座無く候ニ付、矢嶋方は勿論他国見聞も如何ニ付、御紋付御幕御寄附成下され度き旨願奉り候所、永拝借仰付られ候（書上帳）

・遷宮では毎度矢嶋（島）の紋付き幕、纏を持参し、これまで一山と御宮に幕がなかった。これでは他国の見聞も如何として領主酒井氏に寄附を願って、永拝借となったと伝える。なお御纏（おんまとい）は竿先に付ける種々の形（かた）もの。

14　安政四年（一八五七）造営

一　安政四年棟札（遊佐資料一二五頁、所蔵蕨岡口ノ宮）

・この造営は委細不詳。

以上の造営事例を考察すると、前述のとおり、承応三年（一六五四）造営に関して記録された二十一ケ年毎の式年造営の慣行が、何時の年代にまで遡るか不明だが、以降は次に示す造営年で推移し、その間隔に長短があるとしても、山上社堂の造営造替が累代営々として取り組まれてきたことが判る。これは厳しい風雪による破損腐朽という建造物自体の必要性があったとしても、鳥海山麓の篤い信仰圏を基盤として、庄内藩酒井氏の寄進や、惣家中給人および両城下での勧化の施行などが与（あずか）って力あったと見るべきであろう。なお造営年の間隔を仔細に観察すれば次のとおり。

造営年の間隔

1～三六～2～二八～3～六～4～一四～5～一八～6～二四～7～二一～8～二〇～9～二六～10～二〇～11～四～12～二～13～二〇～14

（注）太字算用数字1、2、3は造営番号、その間の和算数字は造営の間隔年を示す。3、11、12は小修復であった模様。ちなみに延宝五年（一六七七）の造営が事実とすれば、その箇所は、2〜二三〜延宝五〜五〜3となる。この場合には3も小修復であった可能性がある。

藩主造営寄進（上段算用数字は造営番号）

1　元和四年（一六一八）七月造営／最上氏寄進造営
2　承応三年（一六五四）七月造営／酒井氏寄進造営
3　天和二年（一六八二）造営／酒井氏寄進造営
5　元禄十五年（一七〇二）造営／酒井氏寄進造営カ
12　天保六年（一八三五）造営／酒井氏寄進修復カ

五　社堂の遷宮法式

山上社堂の造営竣功に不可欠な祭事（当時は修験仏事）である遷宮法式は従来必ずしも明らかでなかったが、前述『鳥海山古書物控』中の文書が修法、法席図などを詳細に伝える。ただし作成年、作成者は不詳。読下して掲出する。なお右『書物控』は文化八年（一八一一）控は相見え申さずと伝えるので文化八年に遷宮はあったのであろう。

1　元禄十五年（一七〇二）（遷宮法席図A）

福王寺棟札読候節、矢嶋百道者ニ出立（いでたち）候者ノ中ヨリ四人、大勢ノ中押分、逆先達之脇ニ罷出、飽海郡ト有之棟札、山嶺境相シレサル間、ケ様ノ棟札為打申義、不罷成（うたさせもうすぎまかりならざる）由、福王寺前ヨリ棟札奪取、御堂ノ外ニ欠出（かけだし）候所、蕨岡衆徒、人足共ヲイカケ（追い掛け）取カヱシ候、棟札奪取候道者ノ様ニ出立候者、年コロ三十四才ホトニ相成カヲサシ候者、其段承候所、矢嶋ノ庄屋多良作ト申者ノ由承及、併此者キタシカ（気確か）ナルコト相シリ候、無御座候

2　享保五年（一七二〇）延享元年（一七四四）迄鳥海山御本社建立迁宮覚書（遷宮法席図B）

一三口ヨリ礼儀有之、其上棟札矢嶋衆ヱモ為見（みさせ）申候、前々ノ通ニ相違コレナキ由申候、学頭申サレ候ハ、前々モ迁宮ハ読経ニテ相勤候由、此度モ左様可仕由、矢嶋学頭ヱ申サレ候ヲヱハ、成程（なるほど）左様可仕由相定、先例通リ相勤申候

遷宮ハ錫杖心経観音経尊勝陀羅尼、此方学頭正面ニテ修法執行仕候

3　明和二酉年（一七六六）八月迁宮之控（遷宮法席図C）

一三口ヨリ礼儀有之、其上棟札逆峯方ヱモ小滝ヱモ為見、前々ノ通ニ相違ナキ由申候、龍頭寺申候ハ、前々ヨリ遷宮読経ニテ相勤候間、此度モ先例ニ可仕由、矢嶋学頭申サレ、成ホト左様可仕由申候

遷宮ハ錫杖心経観音経尊勝陀羅尼、此方学頭ハ正面ニて修法行イ申候

4　天明五年（一七八五）御迁宮法式控（遷宮法席図D）

福王寺無住、元弘寺逼塞（ひっそく）ニ付、先例相闕（あいかけ）候段、御免多し、サレ度趣ニ而、為名代（みょうだいとして）惣持院罷出候、御迁宮御本社ニ、三口ノ衆徒中、古来ヨリノ席有之間、此末違乱無之様可心得、当山学頭ハ正面、福王寺右ノ脇、東ニ向居（むかいおり）申候、衆徒中ハ夫々（それぞれ）段々列座、小滝院主、滝頭寺（ママ）後ニ着座、衆徒ハ（以下、不明）

5　天保二卯年（一八三一）七月廿八日遷宮法席図面（遷宮法席図E）

法式ハ諸事先規之通相勤申候

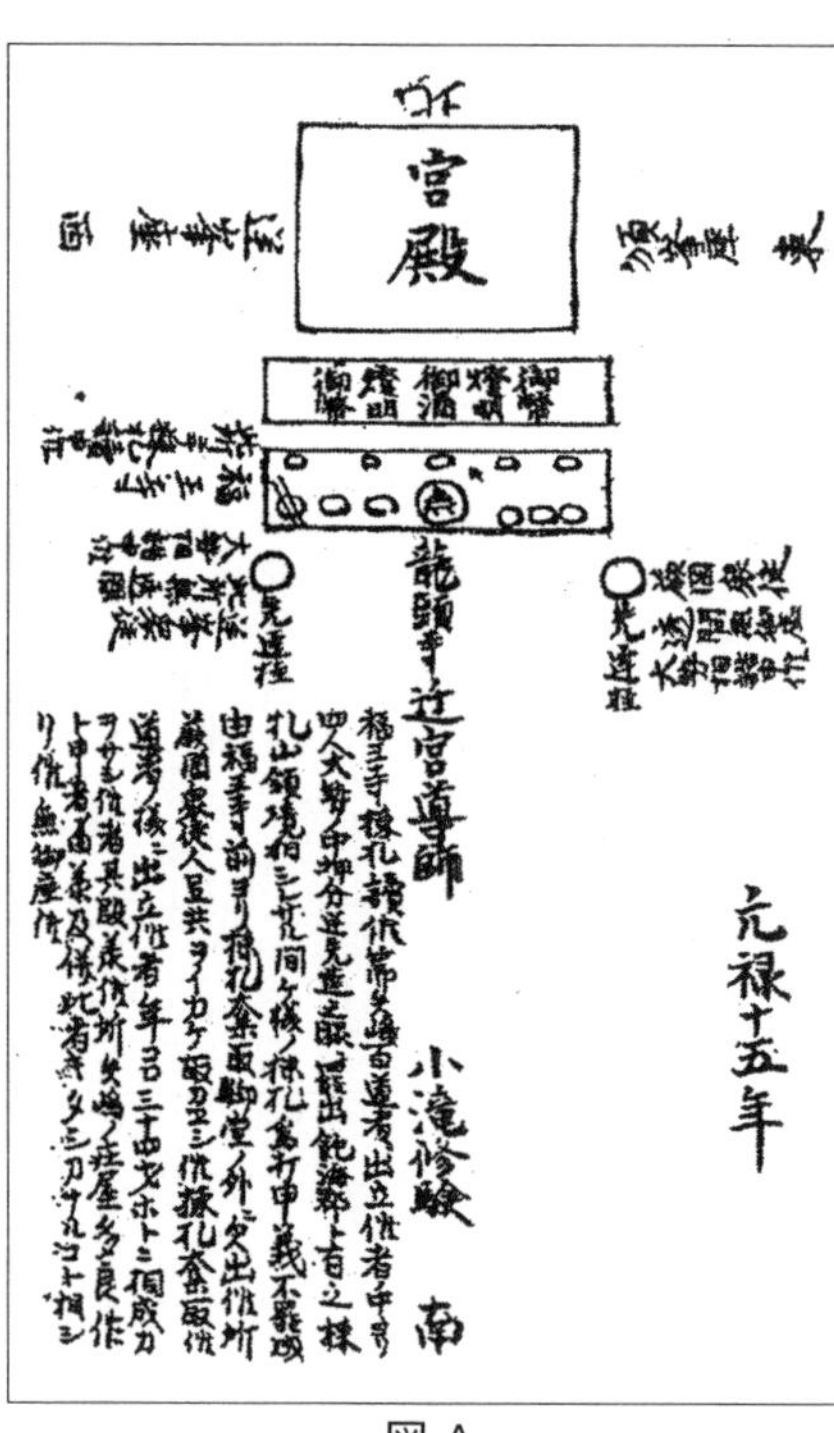

図A

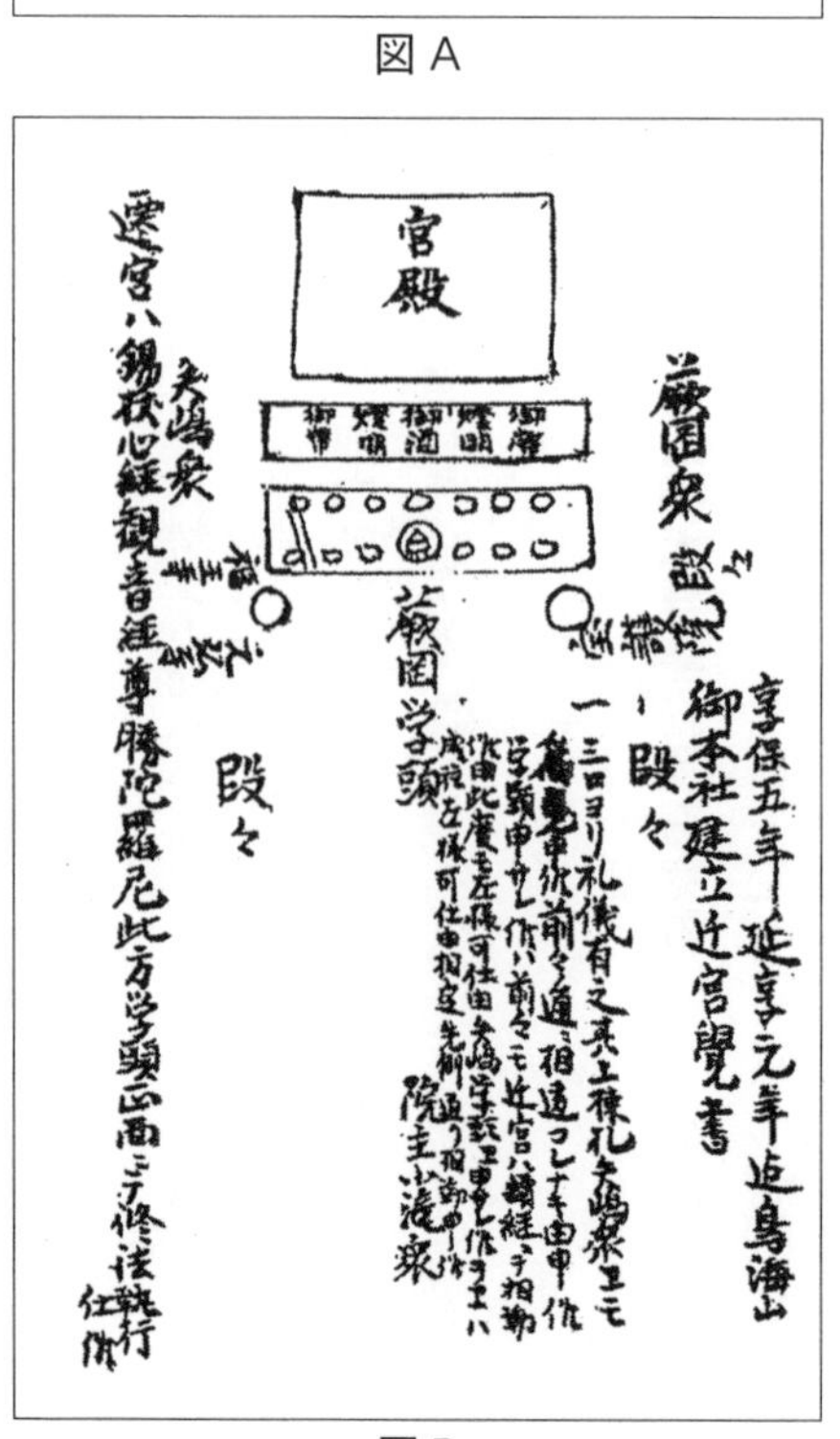

図B

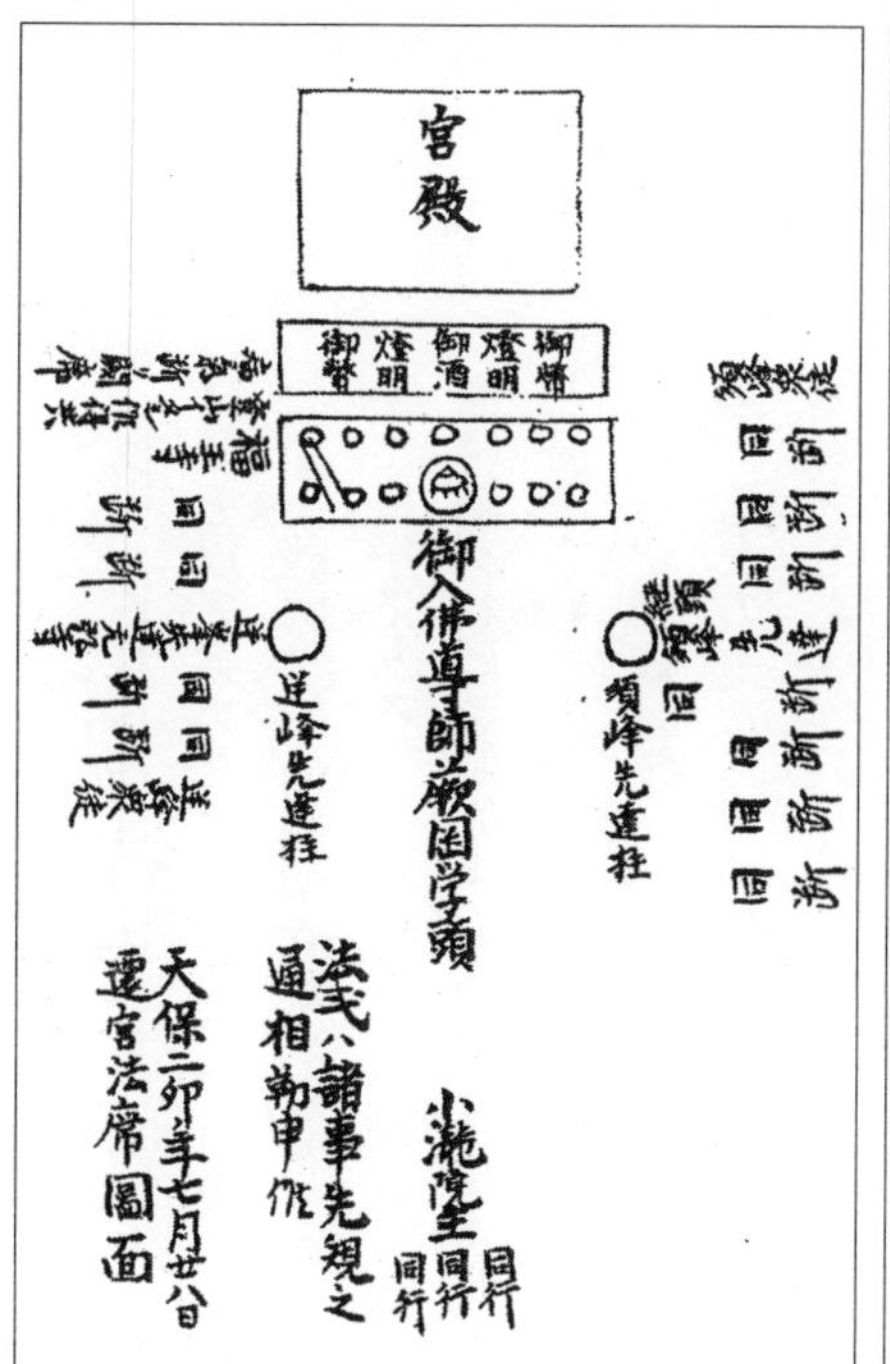
宮殿
御入佛導師厳因学頭
小瀧院主
法式ハ諸事先規之通相勤申候
天保二卯年七月廿八日
遷宮法席圖面

図 E

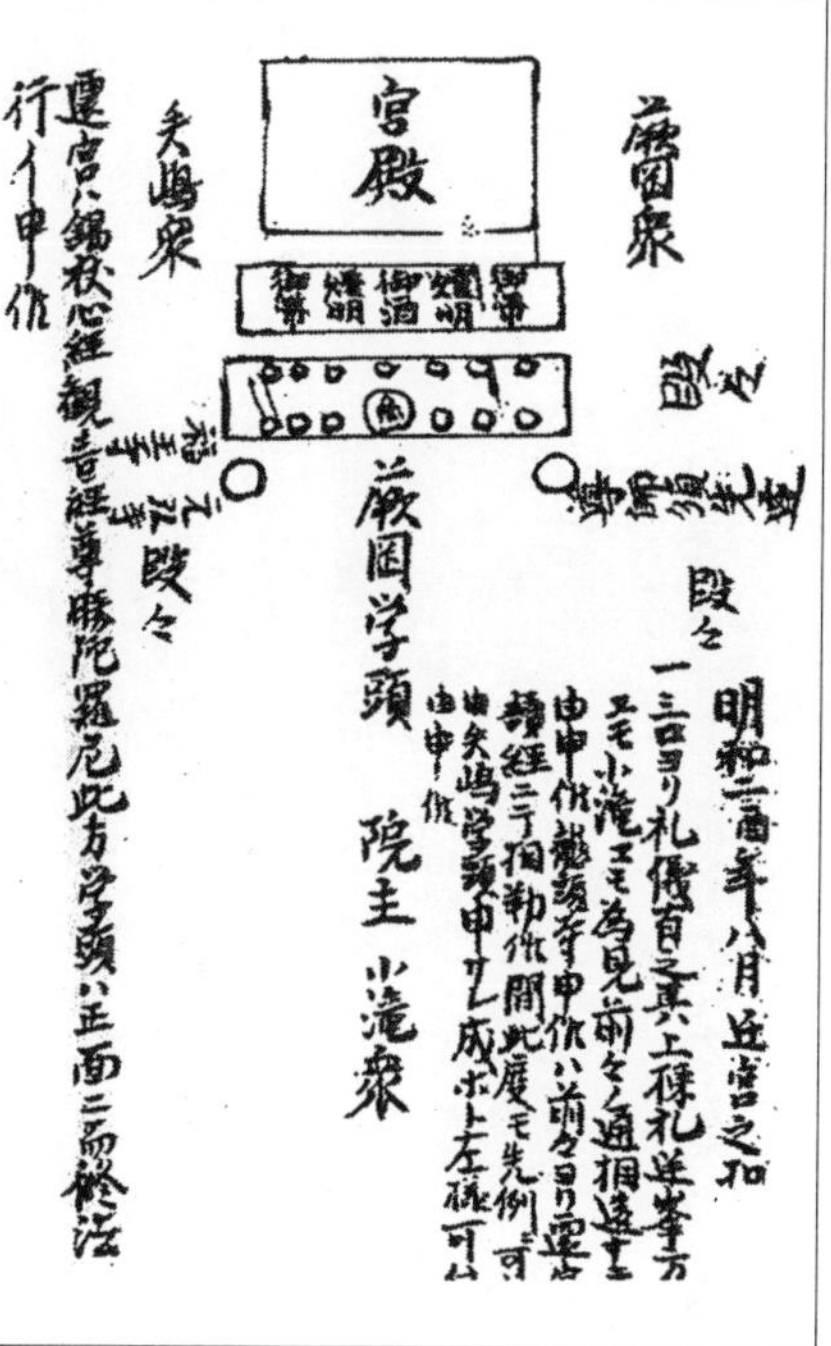
宮殿
厳因学頭
院主 小滝衆
矢嶋衆

図 C

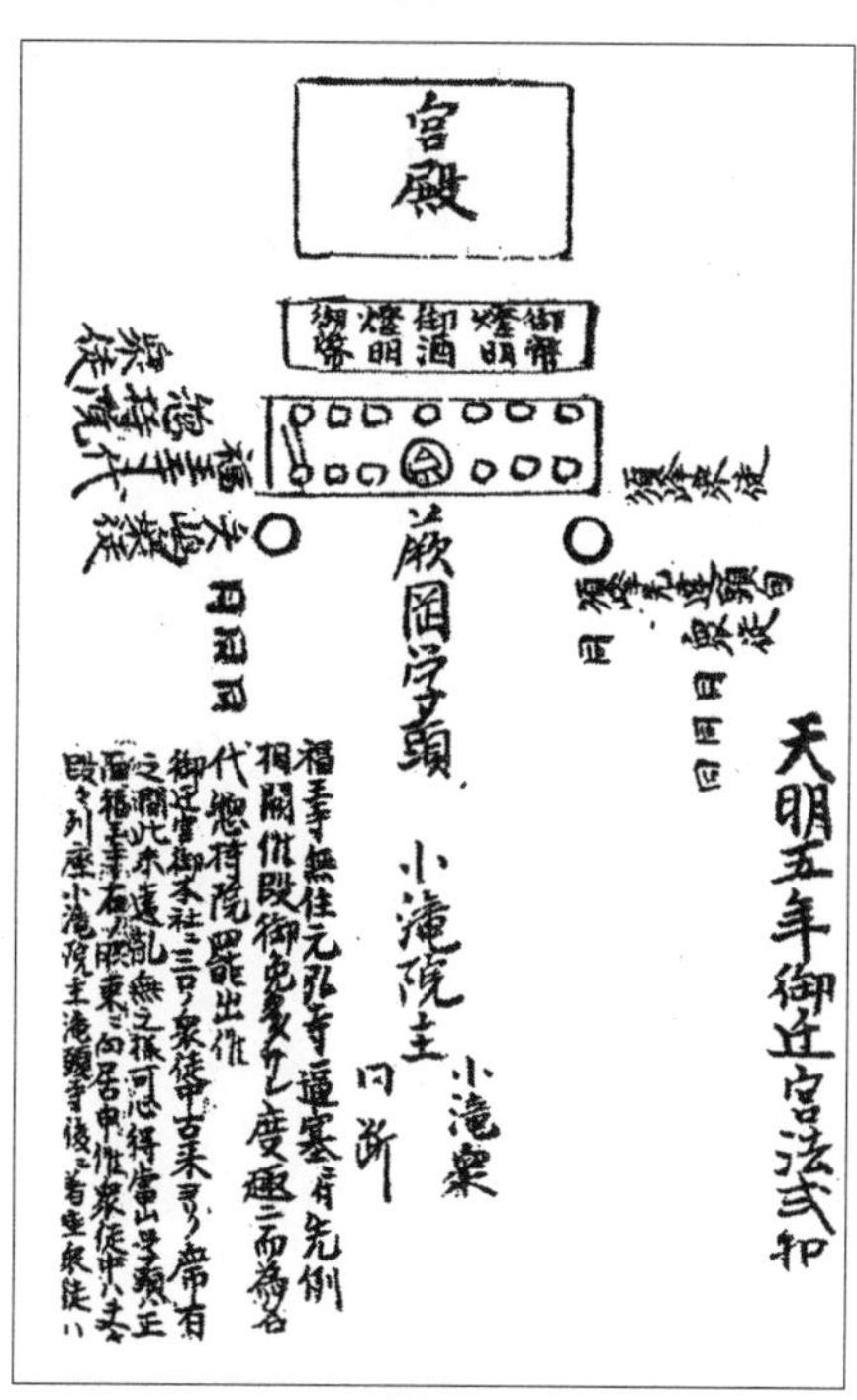
宮殿
厳因学頭
小滝院主
小滝衆

図 D

以上、これら遷宮の法式や法席図を考察すると、まず遷宮は「錫杖心経観音経尊勝陀羅尼」の読経を以て勤めたと伝える。これを按ずるに、山上御社に会同した一山衆徒が錫杖[08]を突いて鳴らすなか、蕨岡学頭の龍頭寺が（般若）心経[09]および観音経[10]の経文を読誦し、尊勝陀羅尼[11]の呪文を唱えた様子である。ところで山上御社には薬師如来像が安置され、薬師権現堂と称されたのであるから、通常であれば薬師如来の本願と功徳を説く薬師経（五訳あり）を読誦したはずであるが、なぜ観音経が読誦されたのか、なお研究を要する。ちなみに前述のとおり蕨岡登拝道に所在し、蕨岡の一山持を伝える伏拝観音堂、一王子観音堂、峯中堂は観音を祀る。また鳥海山麓修験のなかで吹浦、蕨岡、矢島、滝沢の主たる本尊は薬師如来であったが、にかほ市小滝は聖観音、同院内は十一面観音をもって本尊とした[12]。

また遷宮法式では、享保五年延享元年には事前に矢島衆徒に見させ、明和二年には小滝へも見させて納得を得るなど、慎重に進めた様子である。また法席図では、蕨岡学頭が正面に座し、遷宮導師（天保二年は御入佛導師）を勤める。衆徒の席は順峰座が上位の左側（東）を占め、逆峰座が次位の右側（西）である。供饌は、宮殿に近い初列の案（神前棚）では最上位の真中線上に御酒、以下左右に燈明御幣を配し簡素であるが、二列の案上は数多の品々である。これらの法席は一貫して変わらない。

小結

これまで必ずしも明らかでなかった造営事例や遷宮法式が浮き彫りになった。依拠した「書上帳」

や「鳥海山古書物控」はなお研究の余地があるが、これらは多く蕨岡文書であることを考えれば、今後は矢島など他の修験集落文書との校合が望まれる。他方、鳥海山修験集団間の争論は阿部正己「鳥海山史」が優れた研究成果を伝え、本節でも準拠したが、刊行以来すでに九十年を経過する。山上社堂の造営、遷宮法式は鳥海山一山の争論の全体図のなかでの理解と検証を要するが、争論の委細をさらに明確にした上で、考察する必要を覚える。

[第二部]　社堂造営と勧化方式

一　山上社堂の勧化事例

前述（注02、05）『書上帳』は、鳥海山上の社堂造営で施行された勧化に関しても貴重な事例を伝える。勧化とは社堂の造営に要する資金調達の方式である。関係箇所を以下に読み下す。これによれば山上社堂の造営に向けた勧化は、享保四年（一七一九）以降に「相対勧化（あいたいかんげ）」「郡中勧化」「郷中勧化」「組々ニて勧化」によって施行された。表記は各事例とも山上御本社または御本社である。これより先は元和四年（一六一八）最上出羽守（義光）の寄進、元和八年（一六二二）酒井氏入部以降当分の間は同氏の寄進である。なお文中の「郡中」「郷中」「組々」「御預地」に関しては後論する。

（凡例）・印箇所は筆者の解説。

① 享保四（一七一九）亥年山上御本社御造営の節、惣御家中并に両城下に相対勧化を願奉り、御郡中勧化御取立米五百表（ママ）下置かれ、御預地方ニても右同様金五両御立替ニて御渡し御座候、外ニ御金三両御寄進下置かれ候、其節殿様・若殿様・御前様・御子様方へ御守札献上仕り候

・造営事例の6にあたる。

② 同年（元文二（一七三七）年ヵ）御神階ニ付諸入用相増し、御遷宮ニ付願奉り、両御城下御預地共に相対勧化を仰付られ、八組郷中勧化御取立米八百表下置かれ候、外ニ御金弐両壱歩御寄附下置かれ候

・当勧化は正一位位記獲得の諸費用調達である。ただし、記述中の「御遷宮ニ付願奉り」の遷宮は不明。

③ 延享元（一七四四）子年山上御本社御造営の節、惣御家中御給人并に両城下に相対勧化を仰付られ、御郡中勧化御取立米五百表下置れ、御預地へも金五両御取立て御立替え御渡し下され、外ニ銀三枚御寄附下置れ、遷宮の節御初尾銀壱枚　御献備成下され候、御守札前々通り献上仕り候

④ 明和二（一七六五）酉年山上御本社御造営の節、前同様に勧化を仰付られ、御寄附金下置れ、御遷宮の砌、前同様御献備成下され候、御守札前同様ニ献上仕り候

⑤ 天明四（一七八四）辰年山上御本社御造営の節、前同様に勧化を仰付られ、御寄附金下置れ、御遷宮の砌、前同様御献備成下され候、御守札前々の通り献上仕り候

⑥ 文化八（一八一一）未年御本社御造営の節、惣御家中御給人両御城下に相対勧化を仰付られ、御郡中勧化御取立米五百表下置れ、御預地方ニても右同様に金五両御立替え御渡し下され、外ニ前々の通り銀三枚

御寄附下置れ、遷宮の砌、御初尾銀壱枚御献備進め置かれ候、其節御守札献上前々の通り仕り候

⑦天保二卯年（一八三一）山上御本社御造営の節願奉り、惣御家中より銀拾枚、御給人は組々ニて勧金御取立て下され候、両御城下相対勧化、御預リ地より金五両、前同様に御郡中勧化御取立米五百表下置れ、外ニ前々の通り銀三枚御寄附下置れ、遷宮の砌、御初穂銀壱枚御献備成下され候、其節御守札前々の通り献上仕り候

⑧天保八酉年（一八三七）御本社御造営の節願奉り、惣御家中より銀拾枚下され、御給人は組々ニて勧化御取立て下され、両御城下に相対勧化を仰付られ、御預地より金五両、前同様に御郡中勧化御取立米五百表下置れ、外ニ前々の通り銀　三枚御寄附下置れ、遷宮の節、御初穂銀壱枚御献備成下され候、其節御守札前々の通り献上仕り候

以上、八件の要点を示す。

第一表　鳥海山上社堂の勧化（要点）

年	相対勧化	郡中勧化	預地a	寄附献備b
①	惣家中、両城下	取立米五百俵	五両	金三両
②	両城下、預地（実は幕府代官支配）	八組郷中勧化 取立米八百俵		金二両壱歩
③	惣家中給人、両城下	取立米五百俵	五両	銀三枚、初尾
④⑤	前同様（③を指すヵ）	勧化		銀三枚、初尾
⑥	惣家中給人、両城下	取立米五百俵	五両	銀三枚、初尾

⑦	給人は組々勧化 城下は相対勧化	取立米五百俵	五両	家中・銀拾枚取立銀 三枚、初尾
⑧	給人は組々勧化 城下は相対勧化	取立米五百俵	五両	家中・銀拾枚取立銀 三枚、初尾

a／①②④の丸岡・大山・余目の三領および③の大山領は幕府代官支配、その他は庄内藩預地支配（後掲四参照）。各「五両」は（領主カ）立替。

b／献備の「初尾」は遷宮御初尾銀一枚。

二　近世の勧化体系

それでは『書上帳』が伝える勧化とは如何なるものであったのか、鈴木良助氏の優れた研究によって、近世の勧化および勧化体系の概要を見てみよう[13]。

○寛保二年（一七四二）五月「触」

諸国寺社修復為、助力勧化御免之上、寺社奉行連印之勧化状持参、御料私領寺社領在町致巡行候寺社之輩、只今　迄村方ニより勧化停止之旨、地頭より申渡有之候間、勧化難成由断申所々も候段相聞候、私之勧化相留〆候儀は領主心次第ニ候、従公儀御免之上、諸国巡行之事ニ候条、寺社奉行連印之勧化状持参候寺社之輩えハ、志次第可致勧化旨、御料ハ御代官、私領ハ領主地頭より

急度可申聞置候

　右之通、可被相触候

　これによれば御免勧化とは、①諸国寺社修復の助力のため、②公儀より御免を得て、③（幕府）寺社奉行連印の勧化状を持参し、④諸国を巡行、⑤（相手方は）志次第の勧化とする方式である。この触の主旨は今までは地頭により停止の申し渡しもあった勧化を制度化し、寺社助成策として是認する点にあった。なお私勧化（自分勧化とも）を認めるか否かは領主の心次第とする。また④は実際は各地を巡行しないで勧化物を集める方法と、巡行して勧化物を集める方法があった。こうした御免勧化は寺社側にとっては魅力的な集金策であったので、出願は多数にのぼり、そのため寺社は格合を高めるべく方策をめぐらしたという。

　ちなみに鈴木氏の研究によれば、享保七年（一七二二）〜慶応二年（一八六六）諸国合計の御免勧化数は三四六件、うち出羽国はなぜか鳥海山関係は見えず、大沼山稲荷社一社四件にとどまる（後掲参考三）。

○明和三年（一七六六）八月「触」

　諸国寺社修復為助成、相対勧化巡行之節、自今ハ寺社奉行一判之印状持参、御料私領寺社領在町可致巡行候、公儀御免之勧化ニは無之、相対次第ニ候間、御免勧化と不紛様可致旨、御料ハ御代官、私領ハ領主地頭より兼て可申聞置候

　八月

右之通、可被相触候

これによれば相対勧化とは、①諸国寺社修復の助力のため、②相対次第で、③（幕府）寺社奉行一判の印状を持参し、④御料私領寺社領在町（つまり諸国ヵ）を巡行する方式で、⑤公儀御免の勧化ではない。ちなみに相対とは余人を交えず、一対一の関係で何かを取り決めたり、何かをする事をいう。よって、ここでは当事者の同意納得ずくによる募金拠出を指す。この触の主旨は当初御府内（御当地）の相対勧化に限ったものを、諸国にも適用し、原則的に日数九十日を限った巡行勧化として制度化した点にあった。ちなみに御免勧化は触書として諸国に公布されたが、相対勧化は諸国に公布されることがなかったという。

三　鳥海山の勧化文書

二〇一一年四月、鳥海山大物忌神社蕨岡口ノ宮で筆者は同社伊藤眞垣宮司（当時）のご高配と立合のもと、所蔵文書中から、次の山上社堂の勧化に関する三文書を閲覧する機会に恵まれた。以下に翻刻を示す。

1　明和元年（一七六四）勧化

［文書一］口上之覚（宝暦替明和元甲申八月『御本社建立勧化願書扣帳』清水坊扣）八月五日夜

半上り七日御役所罷出、御取立勧化之儀段々御願申上候、早速御承知も無之候処、再応申上候ニ付、左記之口上書指出候様、被仰下候、（中略）

口上之覚

鳥海山権現御本社并長床二ツ末社弐ケ所及大破申候ニ付、当四月中為御造営之、前々之通御家中様方并両御城下御郡中相対助力之儀、奉願候処、被請方被下置、難有仕合奉存候、（以下略）

申八月　　　鳥海山　　龍頭寺

川畑林平殿　　　　　　安養坊

猪口平助殿　　　　　　清水坊

この勧化は前掲の勧化事例4にあたる。勧化取立の願いは学頭龍頭寺および安養・清水二坊（この頃の役僧カ）から藩（重役カ）宛である。文字どおり相対勧化であれば幕府寺社奉行の印状持参を要するはずだが、その様子は見えない。このときは大破に及んだ本社、長床、末社二ケ所の造営であった。

2　文化八年（一八一一）勧化

［文書二］勧化旨翰（文化八年二月『一宮鳥海山上御本社建立勧化帳』）

勧化旨翰

出羽国一宮正一位大物忌神社、鳥海山上御本社建立仕度、去年中奉願候所、蒙仰候ニ付、今度相廻候。御志之助力、頼上奉存候。尤此籍記神慮収置御武運長久御子孫繁栄之祈念、可抽丹誠候。
御志之御助力被成下候方、御姓名御　印被下度候　謹言

未卯月　　　鳥海山　龍頭寺（印）
　　　　　　　　　　般若坊（印）
　　　　　　　　　　大泉坊（印）

金　百　疋　　　　水野東十郎
一金百疋　相渡　　松平甚三郎久重
一金百疋　相渡　　酒井弾上直寛
一金百疋　相渡　　松平内膳信親
一同百疋　相渡　　竹内八郎右衛門
一同百疋　相渡　　服部圓蔵
（以下略）

これは勧化事例6にあたる。勧化の主旨を記した奉賀帳の体裁である。（藩の）仰せを蒙ったので、今度（奉賀帳を）廻すと伝える。主旨は「神慮を収め置き、御武運長久御子孫繁栄の祈念、丹誠抽んず可く候」である。ここでは龍頭寺および般若・大泉二坊（この頃の役僧カ）の記名である。本間勝喜氏のご教授によれば、右六名は次のとおり当時の藩重臣であるという。なお金百疋は金一分（四分一両）に相当する。なお水野東十郎／組頭、文化八年（一八一一）七月に中老。酒井弾上／文化八年

（一八一一）七月に亀ケ崎城代。その他四氏は各家老。

［文書三］同（九月）廿五日条（文化七年午九月廿一日発足『御本社建立勧化願書控帳』龍頭寺園栄、大泉坊悉賢、般若坊秀貞）

（前略）江戸鳳客寺へ人別帳為御登被下度、奉願候処、御飛脚便御座候間、早々差出候様之仰付、人別帳三ツ折、内江書状差引、書共ニ封込、金子も三両弐歩封込、御役所江差上申候、（以下略）

（注）鳳閣寺（大和国吉野郡）は当山派惣袈裟頭として、江戸に在勤し法務を執った。当山派総本山三宝院（京都醍醐寺）のいわば江戸出張所であった。

勧化願に関係して人別帳を江戸鳳客寺へ飛脚便をもって送った様子を伝える。前述のとおり相対勧化は幕府寺社奉行の印状持参を要するので、その関係かと推察するが委細は不明である。

四　「郡中」「郷中」「組々」等

庄内藩の前述勧化事例中に記された「郡中」「郷中」「組々」等の用語を詮索し、その実態を考察する。ここでは庄内藩の藩政事情に精しい本間勝喜氏から貴重なご教導を賜わったことを記しておきたいと思う。

元和八年（一六二二）八月最上氏の改易により、酒井忠勝が信州松代から出羽国庄内に移り、庄内藩が成立した。与えられた亀ケ崎城、鶴ケ岡城の二城のうち、忠勝は鶴ケ岡城を居城とし、次の家臣団を編成し、この編成は基本的に明治の廃藩まで続いた。すなわち庄内藩の士は御家中と御給人に大別され、御家中は上級の侍身分で（他藩では一般に給人という）、原則として知行（俸禄として分与された領地を直接支配する制度）が与えられた。これに対して御給人は徒・足軽・中間などの下級の侍身分で、扶持米や切米が与えられた[14]。ちなみに本田氏のご教授によれば、一定期間だけ農村から徴発される荒子、振人などは含まれないという。

さらに郷村支配は藩の成立当初は何度か変更があったが、一七世紀中頃までに次の行政区分が成立したという。すなわち河北を三郷、河南を五通（八組ともいう）、さらに各郷各組を数組に区画、各組は数ケ村から十数ケ村の村々から成立した[15]。こうして文字どおりであれば、両城下とは右二城下、郡中とは両城下以外の田川・飽海の二郡（但し寛文四・一六六四年以降、以前は田川・櫛引・飽海の三郡）、郷中とは河北三郷（遊佐、荒瀬、平田）、組々とは三郷五通の八組ヵと按ずる。他方、江戸時代の庄内には幕領（天領とも）が存在した。承応二年（一六五三）成立の丸岡領（一万石）、寛文九年（一六六九）成立の大山領（一万石）、元禄九年（一六九六）成立の余目領（五千石）の三領である。これら三領は時代により内実は変化するが、元治元年（一八六四）八月そろって庄内藩領となるまで幕領であり続ける。これら三領の支配は幕府任命の代官のほか、時に庄内藩預地として庄内藩藩士が代官を勤めた[16]。

ところで難題は勧化事例①⑥の御□地方、②③⑧の御□地の読解である。通常であれば□字が[預]か預かは容易に判別できるが、当『書上帳』の書体では至難である[17]。そこで⑦「御預リ地」の預字と□の全字がほぼ同筆形であることから推して、「預」と按ずる。ところが①御□地方の享保四年（一七一九）、②御□地の元文二年（一七三七）ヵの時点では、本間氏の研究によれば、三幕領は存するが庄内藩の預地支配は成立していない。したがって①②では「預」は妥当しない[18]。また③延享元年（一七六五）では丸岡・余目両領が預地支配であったが、大山領は幕府代官支配であった。さらに④明和二年（一七六五）では三幕領とも幕府代官支配であったので、これまた「預」は妥当しない。こうして預と読解するとすれば、当『書上帳』が書き改められた天保一一年（一八四〇）は、預地支配が断続した中で、最長の明和六年（一七六九）七月から天保一三年（一八四二）の末期にあたるので、慣性的に「預」と記したと推察する外ないが不定である。いずれにしても御預地（おんあずかりち）であれば幕領であるし、御領地（おんりょうち）であれば藩領である。なお「御預地」「御預地方」の用法に有意差があるかは今のところ分からない。

小結

如上のとおり、鳥海山上社堂のいくつかの勧化事例を考察した。相対勧化は前述「触」によれば、幕府寺社奉行の印状持参を要するはずだが、明和元年（一七六四）勧化例では求められた様子が見えない。庄内藩一国内の勧化であれば、藩寺社奉行の印状で足りると運用したものか今のところ不明である。また「郡中勧化」「郷中勧化」「組々ニて勧化」にしても相対勧化の一態様と推察されるが、実態はなお不明である。しかしながら大事な点であるが、本論において初めて鳥海山上社堂の造営は庄内藩内における挙藩勧化とも言うべき勧化によって遂行された点を明らかにし得た。これらは鳥海山史研究の空白を埋める新たな一分野であることは疑いない。安宅の関における義経勧進帳の読誦譚（どくじゅたん）や、重源聖（ちょうげんひじり）の東大寺再建の勧進は有名である。こうした前近世に見られる勧進と近世に多用される勧化との異同は今後の研究を要するとしても、勧化の研究は近世宗教の民衆・地域社会との関係などに視点を置く新たな研究であると位置付ける有意な見解に接する[19]。これに筆者は基本的に同意する。ただ今しばらくは並行して事例研究を深める必要があろうと思う。今回果たせなかった文書の早急な実見と考察が待たれる所以である[20]。

参考一　山上社堂の藩主造営寄進（再掲、第一部では要点のみ）

一　元和四（一六一八）午年鳥海山上御本社并に長床共、最上出羽守殿より御造営下置かれ、唐金ニて御紋三基下置かれ、今に所持仕り候（書上帳）

一　承応三（一六五四）午年山上御本社、大乗院様御代御造営成し下置かれ、唐金ニて御紋二基、御本社へ御据え置かれ候（書上帳）

一　天和二（一六八二）戌年山上本社御造営下置れ候（書上帳）

一　元禄十二（一六九九）卯年山上御本社御造営の砌、御金六拾両下置れ、外ニ御金三両御寄附下置れ候（書上帳）

一　天保六（一八三五）未年（略）御本社御造立并に石垣篭立願奉り候処、御米弐百表、内百表は一山役立の上上納仰付られ、御金六拾両拝借仰付られ候（書上帳）

参考二　山上社堂以外の勧化

一　寛政四子年（一七九二）一王子観音堂本間四郎三郎殿志願ニ付、造替の節、両御城下并に惣御郡中御預地共に、相対勧化を願い奉り、仰付られ候

一　文政六未年（一八二三）一王子観音堂造替の砌願奉り、上（殿様）より銀三枚御寄附下置かれ、惣御家中より銀七枚下され、御給人は壱辺通相対勧化、両城下并に御郡中は壱ケ年壱度三ケ年相対勧化を仰付られ、御預地ニても前同様金五両下され候、外ニ御米五百表永年賦ニ仰付られ候

（注）この両年は三領とも庄内藩預地支配である。また、二例とも「造替」であるが、山上社堂の「造営」との異同は不詳。

参考三　御免勧化一覧（前掲『近世仏教と勧化』）

享保七年（一七二二）～慶応二年（一八六六）諸国合計三四六件、うち出羽国は大沼山稲荷社の一社四件。陸奥国では白川郡・近津大明神の安永二年（一七七三）の一社一件である。

なお大沼山稲荷社四件は次のとおり。

○羽州村山郡／大沼山稲荷社／明和八（一七七一）・八／社等修復為助成／（国附）出羽国／期間（月）二八／（巡行）寺社奉行連印勧化状携帯。

○寛政九（一七九七）・十一／期間（月）三五／他同。

○文政十一（一八二八）・八／期間（月）三七／他同。

○安政一（一八五六）・三／期間（月）三七／他同。

（注）大沼山稲荷社／大沼は山形より八里、湖上に稲荷神を祭る、別当大行院と云う。（吉田東伍『大日本地名辞書』）

注（第一部・二部）

（01）先行研究の多数説は貞観十三年紀（⑧三代実録）をもって山上に社在りとしたが、私はその創建は鎌倉時代とする（第一章、第四章）。

（02）天保十一年（一八四〇）『由緒御改ニ付書上帳』（研究四）。

（03）鳥海山に関する研究は後掲参考文献に見るとおり分厚いが、本章主題の山上社堂の勧化、造営と遷宮に関しては先行研究というほどの専論はない。

（04）承応三年（一六五四）ごろ、吹浦の両所山神宮寺と蕨岡の松岳山観音寺の間で、守札書式と登山参拝道者の件で争論があったが、これは山上社堂の造営とは直接には関係しない（松本一二五頁以下）。出所の委細は付四、以下同。

（05）前掲注02。解題と全文翻刻は特定研究四に掲載。なお同年月・同題の二資料が鳥海山大物忌神社所蔵（蕨岡口ノ宮保管）文書目録（遊佐町『史跡鳥海山保存管理計画書』）に見える。

（06）その主張は次のとおり。吹浦衆徒社人は山上の大物忌神社を以て吹浦に遷座したるものなりとせるに対して、蕨岡衆徒は国史に大物忌神社は山上に在りとあるによりて、古来同社の修築を為し、直接本社の衆徒なりと主張せり。随って山上の全権は蕨岡に在りて、吹浦は山上には関与せざるに至れり。依て蕨岡にては山上の本社を鳥海山大権現と称し、其の本地薬師如来を安置し、順逆

二峰の法式を以て勤仕せり。（阿部六九頁）

(07) 貞享元年九月鳥海山一和尚三役坊より寺社奉行宛て、滝沢院主訴訟差上候ニ付返答書被仰付候間、乍恐仕指上申候事（本文掲載『鳥海山古書物控』）

(08) 修験など山岳修行者が用いる杖をいう。頭は錫、中は木、下は角などで作られ、杖の先に付された金具が杖を突くと鳴る。これは山林歩行の際に害毒虫を逃げさせるためとの説がある。

(09) 般若心経の略称。大般若経六百巻の精髄（心臓）を要約した経。空観を説く。経中の経という。

(10) 法華経の中の観音経普門品（かんのんぎょうふもんぼん）をいう。観音菩薩の衆生救済を説く。この部分は後代において法華経に付加されたとする説がある。観音悔過（けか）の修法（ずほう）は鎮護国家の重要な要素とされる（佛教大事典）ことの関係は今後の研究課題である。

(11) 本称は仏頂尊勝陀羅尼。罪障消滅、延命長寿、除危に功徳があると信じられ流行した呪文（密教辞典）。別に尊勝陀羅尼経が存する。

(12) にかほ市教育委員会『鳥海山の信仰文化』二〇〇九。

(13) 鈴木良助『近世仏教と勧化』岩田書院、一九九六。本書は勧化に関する幕府「触」を多数掲載するほか、相模国鎌倉、江ノ島など寺院の豊富な事例を用いていて、近世の勧化を系統的に学ぶに好個である。読点は適宜変更し、欠字は本書にしたがう。

(14) 斎藤正一『庄内藩』吉川弘文館、一九九〇、二二頁以下。

(15) 本間勝喜『庄内藩』現代書館、二〇〇九、二九頁以下。鶴岡市史編纂会『図説鶴岡の歩み』六九頁。

(16) 本間勝喜『出羽幕領支配の研究』文献出版、一九九六、二五〜三二頁。右同『近世幕領年貢制度の研究』文献出版、一九九三、一～一〇頁。
(17) 若尾俊平・他編『くずし解読字典』柏書房、一九七七、四四二頁。
(18) 本間勝喜『出羽天領の代官』同成社、二〇〇〇、一八～二五頁。
(19) 注13鈴木良助『近世仏教と勧化』八頁。
(20) 蕨岡口ノ宮保管文書目録（注05）の次の文書など。
延享元年（一七四四）口上（鳥海山上本社建立勧化）
宝暦一四年（一七六四）～明和四年（一七六七）御本社建立之勧化願書控帳
明和元年（一七六四）御本社建立之勧化願書控帳
文政十三年（一八三〇）本社建立勧化願書控帳
天保二年（一八三一）一宮鳥海山上御本社建立勧化帳
天保八年（一八三七）一宮鳥海山上御本社建立勧化帳
天保八年（一八三七）羽州一宮鳥海山上御本社建立勧化帳
なお秋田県側資料では宝永六年（一七〇九）蔵王権現堂勧化帳（にかほ市小滝、『鳥海山の信仰文化』三六頁）、嘉永七年（一八五四）龍洞寺御免勧化帳（由利本荘市滝沢森子、『鳥海山をめぐる宗教文化』二二一、二二二頁）などがある。

第六章　出羽三山との関係 ――三山の比定と鳥海山――

出羽三山信仰史の研究では折々三山の比定が論究され、連れて各山の本地仏が考察されてきた[01]。三山の比定では鳥海山を含むか否かなど要所でいまだ定説を得ない。本章では三山の比定を軸に周辺信仰と鳥海山との関係を考察する[02]。

一　比定の諸説

出羽三山という呼称は、最新の研究から江戸時代の用例が発掘されたが[03]、羽黒山内では江戸時代を通じて「羽黒三山」、関東衆は「奥の三山」、岩手の南部では「最上の三山」と呼び、明治後は「羽前の三山」とも呼ばれた（次掲戸川四九頁）。出羽三山の比定は諸説あるが、以下に代表的な所説を抄出し、筆者の所見を付す。

①戸川安章『出羽三山と修験道』岩田書院、二〇〇五（初出一九八〇）（以下、「戸川」と略称）

イ室町中期までは羽黒山・月山・葉山を三山といい、湯殿山は三山の総奥の院と崇められ（五〇頁）。

ロ（庄内酒田進出を目論む山形の最上氏と、羽黒山別当権をも握っていた庄内の武藤氏とこれを被官的立場に置く越後の上杉氏との抗争から）羽黒山は最上家の領内にある葉山との提携を円滑に持続し得なくなり、葉山と同じく薬師如来を本地仏とする鳥海山を、新たに三山の中に加えようとした。（他方）早くから羽黒山の傘下にあった蕨岡・滝沢・矢島・小滝の修験者は左右なくその方針をうけいれたが、吹浦の社人方がこれに抵抗した。また両山の間には広大な庄内平野が横たわっていて、山岳修行にもっとも要求される緊張感が中断されることから、この構想は沙汰止みとなり、湯殿山を三山の中に数えるとともに、総奥の院のままにしておくという二重の性格となった（五〇頁）

（所見）吹浦社人方の抵抗とは、慶長三年（一五九八）羽黒山光明院清順が吹浦との内太夫に宛てた詰問状一件をさす（戸川三一七頁）。平野で緊張感が中断され鳥海山は三山に組み込まれなかったとする、元修験者戸川の説は刮目されてよい。

②岩鼻通明『出羽三山信仰の圏構造』岩田書院、二〇〇三（以下、「岩鼻」と略称）

イ中世の出羽三山は庄内平野側に羽黒山、内陸盆地側に葉山が位置し、その中央に月山がそびえるという、里山—奥山（里宮—奥宮）からなる構造を有していた。羽黒山麓に寂光寺、葉山山麓に慈恩寺という古刹が立地し、羽黒修験および葉山修験の拠点となっていた。ところが中世末期から近世初期にかけて、慈恩寺と葉山修験の関係が途絶したこととも関わり、葉山に代わって湯殿山が出羽三山の一つに数えられるように変化する（二二頁）。

ロ『羽黒山伝』は冒頭に「月山・羽黒・鳥海を三所大権現と号す」とあり、『大泉庄三権現縁起』もまた月山・羽黒・鳥海を三権現とし、本来の三山には湯殿山が含まれていなかったことを暗示する。一方、『羽黒山縁起』には「湯殿山を月山・羽黒・葉山の、三山の奥院として、秘所と定めらる」とあり（二一頁）。

（所見）イ出羽三山は里山―奥山（里宮―奥宮）の構造であったとする。関係途絶は葉山権現の前立であった慈恩寺が勢力を増し、社領を奪ったとする事件か、これは武藤氏・上杉氏に対抗する最上氏の勢力強化が関係する。湯殿山はイでは葉山に代わり加列とし、ロ『羽黒山縁起』では三山の奥院とし、本来は三山外とする。

③伊藤清郎「出羽三山と海・川・道」矢田俊文他編『日本海域歴史体系第三巻中世扁』清文堂出版、二〇〇五（以下、「伊藤」と略称）。

イ第Ⅰ期／十一世紀末頃まで。月山をオクヤマ（奥山）として、そのハヤマ（端山）が、庄内側では羽黒山、内陸側では葉山という構造になった。そして羽黒山には寂光寺、葉山には慈恩寺が建立された。

ロ第Ⅱ期／十二世紀初め頃～十六世紀末頃。月山を中心に初期三山（羽黒山・月山・葉山）が熊野三山の影響で成立した。ただし統括組織の存在は明らかでない。この時期の湯殿山は三山の「総奥の院」という見方が一般的であるが、実態はよくわからない。

ハ第Ⅲ期／十六世紀末頃～十七世紀初め頃。中世から近世への移行期で、葉山の離脱の後に、羽黒山寂光寺の主導で新三山（羽黒山・月山・湯殿山）の形成が進められ、その過程で一時期、鳥海山もからんだか。ただし三山を統括する組織の存在は確認できない。

ニ第Ⅳ期／十七世紀中ば以降。前期からの抗争を経て、湯殿山が仏山として確立し、参詣が隆盛する時期。

ホ第Ⅴ期／十九世紀後半〜現在（以上、四三頁以下）。

（所見）本説は出羽三山の成立と展開に関して最も詳細かつ体系的である。第Ⅲ期の一時期に鳥海山が三山に列したかと推察し、「その際には鳥海山麓の遊佐吹浦に位置する大物忌神社・神宮寺が大きな役割を果たした」という説明は吹浦の役割に関して前述戸川説とは真逆である。なお、これよりさき「はじめ羽黒山・月山・葉山」「室町期ごろに葉山から鳥海山へ」「戦国期に湯殿山へと入れ替り、以後固定に向う」と本説の原説とも言うべき所説を見る（伊藤清郎『霊山と信仰の世界』吉川弘文堂、一九九七）。
④政次浩「東北地方の熊野信仰と出羽三山信仰についての覚書」等（『熊野信仰と東北―副題略―』二〇〇六（以下、「政次」と略称）
イ本展で出羽三山とは羽黒山、月山、葉山または鳥海山という、近世以前の組み合わせを指す。村山地方に勢力をふるった最上義光の慶長五年（一六〇〇）起請文には月山、葉山、羽黒山、（注、鳥海あり）の名が記され、湯殿山の名が登場せず、近世以前と以後でその組み合わせに変化があったことを示す（コラム一七、七八頁）。

ロ出羽三山とは、羽黒山、月山、葉山といった三山と、鳥海山という、古代以来、信仰の拠点として篤い尊崇を集めた四名山を総称したものである。三山なのに四つの山を挙げたのは、内陸の村山盆地では鳥海山に代わり身近にある葉山が三山に入り、日本海側の庄内平野では葉山に代わり身近にある鳥海山が三山に入っていたとみられるからである（右同）。

ハ天宥の活動は、羽黒派の独立という対外面では成功を収めたが、内政面では三山の序列秩序の変化を招くとともに、ほぼ時を同じくして、これまで海岸沿の庄内平野側からみて三山のひとつとされた鳥海山、内陸部の村山盆地側からみて三山のひとつとされた葉山が三山の枠組みから離脱する事態を招いた（一八七頁）。

（所見）イ当起請文は連携または支配関係のある三山を挙げたのか慎重を要する。ちなみに永正七年（一五一〇）佐竹義舜起請文の「出羽羽黒・月山・葉山・湯殿・鳥海大明神」は出羽の有力霊山を挙げたものと解される。ロ天宥の活動（寛永七年／一六三〇の別当職就任、寛永十六年／一六三九の一山天台宗帰入、寛文八年／一六六八の伊豆遠島）が三山から鳥海山、葉山の離脱を招いたとする所説では、両山離脱が江戸初期となり遅すぎる感がある。ちなみに氏は鳥海山に関して「御正躰が見受けられない」とし、「早くから国家宗教の拠点と位置付けられたこの山（注、鳥海山）の歴史的な環境が、御正躰を受け入れた他の信仰拠点と異なっていたのではないか」と記するが（五二頁）、筆者の調査では鳥海山麓に四体の御正躰が伝わる。

⑤宮家準『羽黒修験―その成立と峰入―』岩田書院、二〇〇〇（以下、「宮家a」と略称）

古代には羽黒山から望見される月山、鳥海山と羽黒山が三山を形成した。中世期に入って鳥海山が大物忌神をまつる独立した修験一山を形成すると、月山の東側に位置する葉山がとって代わった。（そのご葉山の衰退に伴って）月山西南の湯殿山が葉山にとって代わって、羽黒山・月山・湯殿山が三山を形成した（一四頁以下）。

（所見）当説は古代に鳥海山が羽黒山から望見される故をもって三山の一であったと景観を要件とし、のち中世期に鳥海山が修験一山を形成したことで葉山に代わったとユニークである。同主旨が宮家準『修験道の地域的展開』春秋社、二〇一二でも見られる（「宮家b」と略称）。

⑥鈴木正崇『山岳修験』中公新書、二〇一五（以下、「鈴木」と略称）

室町時代には湯殿山を総奥の院として、葉山・月山・羽黒山が三山であった（『拾塊集』『羽黒山縁起』）。鳥海山・羽黒山・月山とする説もある（『大泉庄三権現縁起』）（三五頁）。

（所見）室町時代前に言及がないのは三山は室町時代以降という含意か、また後段説の年代が示されておらず、知りたいところである。

第二表　出羽三山の比定に関する諸説

資料	年代、比定	所説、所見
	鳥、葉、羽、月、湯は各山の頭文字を示す	○は論者の典拠、＊は引用者の所見を示す
戸川	室町中期迄／羽・月・葉。湯は総奥院 最上氏台頭／羽・月・湯。湯は総奥院	○羽は葉との提携不可 ○羽は葉に代り鳥の三山加列画策、沙汰止 ＊鳥は三山加列なしに納得
岩鼻	中世／羽・葉・月 中世末近世初／羽・月・湯 『縁起』は月・羽・葉とし、湯を三山外の奥院とす	○慈恩寺と葉山の関係途絶で湯を加列 ○『山伝』『大泉』は月・羽・鳥とし、湯をあげない
伊藤	Ⅰ期月・羽・葉、Ⅱ期初期三山（羽・月・葉）成立、Ⅲ期新三山（羽・月・湯）形成、一時期鳥が列中か	○熊野の影響で初期三山形成立 ○葉の離脱で新三山形成、ただし統括組織は未確認
政次	近世前／羽・月・葉、鳥 義光起請文／月・葉・羽・鳥 天宥後／羽・月・湯	○三山は四名山の総称 ○葉、鳥の三山退列 ＊起請文は三山をあげたのか

宮家	古代／月・羽・鳥、のち月・羽・葉、のち月・羽・湯	○鳥の一山形成で鳥の離脱、葉の衰退で湯が加列
鈴木	室町時代／葉・月・羽、湯は総奥院、ただし鳥・羽・月の説あり	○『拾塊』『縁起』○『大泉』 ＊三山は室町以降か

（注）略称、『大泉庄三権現縁起』／『大泉』、『羽黒山縁起』／『縁起』、『羽黒山伝』／『山伝』、『拾塊集』／『拾塊』。

二　三山構成の成立と意義

三山とは何か、三山の構成とは如何なるものか、最新の研究を伝える山本陽子氏によれば次のとおり[04]（抄出）。

①三山・三峯の根拠は「中国の神仙思想の神山が三山か三峯である概念に求める発想」を敷衍したものである（九六頁）。これに対して戸川は、仏教教学によって教理を構成した修験道では、仏教教学の三身、三世、三密、三悪道などから「三」を重視し、「三」にこだわったのでないかという（私注、戸川七〇頁）。

②寛治四年（一〇九〇）熊野三山検校の設置などで、日本の修験では熊野で三山構成が始まった。しかし熊野三山と呼ばれる本宮・新宮・那智の鎮座する地点は（共に水辺に近く）とうてい山とは言

い難いし、その信仰も成立も同じではない。白山は現実の形態が三山ではないが、御前峰（ごぜんがみね）・大汝峰（おおなんじみね）・別山（べっさん）の三山として扱われ、三つの山に描かれてきた。出羽三山も、「その山称が連想せしめる様な、一つの峰を指すものではない[05]」（九〇頁他）。

③このような三山構成につき五来重は、平安中期から末期にかけて修験道界は大峰修験によって統一され、構成や儀礼や行場の名称も吉野・熊野・大峰に倣（なら）ったため、三山形式や三尊形式が他の山々にも採用され、ことに全国の修験の山がすべて三山構成をとることは、熊野三山に倣ったものという（九一頁）[06]。

④多くの修験の山が三所または三社の構成であることにつき五来重は、上社・中社・下社という地理的な上下関係と、その横の連合の双方から三山に移行したと見るが、それでも熊野三山は各山がかなり隔たっていて、これを三所とする必然性を見出しにくいといい、修験が入峰行路を設定するときに、相互入峰の形で連合したのではないかとする（九二頁、注05同）。

これらの内、三山構成が三社（上社・中社・下社）の上下、横関係の連合から発展したとする所説はさらに事例研究を要すると思えるが、相互入峰から連合したとする所説は修験道の山岳修行重視の宗旨から納得できる。いずれにしても「出羽三山」の比定では、三山の関係を統括組織の存在を想定した上下支配の関係と考えるか、相互入峰などによる緩やかな連合又は通称と考えるかにもよる。本来であれば三山の比定は何らかの統括組織の存在を想定したもので、それ故にこうした組織の存否に伊藤説は注目したと思えるが、本稿ではそこまで厳格に考えない。

三　出羽三山と熊野信仰

ここでは若干脇道にそれるが、出羽三山と熊野信仰の関係を小考する。近年の主要な所説（抄出）と、それに対する筆者の所見を示すと次のとおり。

①宮家準氏（前掲宮家ａｂ）

イ平安時代中期以降には、末法の到来がおそれられ、弥勒や浄土の信仰が隆盛し、弥勒下生の地とされた吉野の金峰山や、阿弥陀の浄土の熊野本宮、観音の補陀洛浄土の熊野那智などへの参詣が盛行した。鎌倉・室町期になると羽黒・白山・彦山など全国各地の霊山にも熊野権現が勧請された（宮家ａ一四頁、抄出）。

ロ中世期には中央の修験道場である熊野と御岳（金峰山）の信仰が出羽国にも伝播した。羽黒山では延慶三年（一三一〇）荒沢寺開山木像銘、『平家物語』第五文覚荒行、『義経記』、『太平記』などから、当時羽黒山が熊野と密接な関係を持っていたことが推測される（宮家ｂ二二七頁以下、抄出）。

②政次浩氏（前掲政次浩「覚書」、七八、一八八頁）

イ出羽三山信仰とは、熊野信仰に基づき出羽国で平安時代末期（一二世紀）頃までに創出されたもので、出羽国において熊野信仰を受容し、それを出羽国の歴史的、地理的環境に適応させたものである（政次一八八頁）。

ロ東北地方では、平安時代末期（一二世紀）頃より現在に至るまで、円仁とゆかりの深い出羽の地で平安末期から熊野信仰と、その変容ともいえる出羽三山信仰が併存混在している（政次一九〇頁）。

③長坂一郎「羽黒権現本地仏成立考」

羽黒山信仰は天台宗が比叡山から白山、羽黒山と日本海沿岸を北上して教線を伸張してきた上に内陸から熊野の影を受けた関東の教線が重なったもの」「平安時代からの京を基盤とする伝統的な信仰勢力と関東の新たな信仰勢力がぶつかりあった場所、それがまさに羽黒山であった」「（現存諸仏の）羽黒三所権現本地仏としての成立の確実な時期は現状では鎌倉　時代後期と考えられる」（長坂一郎「羽黒権現本地仏成立考」竹田和夫編『古代・中世の境界意識と文化交流』二〇一一。

これらから推せば宮家説は羽黒山は中世熊野の影響で成立したと主張する如くであるが、古代の三山成立との関係が理解しにくい。政次説は両者の関係を斬新な輪郭を以て描き出したが、その根拠が主として羽黒山の本地仏が円仁ゆかりの延暦寺本堂の本尊像写であるとすれば（政次七八頁）、慎重を要する。出羽三山と熊野信仰の関係は黒珍開基説・泰澄開基説の検証など、もっと多面的に考察されなければならない[07]。長坂説は政次説に対置する内容を含むが、なぜか検討評価されない。

四　諸説の検討

三山の組合せは固定が羽黒山、月山で、出入りは葉山、鳥海山、湯殿山の三山であるが所説紛々である。鳥海山に着目すれば、戸川説は最上氏の台頭による葉山の退列で鳥海山の加列が画策されたが、うまく行かず沙汰止みになったとして、通史的に鳥海山を三山に入れない。岩鼻説は『羽黒山伝』『三権現縁起』によって鳥海山の列中を指摘する。伊藤説は中近世移行期の新三山形成の一時期に鳥海山が列中かとする。政次説は近世前に望見の方角によって葉山または鳥海山が同時代に列中にあり、三山とは四名山の総称とする。宮家説は景観から古代は月山・羽黒山・鳥海山だったとする。鈴木説は『拾塊集（しゅうかいしゅう）』『羽黒山縁起』によって室町時代に葉山・月山・羽黒山を三山、湯殿山は総奥の院とし、他方『三権現縁起』から鳥海山の三山加列の説ありとする。

つぎに典拠の史料を検証すると、『大泉庄三権現縁起』は外題が「羽黒山暦代記」、永正三年（一五〇六）より真田在庁の書継、明和三年（一七六六）羽黒山宥栄の写とあるが、三権現の成立を欽明朝（六世紀半ば）に置くなど箇所によっては伝承の域を出ない。当縁起の冒頭部の主旨は両所権現の吹浦勧請と見るべきで、また「三所大権現」または「三権現」は後世の出羽三山と同義としてよいか慎重を要する。さらに戸川氏によれば、『羽黒山縁起』は永治元年（一一四一）法印永忠書、寛永二一年（一六四四）天宥筆写と記するが、天宥が永忠に仮託して書いたものヵという。同じく『羽黒山伝』は室町期の文体をよそおっているが、寛文・延宝（一六六一～八一）頃天宥を頼って寄食した喜楽院宥仙の作ヵとする。また羽黒修験の由緒などを記録した『拾塊集』は元亀年間（一五七〇～

七三）の成立を伝えるが、実は江戸前期の成立ともいう（以上、戸川校注『神道体系』神社編32）。ただし、これらの典拠史料は今後の研究を要し、一概に全否定されるものではない。

結び

前述のとおり、『三権現縁起』の三権現が後代の出羽三山と同義としてよいか慎重を要し、その他の典拠とされた史料も近世作の疑いがあるとすれば、鳥海山の三山列中の「確証」とはなり得ない。それも専ら「近世以前の組み合わせを端的に物語る証拠には恵まれていない」（政次二七八頁）という事情による。筆者にしても先学を超える挙証と説明に窮するが、三山および出羽三山を再定義し、これを基に暫定的な結言を得るとすれば次のとおりである。

①三山は相互入峰から連合したとする所説に納得する。よって自身羽黒修験として往生された戸川氏の、山岳抖擻（とそう）（煩悩をはらい清める修行）が広大な庄内平野の故に中断する理由を以て、連合は成立し得ず鳥海山は通史的に三山に加列しなかったという説にしたがう。ちなみに連合であれば、三山の構成は必ずしも上下関係を要しないが、三山を称するには各山が修験道を奉じていなければならない。こうした中、鳥海山（吹浦）では神仏習合、一山組織は認められるが、その修験性については別考を要する[08]。

②鳥海山が三山に加列したことを直接に伝える史料は見ないが、慶長三年（一五九八）羽黒山光明院清順の吹浦太夫との内宛て詰問状などから吹浦が羽黒山末であったとしても（戸川三一七頁）、必

ずしも三山に組み入れられたことを意味しない。注意すべきは詰問は社人宛で神宮寺衆徒宛ではない。

③他方、はじめに蕨岡・滝沢・矢島・小滝等の修験者、遅れて吹浦の神宮寺衆徒までが羽黒山末であったとすれば（戸川五〇頁）、これら鳥海山の多数の修験者および衆徒が羽黒山の定める峰入りに参加し、所定の資格・補任にあずかったとも推認される。

以上から、鳥海山は相互入峰の山ではないが、事実上、三山の一と自称したか他称された可能性までは否定できない[09]。その年代は三山信仰の東北伝播を考えれば、諸説のいう室町期又は以降ということであろうか、それにしても判然としない。本論では先行研究をもとに、その枠内で考察を進めてきたが、当然ながら祭儀、峰入り、補任等の関係研究を要する。今後はそうした研究が俟たれる[10]。

注

(01) 近年の研究動向は高橋充「羽黒派」時枝・長谷川・林編『修験道史入門』岩田書院、二〇一五に見える。概観、中世以前（文献史、美術史・考古学・建築史）、近世以後（民俗学・宗教学、歴史地理学、その他）と精細の上、課題と論点が記されている。

(02) 本章は二〇一九年七月、山形市で開催された山形県地域史研究協議会第四十五回大会の研究発表を経て、同『地域史研究』四五、二〇二〇・二に収録された小論「出羽三山信仰と鳥海山」に三「出羽三山と熊野信仰」を付加するなど、大幅な修筆を施したものである。なお筆者は二〇一九年八月、同じく山形市で開催された日本山岳修験学会で「出羽三山の比定と本地仏―鳥海山を中心に―」を研究発表したが、本章の内容と関係するので、同発表レジメを末尾に付加する。
(03) 岩鼻通明『出羽三山』岩波新書、二〇一七、三七頁。本件は岩鼻教授のご示教による。なお戸川は「最上の三山」の「山」にのみ訓「やま」を付し、筆者には「さんやま」か「みやま」か不定であったが、岩鼻氏によれば前者であろうという。
(04) 山本陽子「三山小考―副題略」『日本宗教文化史研究』35、二〇一四。
(05) 原出所は岸本秀夫「出羽三山を中心とせる宗教的修行について」『山岳宗教史研究叢書5出羽三山と東北修験の研究』一九七五。ここで本筋を離れるが、筆者の想念を記しておきたい。昭和三十七年頃、当時慶応大日吉（教養課程）の学生だった筆者は、遊びたい盛りの毎週土曜午後、ガン闘病で満身創痍ながら出講される岸本氏（当時東大教授）の「宗教学」を受講した。偉い先生が御出でになる講義ということで熱心に聴いた。それから幾星霜、平成十五年伊勢の皇學館大学神道学講義で、敗戦で前途忘失の体であった神道に対して、一宗教としての再生を説き、神道自立に導いたのがハーバード大学で学び、占領軍の宗教政策担当に知己があった岸本氏であったことを学んだ。当時の講本、岸本秀夫著『宗教學』はなお座右にある。
(06) 原出所は五来重「総説吉野・熊野修験道の成立と展開」『山岳宗教史研究叢書4』一九七五。
(07) 黒珍開基説は阿部正己「出羽三山史」（『山形県史蹟名勝天然記念物調査報告』第十一輯、山形県、一九四〇、三二頁以下）、泰澄開基説は『出羽三山史』（出羽三山神社刊、一九七六、二三頁以下）などで考察されているが、このような開基伝承がなぜ成立したのかなど、そのごの研究成果を容れた考察が俟たれる。

（08）神宮寺衆徒には修験者の成立要件である山岳修行が明らかでないが、にもかかわらず加持祈祷や牛王宝印の配札が可能だったのは、ひとえに官寺の伝統を継ぐ神宮寺の衆徒たるの名跡を以て、もっぱら鳥海山大権現の神威仏威を奉じた故ではないかと按ずる。

（09）「後記」に掲載する出羽「三山」碑（写真二）に刻された、上段「湯殿山」、下段中央「鳥海山」、同対面右「羽黒山」、同対面左「月山」の山名と配字はこの想定を肯定する有力な材料である。

（10）この点は二〇一九年度日本山岳修験学会の筆者発表（九月一日、於山形市）で同学会前会長宮家準氏からご教示を賜ったことでもある。

［特別補論］

前述（注02）の小論「出羽三山信仰と鳥海山」（『山形県地域史研究』四五）を鈴木正崇慶応義塾大学名誉教授（日本山岳修験学会会長）にお送りしたところ、二〇二〇年三月、有り難いことに、修験および山岳信仰に関する近作自著の論文二本が恵贈され、併せて小論に対する教戒を賜ることになった。ここでは教授のご了承を得て、その要略を記し、重く受け止めた筆者の所感を記しておきたいと思う。

1、使用されている史料は縁起類が多く、いずれも正確な年代確定ができない。よって三山の比定はどこまでいっても結論は出ない。「原史料」を提示して議論する必要がある。今後は『神道体系』（出羽三山）や戸川安章先生編集の史料集、羽黒山関係では松尾剛次先生が紹介されている中世文書を使うべきである。

（所感）ご教戒のとおりである。筆者も小論作成の予備作業で「原史料」による追究の可能性がないか、松尾剛次氏の論文写（注ａ）を得て精読し、『神道体系』および『出羽三山史料集』上中下巻を通覧したが、三山比定に関係する文言文書を見出せなかった。そこで右『史料集』はなお精査の余地があったが、小論では「先行研究をもとに」「その枠内で」考察を進めたことを記し、その上で「祭儀、峰入り、補任等の関係研究」を今後の課題にあげた（結び）。他方、先行研究でも「使用されている史料は縁起類が多い」のも事実である。

（注ａ）松尾剛次「羽黒修験の中世史―新発見の中世史料を中心に―」『山形大学大学院社会文化システム研究科紀要』創刊号、二〇〇五・三。

2、三山の由来は史料批判をせずに年代設定の推論をするのは危険。起源を求めるのはやめて、鳥海山や葉山が落ちて、「現在の三山」になった年代を抑えることである。「三山」の三に関しては諸説あるが、葉山の脱落は関口健氏（『法印様の民俗誌』）がかなり抑えている。『三山雅集』が意外に大事である。

（所感）史料批判の重要性は教戒のとおりである。小論では戸川氏の所説から、これまで典拠とされてきた縁起は近世作の疑いがあるとして排除してしまい、今ではそれが適正だったのか自省している位である。「現在の三山」になった年代を抑えることが大事という教諭に刮目させられ、教授の論文を再見すると確かにその通りの構成である。他方、歴史研究の視点からすれば、三山と鳥海山の関係起源を追究したいという欲求は抑えがたい。他の先行研究も起源に論究している。今後は『三山雅集』の再考と、関口論文の閲覧を要するが、予備調査によれば、『三山雅集』は著者東水、出版年宝永七年（一七一〇）で、羽黒・月山・湯殿の三山に関する、かなり程度の高い総合案内記である（戸川七一頁）。

3、羽黒三所権現の鎌倉期の本地仏の発見は大事。別の史料と併せて論ずるべきで、鑑定が正しければ『神道集』の記述に照応する。

（所感）長坂論文の「発見は大事」とされ、その所説が『神道集』の記述に照応するとすれば喜ばしいことである。他方、なぜか関係者の研究では政次説が検証なしで所々に引用され（検証したのは筆者が初か）、長坂論文が等閑される事態は腑に落ちない。

出羽三山の比定と本地仏　―鳥海山を中心に―

北方風土社中　神宮　滋

出羽三山という呼称は最近の研究では江戸期に用例があるが（岩鼻通明『出羽三山』岩波新書二〇一七）、羽黒山内では江戸時代を通じて「羽黒三山」、関東衆は「奥の三山」、岩手の南部では「最上の三山」と呼び、明治後は「羽前の三山」とも呼ばれたという（戸川安章二〇〇五、初出一九八〇）。

出羽三山は固定が羽黒山と月山、出入りが鳥海山、葉山、湯殿山であるが、鳥海山が含まれるか否かなど所説紛々である。戸川（前述）は最上氏の台頭による葉山の退列で鳥海山の加列が画策されたが、山岳修行が広大な庄内平野で中断する故にうまく行かず、通史的に鳥海山を三山に入れない。私はこれに納得する。

他方、岩鼻通明二〇〇三は『羽黒山伝』『大泉庄三権現縁起』により鳥海山の列中を指摘し、伊藤清郎二〇〇五は中近世移行期の新三山形成の一時期に鳥海山が列中かとする。政次浩二〇〇六は近世前に望見の方角により葉山又は鳥海山が同時代に列中にあった、三山は四名山の総称とし、宮家準二〇一二は古代に鳥海山、葉山が同時代に列中にあったとする。鈴木正崇二〇一五は『拾塊集』『羽黒山縁起』から室町時代に葉山・月山・羽黒山を三山、湯殿山は総奥院としつつ、前述『三権現縁起』によって鳥海山の三山列中の説ありとする。しかしながら『三権現縁起』のいう三権現が後代の出羽三山と同義としてよいか慎重を要し、その他の典拠は近世作の疑いが強い。よつて鳥海山の三山列中の確証とはならない。

ただし蕨岡・滝沢・矢島・小滝等の修験者、遅れて吹浦の神宮寺衆徒までが羽黒山末であったとすれば（前述戸川）、これら鳥海山の修験者が羽黒山の峰入りに参加し、所定の資格・補任にあずかったと推認される（神宮寺衆徒の修験者性については別考を要す）。よって鳥海山は相互入峰の山ではないが、事実上、三山の一と自称したか他称された可能性までは否定できない。なお江戸後期、羽黒三山執行別当職が存するが、少なくとも鳥海山を統括する役職ではない。

本地仏は鳥海山・葉山が薬師如来、羽黒山が（聖）観音菩薩、月山が阿弥陀如来、湯殿山が大日如来とほぼ異論はないが、その成立には諸説がある。鳥海山では、承和十一年（八四四）比叡山僧安慧の出羽国講師派遣を契機に創建されたと推察する神宮寺に法華一乗の本尊として薬師如来が据えられ、以降大物忌神の本地にされたと按ずる。出羽三山の枠組みから薬師が成立したわけではない。委細は小論「鳥海山の本地仏と諸仏信仰」『日本宗教文化史研究』38、二〇一五。

（出所）発表レジメ『山形県山寺学術大会資料集』日本山岳修験学会、二〇一九年八月。

第七章　縁起年代再考 ——二乗作『鳥海山大権現縁起』の成立年代——

二〇一一年十一月、私は小著『鳥海山縁起の世界』を刊行できた01。鳥海山麓に成立した諸縁起の集成として初の書本であった。これは偏(ひとえ)にのちに鳥海山諸縁起の中でも格別の縁起であることが判明した、『鳥海山和讃縁起』一巻の落掌という僥倖に恵まれたものであったし、これまで先学によって蓄積された研究の成果に導かれたものであった。こうした小著に対して幾つかの反響が寄せられたが、その中で鳥海山研究に関する自著論文を恵贈され、長文をもって批判と些かの評価を下されたのが慶応義塾大学鈴木正崇教授であった。これを機縁に私は鳥海山縁起の成立年代に関して新たな視点をもって再考し、研究を深めることになった。そこで、ここでは再考の過程で発表した二つの小論を収録する。其の一（二〇一三）は収録上で必要な若干の修文を行い、其の二（二〇一六）はその後の苦悶した研究の「成果」を容れるべく、構成と内容の両面で新稿にも相当する大幅な改訂を施した。

［其の一］　小著『鳥海山縁起の世界』に対する批判と評価

一　論文、問状、教状の経過

二〇一二年四月十八日、小著『鳥海山縁起の世界』の出版元である無明舎出版を経由して、慶応義塾大学の鈴木正崇教授から自著論文「山岳信仰の展開と変容―鳥海山の歴史民俗学的考察―」が恵贈された（以下、論文という）[02]。鈴木教授は筆者母校の文学部教授で斯界を先導される研究者であった[03]。約七十頁に及ぶ初見の大論文を二読三読し、多様な歴史民俗学的考察と緻密な論証に深く学んだ。そして、光栄なことに所々に小著が引用されていることを初めて知った。それだけに漸く返状できたのは同年五月二十六日であった。そこでは御礼とともに、「この機会にご教導をお願いしたく率直にお尋ねします」として、論文上の記述と引用に則して教導の依頼を発した（以下、問状という）。これに対して同年六月二十五日付け書状で詳細な教導が届いた（以下、教状という）。この教状に対して私は自らの非力を承知で所感を思案し（以下、所感という）、教状は勝手な公開を慎まなければならない私信であることを考慮し、いずれ機会をえて発表したい旨を申し出た上で、その後論考として発表した。それが小論（其の一）である[04]。

二　論文上の記述ならびに問状・教状

1　縁起史料について

―論文／神宮は研究の少なかった縁起に注目して全体像を示したが、年代の推定には問題点もある。（448p）

―問状／「問題点もある」との指摘は真摯に受けとめていますが、それが具体的に以下（中世成立かと推定した大物忌大明神縁起、鳥海山大権現縁起）の成立年あれば、その理解に迷う。

―教状／初めに「論文の基本的前提は以下の認識に立っている」として次の三点が教示された。

①鳥海山に関する歴史資料については中世に遡るものは皆無である。

②縁起については通常の史料（行政史料・地方文書（じかたもんじょ））とは根本的に異なる取り扱いが必要であり、独自の歴史認識を伝えるテクスト（引用注、文章の意カ）として解読すべきである。縁起を奥書の年代順に並べても、意味がない場合があり、実年代と乖離した時間認識が入り込んでくる。

③縁起には正統性・正当化、始原や原初の構築を巡って、書き手の意図や作為が強く働いており、史料批判をしたうえで、時代の社会経済史の知識と照応させて検討する必要がある。

―所感／①については、斯界の第一人者の見解として重く受け止めた一方、はたして本当にそうなのか、中世に遡る「可能性のある」縁起さえもないのか、再度検討をしてみたいという意欲を抑えられず、この点は以下の問状、所感の中で思案することになった。つぎに②と③については同じく重く受け止め、縁起という独特の対象を研究するからには、それに見合う方法をもって研究することの必要性を教諭されたものとして、深くその意味を思索した。もっとも小著においても、縁起の先行研究として著名な桜井徳太郎「縁起の類型と展開（『寺社縁起』日本思想体系20）から、長文の一節を引用して（157～158p）、「一つの縁起が成立し伝承されてゆく過程には、かならず変化の歴史が伴っている」「次々に冠される被覆をはぎとりながら、原像に迫って行く努力を重ねながら、縁起伝説の歴史的変化を跡づける作業が重要な意味をもってくる」等を記して、縁起史料のもつ特徴と、それに対する研究作業に関心を寄せてはいたが、あらためて教諭されたことで、その重要性を噛みしめた。

2 『大物忌大明神縁起』の成立年代について（特別注、後掲）

―論文／本縁起を中世成立とする説［神宮178p］は受け入れられないが、古層の伝承を想定したくなるような内容である。卵生神話を「縁起の最初部に取り込むには、合理的な思考が庶民レベルにも普及する近世では遅すぎると考える」［同178p］という主張は根拠に乏しい。（470p）。

―問状／小著では、指摘された卵生神話に続いて、「当縁起の成立を考察するには二つの視点がある。第一は二乗との関係、第二は羽黒山縁起との関係である」と記し（小著178p）、以下、かなり詳細な考察を展開しており、こちらが本筋です。にもかかわらず、なぜ出だしの卵生神話の一件のみが取り上げられたのか理解しかねております。また、中世成立説が受け入れられないとすれば、成立年代をいかに考えるか迷います。

―教状／「卵生神話は原初からのものであろう。そうであれば当縁起の成立は前近世に違いない」…

「合理的思考が庶民レベルにも普及する近世では遅すぎる」という断定的な説が受け入れがたいと考えました。「卵生神話」を中世とする根拠として、近代の基準による「合理」や「非合理」という思考を歴史的に遡上させて適用することはできません。暦応5年（1342）藤原守重の奉納による鰐口銘と縁起の成立を結びつけて「卵生神話の創出は年代的にも妥当する」という根拠はないように思います。ただし、縁起を考える場合、中世的な神話や伝説が姿を変えて、近世の縁起文献に入り込むことがあり得ます。ただし「実年代の」中世とは断言できない。このあたりが私の曖昧な表現となっています。この点は中世文書を幾つか残す対馬での縁起の解釈、特に「日光感交神話」が入り込んだ縁起の読み解きの体験が反映しています。口頭伝承と文字史料の交錯があるのです。

さらに、当『大物忌大明神縁起』に関して次の質問と教導があった。

―論文／成立年代は不明だが、中世から近世にかけての神話から伝説への移行を示す伝承である可能性は高い。（471p）

―問状／この箇所は、成立年代は不明だが、内容は中世から近世にかけての可能性が高いと理解すべきでしょうか。それにしましても、読者に対して「成立年代は不明」としたままでよいものか迷います。当然ながら限界があるとしても、出来るだけの考察をして推察するのも一方法かと存じます。

―教状／羽黒山の「出羽國羽黒山建立之次第」（永録3年、1560）はかなり信憑性が高い年代ですが、永治元年（1141）奥書の「羽黒山縁起」の年代は怪しい。「書写」は全て疑ってかかったほうがよいでしょう。羽黒山の中世文書については別に詳しく検討されていますので、ご覧下さい。

（参考注）松尾剛次氏に「羽黒修験の中世史研究―新発見の中世史料を中心に」『山形大学大学院社会文化システム研究科紀要』がある。

以上のような、『大物忌大明神縁起』の成立と年代に関して与えられた教導に対する所感は次のとおり。

―所感／小著では、吹浦系の当縁起の成立年代に関して、その内容（卵生神話、霊鳥守護）から外部（二乗作縁起、羽黒山縁起）の刺激によって作成されたに違いないと推察し、影響を与えた外部条件から、「中世それほど遅くない年代」（180p）と判断した。これに対して与えられた前段の、「卵生神話は原初からのものであろう。そうであれば当縁起の成立は前近世に違いない」…「合理的思考が庶民レベルにも普及する近世では遅すぎる」という断定的な説が受け入れがたいとする教導は、全面的に学ばなければならない教戒と思う。ここでの私の筆致はいささか断定的であったと自省する。また「卵生神話」を中世とする根拠として、近代の基準による「合理」や「非合理」という思考を歴史的に遡上させて適用することはできないとする教導にも学ばなければならない。後段の、永治5年（1141）の奥書をもつ「羽黒山縁起」に関しては、小著においても「後世改竄されたものらしいが」と記してあるが（179p）、紹介された論文の研究によって後究の道が開かれたことに感謝したい。

（特別注）岸昌一「鳥海山信仰史」（式年遷座記念誌刊行会編『鳥海山』一九九七）によれば、鳥海山大物忌神社（吹浦口ノ宮）に所蔵される二通の縁起のうち、一通（其の一）は漢文体で題は「大日本国大物忌大明神縁起」、一通（其の二）は平仮名混じりであるとし（題は同題か無しか不定）、当論文には其の一の大要と其の二との異同が掲載された。この二通の縁起に関しては、吹浦口ノ宮を含む同神社のこれまでの資料目録に一切見えず（其の一は巻物、其の二は巻物状態で芯なし）、また当論文に発表されて以降は、私の再三の現地探索ならびに関係先への探訪、照会にも関わらず縁起の所在が不明である。残念至極と言う外ない。このまま行方不明とするには余りに貴重な史料で、探索を諦めるわけにはいかない。なお「大日本国」とは「大日如来が本国とする処」と解される。

3　『鳥海山大権現縁起』の成立年代に関して

―論文／本縁起は中世に遡るとする説もあるが［神宮138、184p］、恐らく矢島が当山派修験との関連を強化してから遡及して書かれたと見られる。（499p）

―問状／この点に関しては、「矢島が当山派修験との関連を強化」した年代が考察されなければならないが、ご見解が中世に遡らないとすれば、近世への移行期か近世そのものかと推察される。そうであれば、矢島における二乗上人伝承（小著182p以下）をそこまで遅らせることになるが、そのような理解でよいか迷う。

―教状／明徳二年（1391）二乗作の『鳥海山大権現縁起』は成立年代をそのまま受け取ることは

できない。この点は、貴著の「二乗に関する史料は地元中央とも一切ない」「明証こそないが、右「作者」「布教」などから推して当年成立の信憑性が高いとしてよい」（同184p）、書写したとされる「佐藤塞助は佐藤家の過去帳には見えない」（同184p）という所で、年代についての虚構性は明確になっている。佐藤久治の見解（引用注、矢島諸寺の創立伝承）も証拠がない。本縁起の成立は、聖宝を実質上の開祖と仰ぐ当山派修験の影響が強まってからで、早くても室町末期、実質的には徳川の修験道法度の成立以後でしょう。醍醐三宝院は内山永久寺を主体とする大和の修験を引き込む形で主導権を握るが、教団の体裁が整うのは近世である。幕藩体制の政策が大きな影響を与えた。なお当山派成立についての歴史研究としては、関口真規子氏の『修験道教団成立史―当山派を通して』の考察が優れている。

―所感／これも重く受け止めることとなった。他方、小著に引用した明徳二年矢島福性院の創立伝承、明徳二年男鹿半島諸寺の天台宗から真言宗への改宗伝承を一切無視してよいものか、逡巡する。なお教導された関口氏の研究は研究課題が与えられたことになる。（以下、詳細はつぎの［其の二］で展開する。）

このような質問と教導の経過を経て、教状は次のように結ばれていた。

貴著が新たな鳥海山研究を切り開いたことは間違いありません。特に、和讃（引用注、新発掘の『鳥海山和讃縁起』）に関して文献照合によって年代考証を行なったことを高く評価します。和讃は縁起と異なり、民衆の素顔を垣間見せてくれます。縁起は正統性を証するための偽作であることが多く、その中にある錯綜した歴史意識の変容過程の取り出しが難しい。ただし、偽書・偽作であっても、あるいは現代人から見て非合理・虚構と考えたとしても時代の書き手のコンテクスト（引用注、文脈・前後関係など）に立ち戻れば解読は可能であると、私は信じています。

其の一　注

(01) 無明舎出版、二〇一一年十一月。

(02) 慶応義塾大学・三田哲学会『哲学』第128集、二〇一二年三月所収。著者の解説によれば、当論文は鳥海山の史跡指定に関わる報告書『史跡鳥海山保存管理計画書』山形県遊佐町、二〇一一に寄稿した「鳥海山の山岳信仰」を全面的に改稿したものである（四四八頁）。

(03) のち名誉教授。日本山岳修験学会会長（当時から現在）。一九八十年代から鳥海山の修験と芸能の研究に取り組まれ、二〇〇八〜一〇年度史跡鳥海山保存管理計画策定委員会（委員長佐藤信）委員を務められた。

(04) 小論「小著『鳥海山縁起の世界』に対する批判と評価—鈴木正崇教授の教導に学ぶ—」『北方風土』66、二〇一三・六。私信の引用は慎まなければならないが、行論上必須のため既発表に限り収録し、以降の私信（教状）は掲載しない。なお収録上、敬語略、文調・表記など最小限の調整をした。

〔其の二〕　二乗作『鳥海山大権現縁起』の成立年代　――明徳二年説の再検討――

一　再検討の契機

鳥海山北麓の由利本荘市鳥海町栗沢の佐藤良平家に伝わる『鳥海山大権現縁起』（以下、当縁起という）には、本文末段に「聖宝の末徒二乗上人、歳月久しく此山に住して、後鑑の為二之を作る」（読み下し）、末行に「明徳二年一〇月二乗上人作之」、表紙ウラに「嘉永五年（一八五二）佐藤塞助写之」と記されてある。同題でほぼ同文の縁起が秋田県公文書館所蔵の菊地隆太郎家文書にある。菊地家の縁起では著年著者は右同、写年写者は記載がない。二〇一〇年七月筆者は佐藤家を訪ねて当主の佐藤良平氏から縁起の由来をお聞きし、実見し、かつ撮影する機会に恵まれた。改めて佐藤家と関係者に深く感謝したい。後日、精細な解読から当縁起は鳥海山信仰の起源、沿革、由来、伝説に及ぶことを確認した（全文は小著に収録）。要点は次のとおり。

a 養老元年（七一七）瑠璃の壷渓（七高山の西下）より湧き出た、鳥海山龍頭寺の本尊薬師を菘岳二郎氏光が崇め奉祝した。

b 嘉祥三年（八五〇）役行者が台金の峰を開山し、貞観十二年（八七〇）聖宝が津雲出郷から再興した。

c 矢島口から七高山に至り、その先瑠璃之壷、川原之宿、龍頭寺、瑠璃之御玉までの経路と功徳を記す。

d 聖宝の再興以来、学頭福王寺、先達元弘寺、二之宿・三之宿・十八之坊の衆徒、怠慢無く逆峯修行に相勤む。

このような当縁起を小著『鳥海山縁起の世界』に収録するに当たり、以下のとおり筆者は作者、布教、伝来、古伝承を検討した上で成立年代につき、「当縁起が記す明徳二年は明証こそないが、作者・布教などから推して当年成立の信憑性が高い」と推定した。これに対して二〇一二年三月、前述のとおり鈴木正崇教授は論文「山岳信仰の展開と変容」において、拙説の年代比定を批判された。この批判に促されて、ここでは明徳二年説に焦点を当て全面的に再検討する[01]。

二　先行研究

鳥海山信仰に関する研究は江戸時代過半から断続的であれ続く中[02]、当縁起の年代に関する研究は多くはないが、姉崎岩蔵は凡そ次のようにいう（注02姉崎一九八二）。ただし前段は妥当としても、後段は後世の物語であって史実とはなし難い。

○これが果たして二乗上人の作かどうかは疑わしいが、矢島に残る鳥海山登山路中の地名は修験によってつけられたものであることが知られる（九七頁）。

○この縁起だけでは十分証明することが出来ないにしても、聖宝尊師が津雲出郷から発して、頂上まで拝所を設けたに相違ないと思われる（一〇五頁）。

これに対して神田より子氏は、「当山派の開祖聖宝尊師の流れを汲む二乗（仁條）上人が京都の三宝院から来て、明徳二年に「鳥海山大権現縁起」を起こ〔ママ〕した」ことが、「姉崎にとっては伝説ではなく歴史だったのだ」という[03]。しかしながら右のとおり、姉崎氏は「これが果たして二乗上人の作かどうかは疑わしいが」と念を押しているのであるから、この評言は先学に対して些か揶揄的ではないかと思う。続けて神田氏は、「銅版に記された元徳三年（一三三一）の銘文の年代からすると、二乗（仁條）上人のような人物が回峰行の一環として鳥海山を訪れたとしても、この時代ならば充分にあり得る。それが当山派の開祖聖宝尊師の流れを汲む人ではなかったということであろう」とするが、要は当縁起の成立年代である。

他方、鳥海山麓の山形県遊佐町に在って大作『鳥海考』『続鳥海考』を遺した須藤儀門は仁乗上人の実在などを否定的に描いた（注02須藤一九八九、一七頁）。

> 役行者はもちろん、聖宝が再興したというのも諸縁起に多い例のつくりごとで、その縁起を書いたという二乗上人は（略）、おそらくはこれも実在したかどうかもあやしいものであるが、その人がいたという明徳（一三九〇～）のころに大きくこの山を開き、中世の終りころまでに『縁起』にある学頭福王寺、先達元弘寺、二之宿・三之宿・十八坊の衆徒が形成されたものでなかろうか。

これに対し二〇一〇年地元由利本荘市の文化遺産調査報告書は、「仁乗は醍醐寺三宝院の役僧であったといわれ、当山派修験者とされる。明徳二年に（略）「縁起」を著し、それによれば道者道筋にある拝所なども詳しく記されていることや、矢島九日町村の薬師神社を勧請したのも仁乗であったと伝えられ、鳥海山を修験の道場としていたことが知られる」と記し[04]、如上の認識はひとり姉崎氏だけのものではないことを示した。他方、鈴木教授は前述のとおり論文では「恐らく矢島が当山派修験との関連を強化してから遡及して書かれたと見られる」とし、教状では「聖宝を実質上の開祖と仰ぐ当山派修験の影響が強まってからで、早くても室町末期、実質的には徳川の修験道法度の成立以後」という所見を示された。

三　当初の拙説

次に筆者が小著に記した拙説の全文を掲載する。これらから筆者は「明徳二年は明証こそないが当年成立の信憑性が高い」と推定した。

作　者

二乗（後述上人碑では仁乗）は醍醐三宝院の役僧で、当時矢島盆地（津雲出郷など）に寄留して真言修験を布教したと伝える[05]。当縁起は真言修験（のちに当山派）の開祖に擬せられる聖宝（しょうぼう、天長九／八三二～延喜九／九〇九）を、「醍醐之聖宝尊師」、自らを「聖宝之末徒」と記す。二乗に関する史料は地元中央とも一切管見せず、わずかに地元に次の伝承が伝わる[06]。

○福性院（旧矢島町）／二六代一乗坊道蔵、明徳二年仁乗上人の勧めで出家、新義真言宗と修験を兼帯。

○元弘寺（旧鳥海町）／貞観十二年（八七〇）聖宝尊師開基以来、三宝院直末寺。

布教

この頃なぜ二乗が矢島を巡錫したかについて佐藤久治の研究（注05『秋田の密教寺院』九頁、三四九頁）をもとに整理すると次のとおり。

○北朝方の三宝院は北朝優勢を駆って真言修験の東北教線の拡充に出た（私注、縁起銘の翌明徳三年に南北朝は北朝優位で合一した）。布教は使僧の単独行動ではなく僧団の東北巡錫であった。

○矢島修験の一山真言宗化（同、当時は天台真言両様であったヵ）を説いた。このとき学頭福王寺が真言宗化したのは間違いないが明証が伝わらない。

○時代への先見は寺院側よりも、寺院を支える檀那衆に対して説得力があった。

これに対して私はもう一つ追加したい。すなわち当初三宝院は鳥海山修験を自陣に効果的に取り込む方策として当初は吹浦神宮寺と同衆徒を狙ったに違いない。ところが、こちらは天台宗による官寺的な性格があって断念し、次善の策として矢島に入ったと見る。ちなみに同年（明徳二年）天台宗から真言宗へ改宗を伝える寺院が（秋田県）男鹿半島に集中する。

吉祥院、地蔵院、長楽寺、照明寺、円応寺、延命寺07。赤神山日積寺08。

成立

当縁起が記す明徳二年（一三九一）は明証こそないが、右「作者」「布教」などから推して当年成立の信憑性が高いとしてよい。

伝来

当縁起を所蔵する佐藤良平氏によれば、戊辰戦争で佐藤家一帯は焼失、当縁起はそのご佐藤家の所蔵になったものと聞く。写者の佐藤塞助は佐藤家の過去帳には見えない（二〇一〇年七月聴取）。この点は私が初めて聴取した。

古伝承

当縁起は養老元年（七一七）本尊薬師が瑠璃の壷渓より湧出し、これを菘岳二郎氏光なる人物が見崇め奉祝したと伝える。この物語が外来の二乗によって縁起の中心に据えられた事実から推せば、二乗の全くの創話というよりは、当地に存した古伝承を利用した可能性が高い。ただし氏光なる人物の系譜は皆目不明である。ところが矢島には別の開山伝説が伝わる。矢島土田氏の先祖を祀る「開山神社縁起」である[09]。これによれば美濃国可児郡土田村から来住した比良衛・多良衛の兄弟が嘉承三年（八五〇）矢島口山道を開拓したと記す。この伝承は土田氏の転住年代とも絡んで速断しがたいが、二乗の矢島布教時にはすでに成立していた可能性が高い[10]。そうであれば二乗は比良衛・多良衛の伝承を採らず、氏光伝承と薬師伝承をからませた縁起を作成したことになる。この点は二乗の選択と工夫があったと見なければならない。

四　拙説に対する批判

鈴木教授から与えられた当縁起の成立年代に関する批判は其の一に記したので、ここでは略する。

五　成立年代の再検討

以上の経過を経て、以下では次の六視点から当縁起の成立年代を再検討する。

1　表記と内容

当縁起題の「鳥海山大権現縁起」のうち、「鳥海山」の初出は暦応五年（一三四二）の年銘がある鳥海山銘鰐口であり、「鳥海山大権現」の初見は永正七年（一五一〇）より書き継ぎ明和三年（一七六六）写を伝える『大泉庄三権現縁起』に記された「鳥海権現」である（第三章）。これから推せば、十四世紀末の明徳二年の鳥海山は初出を超えないが、鳥海山大権現は早すぎる。

当縁起に記された「聖宝の末徒二乗上人」「二乗上人作之」は自らを「上人」と自称するが、このような書式は疑問なしとせず、上人自作に疑心を抱かせる。また「歳月久しく此山ニ住し」「後鑑の為ニ作る」から推せば、多年矢島に滞留し縁起を作ったことになるが、縁起は一義的には現世に生きる信者を対象とするもので、後鑑（私注、後代のかがみ、教訓）とは腑に落ちない。斯界碩学の教示によれば、二乗とは法華一乗に対する修験独自の解釈で、二乗という名称自体が創作ではないかという。そうであれば二乗という僧名は後代創作の疑いがあるが、僧名は仏典から取ることも少なくない。他方、矢島修験の有力院坊であった福性院が明徳二年仁乗の勧めで法灯を継いだのが「一乗坊道蔵」であったとも伝える。

この再検討で気付くとは迂闊（うかつ）だが、当縁起の初部に「聖宝の遺法ニテ東寺流也」と記されていて、

「矢島峯中」「鳥海山宝珠山浄瑠璃寺ト申し」「逆峯の修行」ともある。浄瑠璃寺は清和天皇の勅定による建立を伝え、のち龍頭寺と称されるが、縁起上の伝承の域を出ない。逆峯、東寺流については再論する。

さらに当縁起に描かれた多数の、今に伝わる拝所名所などの地名（前述要点c）や矢島修験体制の充実（同要点d）から推せば、ここでは一々の挙証は略するが、年代によって書き継がれた形跡が認められない以上、十四世紀末の成立は早過ぎる。ただし前述のとおりこれを以て地元では近年でも明徳二年の成立を是認する。

2　地元の伝承・文書

元禄十年（一六九七）矢島領主生駒正親記銘の仁乗上人碑が旧登拝道二合目の木境に建って久しい。この碑銘は「仁乗」である。この碑の存在は今から凡そ三百二十年以上前の元禄年間、矢島では二乗上人の布教伝承が宗教的あるいは歴史的な事実として受容されていたことを伝える。

他方、姉崎岩蔵は明治二年作成の「矢島郷別当復飾之控」によって[11]、①明徳二未年醍醐三宝院より役僧仁乗上人来山御巡見之砌、鳥海山は醍醐三宝院之末山なる故、出家致すべき旨仰付けられ、道茂出家して一乗坊と名を改め、是より三宝院御直末新義真言宗修験兼帯にて代々勤行仕来候（福性院文書）、②明徳二年中仁條上人直作の聖観音を西宮に安置致し候由[12]（勧喜院文書）、③貞観年中四代政光大物忌神を祀る社を創建[13]（福性院文書）とする伝承を伝え、③に関しては「矢島史談」の引用から「明徳二年醍醐の三宝院殿より役僧仁條上人此地に下降の際、龍海山薬師如来を設置す」と伝える。また須藤儀門は『矢島町史』によって次の伝承を伝える[14]。これらの伝承・文書は無視できないが信頼性の限界を承知しておかねばならない。

(上人は)矢島を去ってから笹子(じねこ)村下の宮に移って教化に当たったという伝えが信ぜられている。この下の宮には上人がこもったという洞窟があるほか、上人をまつる下宮神社もある。口碑としては丁(ひのと)川の上流から取水する上堰(うわぜき)は上人の測量によってつくられた堰筋であるという。

さらに注目すべき地元文書がある。神田より子氏の研究によれば、明治二年寺社奉行に提出された榊家文書のうち、「笈渡(おいわたし)御神事之由来」に「醍醐之法流仁乗上人康応元己巳年五月二日、御山之禁ニイタリツテ、山神其外悪魔霊ヲ祭リ、或ハ供養シケリ」と記されてある。笈渡御神事とは聖宝尊師が当山の裏道を開いたが悪魔共が邪気を残したため、康応元年(北朝年号、一三八九)仁乗上人がこれを祭り供養した故事に因んで当山一八坊で一代一度行なう儀式であったという[15]。この儀式の始期は不詳だが、重要儀式として連綿した事実は揺るがせにできない。

3　他縁起との関係

鳥海山周辺の各口修験集落に伝存する縁起は次のとおりである[16]。縁起数は少なくないが、成立年代は多く近世後半以降で、明治期のものもある。この内、近隣の小滝口に伝わる伝長治元年(一一〇四)作、寛文五年(一六六五)写の同題縁起との関係が最も注目されるが、この縁起は鳥海大権現の出現を欽明天皇代とし、小滝口と鳥海家の由緒を強く主張していて、当縁起との関係性は見い出せない。他方、著名な霊山の縁起として白山之記（平安後期又は末期）、諸山縁起（鎌倉初期又は以前）、日光山縁起（室町中期又は後期）、羽黒山縁起（江戸初期写）などがある。仮に当縁起が明徳二年の成立とすれば、この種の縁起では早期となり、当時矢島にそのような宗教的環境にあったかは慎重を要するが、男鹿の宗教動向とも関係する。ちなみに近世初期まで矢島を含む鳥海山麓の修験集落は羽黒山と緩やかな関係を保ち、修行方式や年中行事に影響が見られたという[17]。当縁起が明徳二年の成立とすれば、羽黒山縁起との関係が注目されるが、内容的な類似性は見出せない[18]。


矢島／虚空蔵堂縁起、田農神社縁起、覚王由緒之事、歓喜院由緒、鳥海山逆峯十八坊由緒。

小滝／鳥海山大権現縁起（同題、写一六六五）、霊峰神社由緒、金峯神社由緒。

滝沢／森子大物忌神社縁起、龍蔵院由緒。

吹浦／大物忌大明神縁起（私見、中世成立）。

蕨岡／鳥海山記并序（宝永六、一七〇九）。

4　矢島布教

関口真規子氏の研究によれば、最新の当山派教団に関する研究成果は当山方が記録に出るのは十四世紀過半で、興福寺東西金堂を根拠としたが、三宝院門跡が当山方を左右するのは慶長七年（一六〇二）であるという[19]。そうであれば二乗は三宝院を棟梁とする「当山派」ではあり得ないが、それ以前の当山方修験の可能性はもっと検討されてよい。ところで明徳二年（一三九一）前後に鳥海山北方に醍醐寺三宝院領があったことを推知させる文書が伝わる。宝徳元年（一四四九）三宝院門跡領出羽国赤宇曽（あかうそ）（現由利本荘市北部の松ケ崎、亀田など）の遵行（じゅんぎょう）を命ずる将軍（足利義政）家御教書が、時の管領細川勝元から発出された文書である[20]。この文書は時期は不明だが、矢島盆地から遠くない赤宇曽が名目上の領主から三宝院に寄進されていたことを示す。畏敬する故吉川徹氏の所見によれば、その時期はいくつか推定できようが、争乱の中で、実質的効力あるいは継続的効力に乏しい諸職（しょしき）の給付あるいは所領の寄進が行なわれた南北朝期（私注、一三三一～九二）とみるのが無理のない推定のように見られるという[21]。そうであれば明徳二年前後の年代は当山派ではないが、三宝院僧が赤宇曽から遠くない矢島へ下向して布教した可能性が認められてよい。

佐藤久治の研究によれば[22]、当時（鎌倉時代前から南北朝時代）由利一帯に流入した宗教ルートは、イ由利氏による平泉藤原氏の天台系仏教、ロ鳥海山を中心に鳥海山麓にドーナツ状に定着する山伏修験、ハ由利十二頭と称される土豪もしくは移転鎌倉武士団の真言系仏教である。武都鎌倉には真言宗の流派が京都からも高野山からも流入して、鶴ケ岡八幡宮の別当寺（院家）を中心に繁栄した。その鎌倉の真言僧が八幡神を背負って武士団とともに由利一帯に流入したことで、由利郡には京都系、鎌倉系、高野山系の真言寺院がある。これから推せば南北朝合一（一三九二）前年の明徳二年はロおよびハの可能性に該当する。

さて前述「矢島峯中」「逆峯の修行」であるが、一般に大峯（おおみね）山系を縦走する熊野と吉野を結ぶ大峯奥駈道（おくがけみち）のうち、天台宗の聖護院が主導し熊野から吉野に向かう修行が順峯（じゅんぷ）、真言宗の醍醐寺三宝院が主導し吉野から熊野に向かう修行が逆峯（ぎゃくふ）と云うと称されるが、鳥海山各修験集団の成立年代と順逆定立の年代は明らかでない。ただし元徳三年（一三三八）矢嶋奉納銅器識文は津雲出郷（矢島）が薬師如来の功徳を守る十二神将を山上に祀られていたことを伝え（第四章）、当時矢島に修験集団が成立していた証明になるが、順逆を推知させる文言はなく、それ故に当時は順逆未分化の時代だったとも推察される。識文によれば奉納の志趣（趣意）である「金輪聖王」「天長地久」は、この世界の山々江海をささえる風・水・金・虚空の四輪の一つである金輪を感得し、全世界を支配する聖王の天長地久を祈願すると読解される[23]。

5　男鹿の宗教動向

北部日本海に突き出た男鹿半島は、中央部に聳える本山（七一五m）・真山（五七一m）と、東部の比較的緩やかな寒風山という山系から成り、これを遠方（海上を含む）から眺めると、二つの山系が海に浮かび上がるように見え、地主神や祖霊神また寄り神（私注、なまはげ伝説）の鎮座を思わせる信仰的素地を連想させるという[24]。

これによって古来男鹿は宗教的な聖地とされ、貞観二年（八六〇）慈覚大師円仁の開山伝承を伝え、古くは天台宗の神仏習合の社寺が祀られたが、鎌倉時代以降は熊野修験が流入し、本山真山の両山は天台系修験の霊場とされた[25]。

その後、明徳二年（一三九一）本山の別当であった赤神山日積寺永禅院（せきしんざんにっしゃくじようぜんいん）の二十九代頼叶が高野山龍光院（もと中院跡地に立つ）の説得を受けて天台宗から真言宗に転じたと伝え、また真山の別当であった赤神山光飯寺（せきしんざんこうぼんじ）遍照院は文禄二年（一五九三）まで天台宗を維持し、同年真言宗に転じたとされる[26]。真山光飯寺には奥書に「写本云、明徳二辛未歳旧本古朽し破損に及び候間、是非無く書き替す者なり」と記された赤神大権現縁起が伝わる[27]。このほか明徳二年に関して次の事案が伝わる。

a明徳二年辛未（本山）別当頼吽鐘一口を寄附す、頼吽初め天台宗より出て終に真言宗に入る、当山是より真言宗と為る（天和元年（一六八一）梅津利忠作成「赤神山本山縁起」『赤神神社五社堂保存修理工事報告書』二〇〇二、一四九頁）。

b本山鐘之銘　年号者明徳弐年十月八日　本願頼叶（江戸時代作成の赤神山宝物覚帳、右『工事報告書』一五三頁）

c古筆五大尊御影壱幅　明徳弐年丁酉七月吉日　法印隆盛（右覚帳、右『工事報告書』一五四頁）

d弘法大師像（絹本着色）「明徳年中改派の時高野山より拝領すと云」『絹篩』（旧本山永禅院什物、長楽寺現存、『男鹿市の文化財』第九集、二二五頁）

e梅津本縁起中の代々田地の寄進記事が典拠とする流記帳は明徳二年以降書継ぎされた赤神山（日積寺）の財産目録帳と推測される（右第九集、一二頁参照）

これらから推せば明徳二年男鹿では宗教的な大変動があったに違いないが、近世に見られる宗派間の異動があったとまでは考えにくい。理由として転宗一件は後世成立の梅津本に初出し（他縁起には記述なし）、これに依拠したとみられる後代の地誌紀行に掲載され、また元亀二年（一五七一）永禅院別当の圓隆が打敷（うちしき）寄進に「台嶺沙門顕密傳燈法印」を名乗るなど所々に天台色が持続し[28]、さらに江戸時代に本寺とした高野山龍光院との関係が史料上で初出するのは、筆者全力の探索にもかかわらず、江戸時代の初期以降などの故である[29]。さらに日積寺永禅院に伝わった享保十一年（一七二六）吉重作「赤神山大権現縁起」であるが[30]、縁起末に記された「縁起ノ年数」が「正中二年（一三二五）ヨリ」で、縁起中最新の記事が元亀元年（一五七〇）であるにも関わらず、明徳二年の転宗一件が一切言及がないのも奇妙である。

他方、江戸時代中期の久保田城下の俳人と同藩御用達の国学者は、夫々に慶長の頃一山に争乱があって、山中の什宝を大船に積んで叡山に帰山しようとして酒田沖で難破、地元に残っていた老法師を宝鏡院（私注、秋田真言宗の最有力寺）が弟子にして天台宗から真言宗に転じたというドラマティックな顛末を伝える[31]。この時が実質的な転宗であった可能性があるが、これらの整合的な理解は容易でない。

男鹿の縁起を体系的に研究された遠藤巌氏は、明徳二年本山日積寺と真山光飯寺が挙って天台宗から真言宗へ改組したとする一方で、その詳細な事情は不明としつゝ、前述の正中二年は「鎌倉末期の蝦夷反乱が頂点に達した年」、明徳二年は「李氏朝鮮国の成立などを画期として「北海夷狄（ほっかいいてき）」の動向が明帝国と室町幕府足利義満との間で鋭く意識された年」、元亀元年は「小鹿島の高権支配者とも称すべき地位が秋田湊安東氏から日之本将軍下国安東氏にきりかわった年」（論文二八六頁以下）などと、その政治的な背景を詳細に考察された[32]。ただし明徳二年の改宗と高野山龍光院との関係は史料が得られなかったのか論及がない。

筆者の所見によれば、矢島と男鹿は同じく北部出羽に位置するが、鳥海山北麓の矢島盆地と男鹿半島部は相応に離間し、各々小歴史文化圏を構成する。この両所で奇しくも明徳二年縁起の成立（矢島）と書替（男鹿）、拠点的な寺院の転宗（矢島修験先達元弘寺、本山別当永禅院）があったとする伝承を全くの偶然とは言い難い。ただし今のところ関係性は見出せず、当時の社会変動の共通性を指摘するに止まる。なお当時矢島修験が影響下にあった羽黒山と男鹿修験との間には関係事例がある[33]。

6　中央（東寺、金剛峰寺）の宗教動向

前述のとおり、当縁起の初部に「矢島峯中」「聖宝の遺法ニテ東寺流也」と記されてある。この「東寺流」に関して修験道に浅学の筆者は容易にその内実に立ち入れないが、明徳二年に少し先たつ貞治三年（一三六四）東寺僧宋弁の「東寺長者補任」に「新熊野前別当山臥也、法流三宝院流、号大悲寺」と記されてあることに気付く[34]。これから推察すれば、東寺修験の別所とされる新熊野社の配下に東寺僧である三宝院法流の山伏が存在し、その一派が後年矢島峯中に入った可能性が無しとしない。ただし当時遠隔の矢島まで東寺系の山伏が廻国したのか考証を要するし、「東寺流也」と二乗との関係も読み切れないが、この文言は無視し得ない。これが事実とすれば、従来想定されなかった意外な系統の山伏が明徳二年矢島に布教し、後世その年に仮託して縁起が作成されたことになる。

つぎに須藤儀門は当縁起に関して、「古代の開山（私注、役行者・聖宝）についての記事はすこぶるあやしく信を措けない」とした上、「この縁起に似ているものに延宝六年（一六七八）逆峰先達らが順峰蕨岡に送った文書がある」と記してある（注02『続鳥海考』一五頁）。これは「差上申証事」（差上申証書とも）という文書で、矢島が逆峰院主を滝沢から取り戻した旨を蕨岡に通知した覚えである[35]。なるほど当縁起の全四項中（最初三項は各数行、四項が殆ど）、役行者の開山と聖宝尊師の

再興を伝える二および三項の記事が相似する。注目すべきは文書中の「一、逆峰執行成就之旱手札、東寺流逆峰之修行と書き印し、上代ヨリ矢島之内往来之道辻圓立卜申所ニ毎年立置き候事」である。山伏が峰入修行の成就を記念して立木、板、石材を立てたとされる旱手札（ひでふだ）に「東寺流逆峰之修行」と印す行為は、当時の矢島修験の自己認識が東寺流の逆峰だった伝え、またこの認識が連綿と続いていたことを示す。

また「東寺流」に関しては、元禄十四年（一七〇一）矢島が蕨岡の訴状に対する答弁書として三宝院役所鳳閣寺宛て作成した文書「乍恐指上申返答之事」[36]中に次の文言がある（横線筆者）。

一、逆峰方之衆徒東寺流之方式行い仕り、（略）御本寺大峰修行仕り、補任頂戴仕り候、猶又十六年以前逆峰之証文迄下し置かれ候、然所ニ順之衆徒東寺流之方式執行仕り乍、年月久敷無本字ニ而、十八年以前（略）拠んどころ無く（略）御本寺仰ぎ奉り候へ共、法式混乱仕り（略）

これによれば、以前は矢島の逆峰衆徒のみならず蕨岡の順峰衆徒までが東寺流の方式をとっていたが、本寺がなかったので、のち矢島は貞享三年（一六八六）三宝院から逆峰の証拠を拝領（後掲「総合考察」、当年を含め十六年の計算か）、蕨岡は貞享元年（一六八四）三宝院から達書が下され（『鳥海山資料』一二七頁、十八年以前と違う）、以降、矢島は三宝院下で従前どおり逆峰を名乗り、蕨岡は三宝院下で従前の順峰のほか逆峰をも名乗るという複雑な様相を展開した。この用例から推察される「東寺流」とは何であろうか。松本良一は右答弁書の解説で、「東寺流とは洛東の聖護院系統で本山派の本寺の流れ」と記してあるが（右同一三八頁）、今のところ確（しか）とは見えてこない。

他方、男鹿本山が高野山龍光院下で真言宗に転じたとする明徳二年当時の高野山は、大作『中世高野山史』を著した山陰加春夫によれば[37]、創建以来の第四期に当たり、上級権門たる仁和寺および東寺の支配から脱し、かつ周辺権門たる大伝法院が根来に一斉退去したことなどで、山上のほぼ全域が金剛峰寺の境内地（私注、金剛峰寺方）になった段階である。また修験道研究の第一人者である宮家準氏によれば[38]、時代は十四世紀末よりやや下るが、金剛峰寺を当山派の先駆である当山方運営の中枢を担っていた三十六正大先達の一に挙げ、次のとおり解説されているので、当時金剛峰寺は当山方に近いか当山方であったと推定される。よって明徳二年男鹿本山が高野山龍光院下で真言宗に転じたとする伝承は委細不詳だが、必ずしも明白な宗派間の移動を指すものではなかったと按ずる。

高野山金剛峰寺は古義真言宗の修行道場である。一山は座主を中心に学僧・行人（夏衆とも）・聖（高野山聖）から構成され、行人のうちに山内の廻峰を行なう修験がいた。この行人の一臈が当山三十六正大先達を廻職の形で勤めていた。

結び

本章の主な目的は明徳二年成立説の再検討である。「明徳二年」を主とし、「二乗上人」を従としなければならない。また縁起は「聖宝の末徒」と称するだけで、「当山派」を名乗ったわけでもない。したがって仮にも「二乗上人」が後代創作された僧名であったとしても、また当時「当山派」が成立していなかったとしても、それをもって「明徳二年」説は否定できない。この点は従来の研究に混同があったと思う。要は「明徳二年」が相当の挙証をもって成立し得るか、後代に仮託されたとすれば実際の成立年代はいつかである。この視点で如上の主要事項を再整理する。

肯定的事項

○明徳二年当時鳥海山の北方に醍醐寺三宝院門跡領があったことを推測させる文書から、当年代に当山派僧ではないが三宝院僧が矢島へ下向し布教した可能性がある（矢島布教）。

○矢島修験に連綿した笈渡御神事の由来が康応元年（一三八九）仁乗上人の来往故事に因んだ儀式であるとする文書の存在は、その文書が明治期のものであれ、仁乗伝承の堅固さを伝える。明徳二年の作成となれば来往から二年を要して書上げたことになる。明徳二年矢島寺院の改宗、仁條の聖観音直作、薬師の設置、さらに矢島から退去後の仁條伝承は理由なしには無視できない（地元の伝承・文書）。

○明徳二年矢島寺院の改宗と男鹿永禅院の改宗は一連のものである。そこに通底するのは当年北朝優位で南北朝が合一し、また北東アジア情勢が激動し、日本としても対応を迫られた政治的かつ宗教的に逼迫した事情である。今に伝わる情報を前提にすれば（又は無視しない限り）、この時矢島入りしたのが東寺流の山伏であり、男鹿入りしたのが高野山系の山伏であったと考える外ない。これに伴い明徳二年矢島と男鹿では截然と転宗したかは兎も角として、少なくとも天台真言の兼学（または台密東密の兼学）から真言東密に傾重したに違いない。そうであれば矢島では当縁起が作成された可能性が出てくる（矢島布教、男鹿・中央の宗教動向）。

○真山光飯寺本縁起は前述のとおり明徳二年の書替えであるが、明徳二年に関して異論を見ない。

仮にも男鹿で同年書替えがあったとすれば、矢島で同年縁起を成立させる宗教的環境が未熟だったとは考えにくい（矢島布教、男鹿の宗教動向）。

否定的事項

○本文末行と記名が原文を伝えるとすれば、その書式から二乗作とは思えない。後人が二乗に仮託して作成した可能性が高い。また縁起に記された各所地名と矢島修験の一山体制は十四世紀末の明徳二年では無理がある（表記と内容）。

○明徳二年の男鹿本山の改宗は江戸時代初期に作成された梅津本だけが伝え、転宗したはずの本山永禅院本には記述がない。また当年何らかの宗教的な変動があったとしても改宗には疑念がある。また当年書替えられた真山光飯寺本と明徳二年成立の当縁起との間で主題、文体などに類似性が見られず、男鹿の宗教変動が当縁起の作成を促した形跡は認められない（男鹿の宗教動向）。

中立的事項

○元禄十年の仁乗上人碑は当時矢島に仁乗布教の伝承があったことを伝えるが、これをもって明徳二年説を肯定も否定もできない（地元伝承・文書）。

○諸国および周辺の縁起との比較で明徳二年説は特異な成立年代ではないが、これをもって明徳二年説を肯定も否定もできない。なお羽黒山縁起（江戸初期写）とは内容的に類似性を見出せず、別に成立した可能性がある（他縁起との関係）。

総合考察

各事項は以上のとおりであるが、肯定的事項を重視すれば明徳二年成立の可能性が出てくるし、否定的事項を重視すれば明徳二年の成立は困難である。これらを総合して暫定的であれ結論を得ることは至難である。そこで大胆に想定する外なく、如上を再々整理すると次のとおりである。

①元徳三年（一三三八）矢嶋奉納銅器の識文は意外に早い年代の矢島修験の存在、矢島登拝道の成立を伝える。当時は順逆、天台真言が未分化の時代である。

②貞治三年（一三六四）後暫らくして東寺流山伏が矢島に布教したとすれば、その年代は北東北の矢島、男鹿などに宗教変動があった明徳二年（一三九一）の可能性が高い。この東寺流は三宝院方に連なる山伏の系譜であった。ちなみに当山方の成立は延文四年（一三五九）頃という説がある[39]。その後宝徳元年（一四四九）三宝院門跡領赤宇曽の所在から、その前後の年代に下向した三宝院僧が矢島で布教した可能性もある。

③その後矢島は逆峯および真言宗に傾斜し、それが確定的となった年代で当縁起が、明徳二年に遡及して、二乗（仁乗）の名をもって編成された。その年代を伝える明証は得られないが関係年譜は次のとおりである（前掲注11文書、他は特記）。

ただし要部は明治期に復職した元修験家文書で信頼性に限界がある。

慶長二年（一五九七）迄　　西福寺一の宿先達

慶長度（一五九六〜一六一五）迄　　一の宿西福寺（金剛院、城内）、二の宿

元弘寺（矢之本坊）、三の宿正覚寺

慶長中（右同）　元弘寺一の宿先達相成
慶長七年（一六〇二）　三宝院門跡が当山方支配（注19）
慶長一八年（一六一三）　修験道法度の成立（『修験道辞典』）
寛永三年（一六二六）　醍醐三宝院遊僧本海行人の番楽伝書写注a
寛永十六年（一六三九）　羽黒山一山、天台宗へ帰入注b
　吹浦／元は真言宗、慶安三年（一六五〇）天台宗へ転宗
　蕨岡／元より真言宗、改宗せず（羽黒山との本末関係は維持）
寛永十七年（一六四〇）　生駒氏の矢島入部
延宝六年（一六七八）　差上申証事（注02『続鳥海考』）
貞享三年（一六八六）　三宝院御門跡御直末寺の証拠拝領注c

注a　佐藤久治「鳥海山信仰と山麓I月光善弘編『東北霊山と修験道』一九七七、三三一頁。
注b　戸川安章著作集I『出羽三山と修験道』二〇〇五、三一五頁。
注c　注02神田二六四頁。明治二八年「古社寺取調書」（旧元弘寺文書）。

④制約ある資料であるが（これ以外に資料がない）、年譜を仔細に観察すると、注目すべきは慶長二年（一五九七）一の宿先達が西福寺から元弘寺へ代わったことである。一の宿先達と矢島修験内の序列は明らかでないが、元弘寺は後に矢島修験触頭となったので、恐らくは当年に矢島修験内の実権が元弘寺に移転したものと推察する。この移動が何に起因するか明らかにし得ないが、

中央ないし準中央の当山方修験の布教によったに違いない。明治に復職した元修験家文書を以てしても慶長初期を遡及しないとすれば、この慶長初期が元弘寺由緒の上限であり、当山方矢島布教の画期なのであろう。なお学頭福王寺の当時の動向が一切伝わらないが、修験にとって最重儀の入峯は元弘寺が仕切ったに違いない。

以上によって、矢島修験が当山方僧によって真言宗に特化した年代は慶長年のごく初期と想定する。その年代は寛永三年（一六二六）醍醐三宝院の遊僧（ゆぞう、寺院付き芸能僧）本海行人の番楽伝書写に遅れるとは思えない。よって当縁起は慶長初期に矢島に来往し布教滞留した当山方僧が、矢島の信仰と風土を知悉した段階で、矢島に初入りした当山系の二乗に仮託して、その記念的な歳と推察される明徳二年に遡及させて作成したと想定する。

要すれば、縁起と後代文書に「東寺流」が連綿し、縁起では「醍醐の聖宝尊師」と記すが、「醍醐三宝院」「当山派」とまで記さないことから推せば、当山派三宝院の影響下に入った年代に先立つ年代である。「東寺流」とは前述の用例から真言宗系修験の法式を指すとすれば、二乗を東寺流と位置付けたもので、創作らしい僧名も格上の上人号を付したのも、また通常らしからぬ書式もそれ故のものと按ずれば納得する。この年代であれば矢島修験の一山組織の充実も見込まれる。

したがって小著で記した「明徳二年成立の信憑性が高い」とする所見は改めなければならない。この年代は鈴木教授が論文で指摘された、「本縁起は恐らく矢島が当山派修験との関連を強化してから遡及して書かれたものと見られる」と対照すると（注02鈴木四九九頁）、「関連を強化してから」の年代措定にもよるが、いささか遡及する。如上のとおり、鈴木正崇教授の批判に促されて取り組んだ成立年代の再考は研究を深めることができたが、矢島・男鹿の宗教変動など十分な研究成果が得られたとは言い難く、今後の研究次第では年代確定はなお流動的な余地がある。今後も鈴木教授の教戒を道標としてさらなる研究を続ける必要を自覚する。

其の二　注

(01) 小論「二乗作『鳥海山大権現縁起』の成立年代―明徳二年説の再検討―」『山形県地域史研究』四一、二〇一六・二。本小論の収録では大幅に改訂した。

(02) 芹田貞運『大物忌小物忌縁起』一七〇三稿、進藤重記『出羽国大社考』一七五九稿、阿部正己「鳥海山史」一九三一、『鳥海山資料』遊佐町史資料一九七七、姉崎岩蔵『鳥海山史』一九八二、松本良一『鳥海山信仰史』一九八四、須藤儀門『鳥海考』一九八八・『続鳥海考』一九八九、鈴木正崇「山岳信仰の展開と変容」二〇一一、神田より子『鳥海山修験』二〇一八、など。

(03) 神田より子「姉崎岩蔵の見た鳥海山史とその後」『史跡鳥海山』国指定史跡鳥海山文化財調査報告書、二〇一五、四〇七頁。同主旨が記された注02神田二六九頁では、「二乗上人という人物が実在していたとしても、三宝院から来たのではなかった。三宝院はこの頃の当山方の棟梁としてはまだその痕跡がなかつた」と加筆がある。

(04) 齊藤壽胤・高橋正「鳥海山の宗教・文化・遺跡の検証」『鳥海山をめぐる宗教文化』由利本荘市教育委員会、二〇一〇、二四頁。齊藤氏は秋田県民俗学会副会長、高橋氏は秋田県立博物館学芸主事。

(05) 佐藤久治『秋田の密教寺院』一九七六、三四九頁。

(06) 佐藤久治『秋田の山伏修験』一九七三、三四〇頁、三四三頁。なお後日の調査によれば典拠は福性院が永泉寺文書（後掲注11）、元弘寺が明治二年三森家文書（姉崎一一四頁）。

(07) 以上、佐々木馨「出羽国の宗教世界」四九頁以下（伊藤清郎・誉田慶信編『中世出和の宗教と民衆』）。後日の調査では原典が「平成八年一月一日現在秋田県宗教法人登録分」らしいが不定。なお、これまた後日の調査であるが、佐藤久治は、当時「北朝方三宝院は北朝優勢を駆って真言宗の教線を東北一帯に張り、教線拡大によって北朝勢力の増大を考えた」として、明徳の頃福島岩城の有力寺薬王寺の法相宗から真言宗へ改宗、秋田では当時仙北三郡の有力寺院の吉祥院（雄勝郡西馬音内）がこの頃天台宗から真言宗へ転宗、明徳三年修験神沢寺開寺（由利本荘市神沢、領主赤尾津氏）などを上げ、「秋田の（密教）先進地である男鹿・西馬音内・矢島が真言宗ラッシュ時代であった」とする（『秋田の密教寺院』九頁、三七四頁。『秋田の山伏修験』四三頁、三三九頁）。

(08) 注07佐々木一〇〇頁。

(09) 開山神社縁起（土田光利家文書）注04『鳥海山をめぐる宗教文化』一三四頁。

一　宣化天皇五世の孫、中納言廣成の男、従四位多治比眞人貞成の孫、比良衛（廣忠比羅踐別命）多良衛（廣忠多羅廣行別命）兄弟二人、美濃國可兒郡土田村に住す。

一　仁明天皇嘉承三年、出和國に来り、同年六月十五日創めて鳥海山麓東北の小径を開き、永世荒澤に住す。

(10) 後代、開山神社と称される旧開山堂（行者堂とも）は理源大師（聖宝尊師）と比良衛・多良衛の二霊を祀った所と伝える（右掲『宗教文化』二三三頁）。

(11) 神仏分離で復飾した矢島十八坊の由来、伝承の覚書控である。福性院四十二代隆件のちの永泉宗隆が所持し、注02姉崎『鳥海山史』に収録された。永泉寺（ようせんじ）文書ともいう。なお当福性院歴住は『続矢島町史』一九八三収録された、明治二十六年「歴世卒去年譜」とは異同がある。

(12) 勧喜院（旧直根（ひたね）村）の氏神として西宮神社に祀られた。現存する木造聖観音座像にある年銘は「天正元年」である（『史跡鳥海山』二五八頁）。

(13) 薬師神社は永泉家四代創建の大物忌神社（九日町字片平）に由来し、注11文書中の「矢島九日町村の薬師神社」に当たるか。のち薬師を祀った大物忌神社は明治四三年愛宕神社に合祀。

(14) 注02須藤『続鳥海考』一二頁。

(15) 注02神田二八三頁以下。

(16) 高橋正「縁起・由緒に関する資料」『史跡鳥海山』二二七頁、他。

(17) 神田より子「鳥海山の修験と文化」『史跡鳥海山』三六二頁。

(18) 羽黒山縁起は永治元年（一一四一）山城法印栄忠の筆、寛永二十一年（一六四四）天宥の書写と奥書にあるという。役行者の来山に先立つ、能除太子という独自の開祖を立てる（鈴木正崇『山岳信仰』二〇一五、五二頁）。天宥の仮託筆説がある。

(19) 関口真規子『修験道教団成立史—当山派を通して』勉誠出版、二〇〇九。

(20) 醍醐寺文書之九『大日本古文書』。委細は鈴木登「鎌倉期出羽国由利地方の地頭について」『秋大史学』25、一九七八。

(21) 吉川徹『由利地方中世史拾遺』一九八六、七二頁以下。

(22) 佐藤久治『密教寺院』三四八頁。なお、少し後年になるが、嘉吉元年（一四四一）那智山願文に見える遊里（由利）の（修験）宰相公良春の例から、当時熊野信仰が矢島を含む由利地域に相当流布していたことが判るという（高橋正「出羽国北部における熊野信仰の師檀関係に関する覚書」『秋田県立博物館研究報告』第32号、二〇〇七、八一頁）。

(23)『広説佛教語大辞典』二〇〇一。原典は『倶舎論』。南都では「きんりんおう」、北嶺では「こんりんのう」と読んだという。

(24) 鎌田幸男「男鹿のなまはげ」『秋田民俗』第40号、二〇一四、二五頁。

(25) 大槻憲利「男鹿本山・真山と山麓の修験道」『東北霊山と修験道』一九七七。

(26) 佐藤久治『秋田の密教寺院』一三六頁、一四六頁。転宗の典拠は不記不明だったが、幸いにも男鹿市のご厚意で閲覧できた本文および後掲特別注記載の『工事報告書』九頁によって、升屋旭水「秋田名蹟考」『新秋田叢書』第三期第十三巻が、「(文禄)二年大阿闍梨実誉の代ニ天台を改め真言とせり」と伝えることを初見したが、その理由は示されていない。

本山転宗後、真山光飯寺が約二百年天台宗を維持した理由として、佐藤久治は南朝方の津軽勢力に支えられていたと指摘する（『秋田の密教寺院』八頁）。なお「秋田名蹟考」は右『新秋田叢書』中の解題によれば、秋田府に生れ、一市井人の升屋旭水（筆名）が一九〇三～一九一〇年に編成した秋田六郡の名蹟研究である。出典は殆ど記されておらず慎重を要する。

(27) 鈴木重孝「絹篩」『新秋田叢書』第四巻所収。「絹篩」は嘉永年（一八四八～五四）に編著された男鹿の地誌。ちなみに赤神権現縁起は三書（一書永禅院本四系、二書梅津本、三書光飯寺本）が伝わる（注26同『工事報告書』一四五頁）。

なお一書中の寛文四年（一六六五）根田本縁起の真偽に関して、①遠藤巖「出羽国小鹿島赤神権現縁起の世界」（新野直吉・諸戸立雄両教授退官記念論集『中国史と西洋史の展開』一九九一）、②これに対し激越な先学批判で私怨を疑わせ兼ない鈴木満「B本系赤神権現縁起をめぐって」（『秋田県立博物館研究報告第二四号』一九九九・三）の批判、同「偽作者の「復活」」（県立博物館ニュースNo一一二）で尋常でない揶揄があり、さらに③遠藤巖「赤神権現縁起は本当に偽作か」（『男鹿第五号』秋田県文化財保護協会男鹿支部、一九九九・一〇）の反批判がある。なお②は公共誌紙の掲載として穏当を欠くし、遠藤氏に適切な反論の機会が提供されたのか注目する。

(28) 赤神権現并御影供打敷（前掲「b覚帳」『工事報告書』六頁、一五三頁）。台嶺とは延暦寺の別称。圓隆は天正十三年（一五八五）学頭大僧正（右一五三頁）。

(29) 十二世紀以降の高野山文書（高野又続、高野続宝、高野宝簡）を閲覧中であるが未見。延宝三年（一六七五）出羽国新義真言宗本末帳（長谷寺旧蔵本）（小稿「交衆帳云々」『北方風土』60、二〇一〇・七）が伝える。ここでは新義真言宗であることに注意を要し、修験道との兼帯であったかと推察する。

(30) 注27一書四系の内、菅江真澄『牡鹿の嶋風』所収。吉重本・真澄本とも。原本は伝わらない（前掲『工事報告書』一四五頁）。

(31) ①寛政十年（一七九八）吉川五明『雄鹿紀行』。五明は久保田城下の俳人、紀行は天明元年（一七八一）。②天明元年津村淙庵『阿古屋之松』。東北紀行。淙庵は久保田藩御用達、歌人・国学者（前掲『工事報告書』一五七頁）。

(32) 注27①論文二七九頁、二八八頁。なお「北海夷狄」（ほっかいいてき）は論文中に明示的な定義はないが、文脈によれば蝦夷島松前を岐点として太平洋側の千島列島に至る東夷と、日本海側の樺太に至る北狄をさすと推察される。

(33) 前掲『工事報告書』一五六頁によれば次のとおり。
・羽黒山道智和尚（文正六年八十五歳寂、ただし文正は二年／一四六七で改元）、男鹿新山権現（本山内）と兼帯
・羽黒山学頭職勧学院尊蔵（文明六年／一四六五、六十二歳寂）、右同

(34) 注19関口三九頁。本件は当時東寺の院家に止住しつつ三宝院流に属するが、真言一流を承けないことを指す「非一流相承、一向山臥」を主張する山臥がいたと伝える。つまり真言宗・東寺と修験は関係し、宋弁のような長床衆（山伏）は天台寺門派とも関わるので、本山・当山派の形成という視点では捉えきれないと言う（長谷川賢二「真言宗・東寺と山伏」同著『修験道組織の形成と地域社会』二〇一六、および『寺社と民衆』九輯、二〇一三）。ただし以降の修験と関わる東寺流の行方は筆者には杳として不明である。
　なお、修験道研究では見えてこなかったが、視点を変えれば、当時の東寺長者と三宝院門跡との関係について、西尾知己「南北朝期から室町期の東寺長者と三宝院門跡」『室町期顕密寺院の研究』二〇一七など関心をもつべき研究がある。

(35)「鳥海山史」七一頁以下、同『鳥海山資料』一一五頁以下。

(36)『鳥海山資料』一三七頁。

(37) 山陰加春夫『中世の高野山を歩く』二〇一四、吉川弘文館、三頁。

(38) 宮家準『修験道組織の研究』一九九九、春秋社、七二七頁。行人（ぎょうにん）とは学僧が法事

や修行などをするとき雑事を勤める僧をいう。

(39) 神田より子氏によれば、『大峰当山本寺興福寺東金堂先達記録』(『修験道章疏3』1986)によって、当山方の集団は延文四年(一三五九)頃に成立したと考えられるとする(注17『史跡鳥海山』四〇六頁)。

(特別注)

本論中で参考・引用した『男鹿市の文化財』第九集、平成三年三月、ならびに『重要文化財 赤神神社五社堂保存修理工事報告書』平成十四年三月に関して、男鹿市担当部署よりご高配を賜った。この資料との出会いがなければ、ここまで研究を深められなかった。記して心から御礼としたい。

結章

如上のとおり、本書の主題である「大物忌神と鳥海山信仰」に関して、先行研究に学びつつ、これまで不明な点の解明に取り組むと共に、従来説を検証し、所々で自説を展開した。これらの当否はやがて審判されるであろうが、副題とした「北方霊山における神仏の展開」の様相はかなり追究できたと思う。各章で取り上げた研究の小括に当たる結びは各所に記したので、ここでは本書の基本テーマである第一章と第二章に関して、若干の重複を怖れず再論する。

第一章は大物忌神の命名理由や性格に関する諸説を検討し、自説を立てることであったが、結果を見てみよう。弘仁二年（八一一）大征夷作戦によって陸奥国が一応の安定をみて以降の律令政府の課題は、延暦年間（七八二〜八〇六）晩年に秋田城から庄内平野に南退遷移した出羽国府の現状から、出羽国北半の秩序回復と北部日本海の安寧策に移った。そこで陸奥国の征夷では武神として活躍したが、当時は神威が衰退していた鹿島神の代替として、出羽国の最高峰に充てて創祀したのが大物忌神であると按じた。大物忌神をもって、出羽国北部の叛服常ならない夷俘とも俘囚とも称される蝦夷の撫夷神として、また北部日本海の鎮海の神として神格化したものと考えた。その創祀命名には国府城輪柵における国司以下下向官人の経年祭祀がその土壌を形成したと推察したが、下向官人だけではなし得ず、大袈裟に言えば征夷将軍文室綿麻呂、鹿島社、伊勢内宮の荒木田神主、摂関家藤原氏の妥協の産物であった可能性を指摘した。その年代は八一〇年代と按じたが、こうした自説に対して当然ながら批判が予想されるが、今後は物忌と忌み穢れの関係、物恠（怪異）と災危、御占と陰陽道などの研究を進める必要があることを自認する01。

第二章は大物忌神社に付置された神宮寺の創建と祭祀に関して、従来説を検討し、自説を立てることであったが、結果を見てみよう。当神宮寺の創建は、出羽国で集中的に六ケ寺が定額寺に指定された斉衡三年（八五六）から貞観十二年（八七〇）頃に併置されたする従来説では、何の目的をもって創建されたのか不明であると自問し、当時の不安な社会情勢から、承和十一年（八四四）出羽国講師として派遣された延暦寺僧安慧の赴任が契機となったと推察し、その上で当時の国分寺の例などから本尊と読経法会を考察した。今後は中世以降を含めた系統的な当神宮寺の研究が望まれるが、神宮寺の停廃と中興、一山組織の形成と中核機能を担った神宮寺の存在、両部勤行の鳥海山などの視点から考察を深めることになる。

ところで私は本書の著作編集のかたわら、二〇二〇年八月の刊行開始で出版され、新しい人文学のあり方を構想する画期的シリーズと広告された、日本宗教史全六巻を通覧閲読していた。これによって私は日本宗教史とくに神仏信仰に関する知見に関して、幾つかの斬新な研究成果を学ぶことになった。このタイミングで網羅的に通覧閲読できたことは幸いであった（ただし旧論文の収録もあり）。本書に関係し筆者が関心を寄せた箇所は幾つかあるが、主要な三箇所は次のとおりである。

1　第一章、大物忌神の神名と当時の忌み穢れ観との関係勝浦令子「穢れ観の伝播と受容」４『宗教の受容と交流』

勝浦論文は式（弘仁・貞観・延喜）の触穢(しょくえ)規定が穢(けが)れ観の変化と共に変化し、一部は恒常化したと指摘するが、少なくとも大物忌神という奇怪な神名を付するに当たり、考慮されたと推定される規定は見いだせず、神名の根拠は式上の忌み穢れではないことを確認できた。なお本書では神名の根拠を対夷・対外関係に求めた。

2　第二章、当神宮寺の創建と神仏融合思想との関係

吉田一彦「奈良・平安時代の神仏融合」３『宗教の融合と分離・衝突』

本巻の伊藤聡氏の総論によれば、吉田論文は従来日本日本宗教独特の信仰として強調されがちだった「神仏習合」を、東アジア世界に見られる、仏教と在地信仰との融合現象の一つととらえ、神身離脱—護法善神の信仰も中国における神仏融合思想の受容と位置付け、その上で平安前期における宗教の融合化・複合化が、自然災害制圧の方法の多用化を促進したことなどを説くとする。本書では当神宮寺は官寺の性格から神身離脱との関係性が認められず、当時の対夷や自然災害との関係を指摘したが、これらの指摘が妥当であることが確認できた。なお本書では当論文に啓発され、用語の「神仏習合」を考察を経て使用した。

3　第七章、東寺流と真言密教史の再構築との関係

川崎剛志「修験道の成立」３『宗教の融合と分離・衝突』

川崎論文は山岳信仰を母胎とする日本固有の宗教とされてきた修験道は孤高の宗教ではなく、顕密の諸寺院と深く関わり合いながら、三国伝来の日本仏教の一道として、最新の説に従い鎌倉後

期に成立したとする。うち論中で考察された役行者が正統な密教受法者かをめぐる東大寺と醍醐寺間の真言宗本末相論、これに関連する真言密教史の再構築の問題は新鮮ではあるが、本書で当面の解を得た東寺流に関してはこれによる特段の影響は認められない。

さて開章で述べたとおり、本書で取り上げたテーマはおおむね先行研究と重複しない選択であった。相応に分厚い先行研究がある鳥海山史の研究では、新たな一書を編むことは容易なことではない。本書が一書として成立し得るとすれば、ひとえに先行研究と直截に重複しない主題の選択であり、新説異説の立説である。これらの当否は次代の審判に委ねるとしても、ここに本書刊行の意義があることを強調したい。これによって本書はさきに出版できた小著『鳥海山縁起の世界』と共に、今後も永く絶えることがないと信ずる鳥海山史の研究において、大胆にいえば、私からの百年二百年先の研究に対するメッセージであると思いたい。それだけに、本書はさらなる考証と考察を要することを謙虚に肝に命じておかねばならない。

注

(01) 予備的な主要文献は、小坂眞二「物忌と陰陽道の六壬式占」古代学協会編『後期摂関時代史の研究』一九九〇、鈴木一馨「怪異と災厄との関係から見た物忌の意味」『日本文化研究』第二号、二〇〇〇、新野直吉「平安時代奥羽の恠異兵災乱と信仰」『あきた史記』歴史論集6、二〇〇七、など。

特定研究

研究一　旧神宮寺本尊二像の年銘表記

二〇一三年三月、私は鳥海山の薬師・観音信仰に関する予備調査のため[01]、諸資料を閲覧していて妙なことに気付いた。大物忌神社（吹浦）の旧神宮寺本尊で、明治三年廃仏棄釈から現遊佐町女鹿（めが）の松葉寺（しょうようじ）に移置され、現在に至る薬師・阿弥陀二像の造立年銘が次のとおり、資料によって暦応元年銘が薬師から途中で阿弥陀に入れ違い（逆に永正三年銘が阿弥陀から薬師へ入れ違い）、真逆であった。また刊行資料には細心の注意が期されるはずの東北歴史博物館の展示解説は両年銘が混在していた。

第三表　薬師・阿弥陀の年銘に関する資料調査（注）

刊行年	編著者・資料	暦応元年銘	頁、他
一九二三	斎藤美澄『飽海郡誌』	薬師　a	180p
一九三一	阿部正已「鳥海山史」『名勝鳥海山』	薬師　b	50p
一九七〇	姉崎岩蔵『由利郡中世史考』、戦前調査	薬師　c	220p
一九七四	両像町文化財指定、実見調査実施カ	（阿弥陀）	
一九七七	遊佐町（松本良一）『鳥海山資料』	薬師　d	35p

一九七八	町・県共同両像実見調査	阿弥陀	
一九七九	『山形県史資料編十五下』	阿弥陀　e	383p
一九八四	松本良一『鳥海山信仰史』	阿弥陀　f	42p
一九八六	川副武胤『式内社調査報告』第十四巻	薬師注1	1065p
一九九〇	川副武胤『神道体系神社編28』出羽国	薬師注1	222p
一九九一	月光善弘『東北の一山組織の研究』	薬師注2	306p
二〇〇六	遊佐町『遊佐町の文化財』	阿弥陀	19p
二〇〇六	東北歴史博物館『熊野信仰と東北』	薬師、阿弥陀	展示146
二〇一一	鈴木正崇「鳥海山の山岳信仰」遊佐町『史跡鳥海山保存管理計画書』	阿弥陀	42p
二〇一四	松葉寺諸仏像調査報告書	阿弥陀　g	胎内銘より

注　本表はその後の資料調査を含む。

a　斎藤美澄の観察は次のとおり。

・（薬師の）体躯ノ内面ヲ諦観シ左ノ文字（暦応元年）ヲ得タリ、暦応ニ属スル文字ト慶長ニ係ル文字トハ書体全ク趣ヲ異ニシ、

・（阿弥陀の）体躯ノ内面ニハ（永正三年）トアリ、永正ノ文字ト慶長ノモノトハ亦書体ヲ異ニセリ、

b（薬師）体内に左の銘を墨書せり。暦応元年、他。（阿弥陀）体内に左の銘を墨書す。永正三年、他。

c（戦前薬師調査）蓮台の下など注意していると、暦応の年号が認められたので、（住持に）聞くと暦応三年に作られたものとのこと。

d（薬師）体躯内面の記銘文より。（阿弥陀）体躯内面に永正。

e（薬師）胎内左肩より下方へ墨書。（阿弥陀）胎内背部下方墨書。

f（薬師）体躯内左肩より下方へ墨書。（阿弥陀）体躯内背部下方墨書。

g（薬師）左躰側部材胎内墨書。（阿弥陀）背面部材胎内墨書。

注1　出典不記。

注2　出典は表中『鳥海山資料』。

そこで同月、遊佐町教育委員会で文化財所管の阿部秀雄課長補佐（当時、現遊佐町図書館長）に照会したところ、翌四月早々に、さらに多数の資料調査で当方の疑問を確認された上、本像は町文化財の指定をしているが[02]、外観調査では判断は難しく、機会を得て二像内部の年銘調査をしたい旨が報知された。これによって町当局の積極的な取り組みに敬意を表するとともに、この件を同年七月山形県地域史研究協議会の研究発表（於庄内町）で口頭報告し、翌年二月収録刊行された小論「鳥海山大物忌神と薬師・観音信仰」では次のとおり付言した（注01参照）。

（二像は）明治初、現遊佐町女鹿の松葉寺へ移管。なお年銘につき、おおむね『山形県史資料編十五下』一九七七より前資料は薬師／暦応元年、阿弥陀／永正三年とし、以降資料は薬師／

永正三年、阿弥陀／暦応元年、さらに熊野展資料は両説が混在するなど不可解な混乱がある。

（引載注、姉崎氏、川副氏および月光氏資料は後日調査）

このような経過を経て、二〇一四年一月十七・十八の両日、遊佐町が東北古典彫刻修復研究所によって二像の内部調査を含む総合的な調査を実施した旨が伝えられ、のち同研究所が作成した同年二月二八日付け「松葉寺諸仏像調査報告書」を閲覧する機会に恵まれた。その要略は次のとおり[03]。

第四表　造立時期と修理履歴

暦応元年（一三三八）	阿弥陀如来造立	胎内銘より
永正三年（一五〇六）	薬師如来造立	胎内銘より
慶長五年（一六〇〇）	阿弥陀、薬師の修理	胎内銘より
寛文十二年（一六七二）	阿弥陀、薬師の塗直し	木札（別保存）より
宝永三年（一七〇六）	阿弥陀、薬師の台座光背造立	台座銘より

○造立修理の背景に関する考察

・薬師／外観上は本像が鎌倉期の雰囲気を残している。これが今回調査の発端となった、像と銘文の混乱が生じた一因とも思われる。ただし臀部から腰部のゆったりとした広がりから室町盛期の造形を経過したことが納得させられる。

・阿弥陀／製作年代は（胎内銘より）室町初期であるが、室町期の頭部が大きく体部がずんぐりした重苦しい印象はなく、鎌倉期の雰囲気を残す。ただし両膝間の幅が狭いなど南北朝期の形状を経過した造形を感じさせる。

・両像の製作時期は一五〇年以上もの開きがあり、形状や構造面で明確な差異が見られるが、法量（特に高さ）は近似する点が多い。これは薬師の造像が阿弥陀の法量をもとに行なわれたことを窺わせる。また両像は同時期の修理等から遅くとも慶長五年には一具として扱われていた。

以上の経過を経て、薬師如来の造立は永正三年（一五〇六）、阿弥陀如来の造立は暦応元年（一三三八）に確定したと言ってよい。それにしても明治三十年両像を実見して、詳細な観察記録を遺した大物忌神社宮司（在任、明治二六～大正元年）の斎藤美澄が何故に薬師が暦応元年、阿弥陀が永正三年としたのか、その理由は前掲表ａに詳述されているが不思議でならない。また地元事情に精通したはずの阿部正巳が一九三一年「鳥海山史」で同主旨を記述した。さらに銅器識文の十二神将との関連で戦前薬師を調査したと言う姉崎岩蔵は「蓮台の下など注意していると暦応の年号が認められた」ので、住持に聞いて得た「暦応三年に作られたもの」との証言を一九七〇年の著作に記した。当時の松葉寺住職（住持）の認識が暦応年銘（ただし三年ではない）を薬師と伝えたとすれば注目に価する。姉崎岩蔵が伝える「蓮台の下など」と斎藤美澄が伝える「体躯ノ内面」とは本来同じ筈だが、この表現では異なるのも不可解でならない。

その後一九七四年両像が町文化財に指定され、このとき実見調査が実施されたに違いないが、この調査結果は筆者は不見である。ただし『遊佐町の文化財』二〇〇六によれば、薬師は永正三年、阿弥陀は暦応元年である。一九七八年町・県共同による両像の実見調査が実施され、これに基づく記述が、『山形県史』資料編一九七九では薬師が「胎内左肩より下方へ墨書」により永正三年、阿弥陀が「胎内背部下方墨書」により暦応元年と、これまでの年銘と真逆を記載した。にも関わらず、この真逆の記述に関して何の説明もない。この対応は『県史』『資料編』の視点からすれば、全く腑に落ちない。あるいは両像の真逆の年銘に気付かなかったかとさえ疑う。この点を確認するべく『県史』本文中の記述は如何と繰り返し探索中だが、容易に見いだせない。他方、地元の松本良一（旧蕨岡修験系譜）は町指定文化財の調査結果が出ていたにも関わらず、一九七七年資料では暦応元年銘を薬師とし、その後一九八四年の自著『鳥海山信仰史』では阿弥陀へ変更した。この変更の説明がないので、変更が意識的であったか否かは分からない。二〇〇六年遊佐町から刊行された『遊佐町の文化財』では暦応元年銘は阿弥陀なので、これは右共同調査結果によったに違いない。

ところが、共同調査の成果は山形県の主要な歴史研究者でさえ共有されなかったらしい。表中の一九八六年および一九九〇年の川副武胤の労作、同じく一九九一年の月光善弘の労作では薬師が従来どおり暦応元年銘（阿弥陀が永正三年銘）である。川副氏の経歴は山形大学講師・助教授・教授であるし、月光氏は山形県寒河江市生れ、当時は山形女子短期大学教授で修験・民俗に関して著作多数である。両人とも地元事情に精通したはずだが、前述『県史』の記載では誤認も無理なしと見るか、それとも眼光紙背に撤することの難しさや歴史研究の閉鎖性を思うべきか思案に暮れる。また二〇〇六年東北歴史博物館で開催された特別展の資料『熊野信仰と東北』では、阿弥陀（品番１４５）が永正三年、薬師（同146）が歴応元年と取り違えて記述し、直後の解説では特段の説明なしに薬師が永正三年、阿弥陀が歴応元年と記していて甚だしく混同する（「展示解説」）。この混同に当該執筆者が気付かなかったのか、後年の研究でも同じ執筆者が阿弥陀に歴応元年と永正三年の異なる年銘を与えている（『史跡鳥海山』二〇一四、二一七頁）。この一件は思い込みの危険性と公共性の高い研究資料でも効果的な監修が施されないことを如実に伝える。

ちなみに大作『鳥海考』一九八八を著された須藤儀門は、慎重にも薬師と阿弥陀を敢えて区別せず、「一体に」として暦応元年を含む銘文を記し、「他の一体には」として永正三丙寅を含む銘文を記したが、惜しむらくは、解説では薬師仏が暦応元年、阿弥陀仏が永正三年の作とする（一五六〜一五七頁）。

こうした経過を経て、二〇一四年の再調査報告書では「胎内銘より」薬師が永正三年、阿弥陀が暦応元年とされたが、報告書中の胎内銘を撮影した写真と総括的な解説によれば、薬師は「左躰側部材胎内墨書」、阿弥陀は「背面部材胎内墨書」とある。また、その他の資料に記された記述（表a〜g）から、なお一抹の不安は残るが、両年銘は両像の部材そのものに墨書されたものと読める。換言すれば、取り違う怖れがある移動可能な木札に墨書されたものではない（前掲のとおり寛文十二年の両像塗直しでは木札）。そうであれば、最新の再調査の結果が両像年銘の結論となる。

この一件は『山形県史』一九七七の刊行以降、多数の研究者が両像の異なる造立年銘に接したはずだが、二〇一三年の私の発信を待たねばならなかったことを示す。恐ろしいことである。科学である、または科学であろうとする歴史研究においても、思わぬ錯誤や混乱が紙一重にあることを知らされる。

こうして私は自らのささやかな歴史研究であっても資料の利用には陥穽があり得ることに留意し、常に慎重でありたいと願う。併せて鳥海山信仰の研究に取り組む者として真実に向け些かでも貢献できたことを嬉しく思う。

二〇一四年度日本山岳修験学会の鳥海山学術大会（於由利本荘市）に参加し、第二目に研究発表した筆者は、第三日目の九月十五日、巡見B鳥海山修験コースで一行と共に松葉寺を訪ね、読経後特別公開された薬師如来座像、阿弥陀如来座像の両像を拝観できた。通常は一般公開されていないので、実に得がたい礼拝であった。かたがた二〇一四年の前掲再調査報告書によれば、両像は所々の腐朽で崩壊寸前にある。痛ましい限りである。先年来、私はささやかながら遊佐町の歴史文化事業にふるさと納税をしているが、この悲報に気付いて以来、修復のための基金設立を切望している。

(01) この調査は二〇一三年七月、山形県地域史研究協議会第三九回大会（於庄内町）における研究発表を経て、小論「鳥海山大物忌神と薬師・観音信仰」が同会『地域史研究』三九、二〇一四年二月に掲載された。
(02) 指定は昭和四九年（一九七四）十月一日。
(03) 当報告書に関わる著作権の関係で要略を記す。

研究二　大著『鳥海山修験―山麓の信仰と生活―』の刊行に寄せて

鳥海山史研究に取り組む初学の視点から、私は本書の出版を慶賀し、敬意をもって丹念に読み込み、多々学ぶところがあった。また氏の研究に学んできた私には、積年の研究の集大成として刊行された本書は貴重なものである。本書中でも所々に参考引用した。にも関わらず私には幾つかの理解しがたい箇所がある。そこで、それらの諸点を書評という形式で発表した注a。この書評に関しては著作の一部を取り上げたもので、著者に対して非礼だとする批判がある。これを私は重く受け止めなければならないが、それでも熟慮を重ね、真理を追求する研究上の問いであると思案し、必ずしも非礼に当たらないと考える注b。後日に刊行される書本に書評稿が収録される例は多くはないが、本書における理解しがたい箇所は奇しくも私の鳥海山史研究の主要な関心事と重なる。よって所要の加筆をした上で収録する。なお本書に関してはこの外四作の書評等が発表されているので、それらを紹介し合わせ追考する。

はじめに

敬和学園大学教授の神田より子氏が、二〇一八年（平成三十）三月付で右書本を岩田書院から刊行された。多年におよぶ著者の研究成果の集大成とも言うべき本書の刊行は、長い伝統ある鳥海山の歴史と文化に関する研究に最新の研究成果をもって新たに貴重な一書を付加するものである。大いに注目され慶祝されるに価する。本書は序章（鳥海山の修験、鳥海山の研究史）、五章（蕨岡、吹浦、小滝、矢島、滝沢の各修験各章）、終わりに、参考文献、あとがきの構成で、全三六四頁に及ぶ大作である（小論では目次は紙数の都合で略する旨を記し、収録でも踏襲する）。

あとがきと参考文献によれば、氏は遊佐町教育委員会の依頼で一九九五年『蕨岡延年』、一九九六年『吹浦田楽』の各報告書を作成、その後、国の科学研究費補助金をもって、一九九八年遊佐町蕨岡、二〇〇三年同吹浦、二〇〇七年にかほ市小滝の各修験集落の宗教民俗学的研究、および二〇一四年鳥海山を巡る国境文化の歴史民俗学的研究の成果報告書を作成、さらに二〇一四年『史跡鳥海山―国指定史跡鳥海山文化財調査報告書―』に「鳥海山の修験と文化」を執筆するなど、多年にわたって鳥海山に関する現地調査、文献調査などの研究に取り組まれ、これまで多数の関係報告書、論文を発表されてこられた。

本書の特長

本書の特長は、評者の所感によれば、「旧修験集落の人たちが伝えてきた資料を掘り起こし、それらを紐解くうちに、現在行われている儀礼や芸能、年中行事の一つ一つが、修験道の修行や宗教生活のそれぞれの部分に当てはまっていることが見えてきた」（「終わりに」）という点に尽きる。そして、そのことが、「地域社会の人々の生活の指針となるような重要な目安となるものであったり、予兆となるものであったりしたことを、地元の人々も少しづつ認識するようになっていった」（右同）という。

要すれば、本書は従来研究が少なかった鳥海山麓における「儀礼や芸能、年中行事」に関して、多年におよぶ研究から得られた新たな知見や、地域社会への働きかけとなった研究の成果を伝える。本書の副題とされた「山麓の信仰と生活」とはそれ故のものであろう。これらから本書の真骨頂は儀礼や芸能、年中行事に関する研究成果であることが判る。他方、鳥海山麓の蕨岡、吹浦、小滝、矢島、滝沢の旧修験集落の歴史や修験集団に特有の一山組織、本末関係、修行と位階、霞と牛王宝印（ごおうほういん）の配札などに関しては、蓄積された先行研究ならびに氏独自の豊富な研究成果を体系的に取り込んでいる。これらによって本書は総合的な鳥海山研究書の面目躍如たる趣きがある。

評者の所感

このような書本の刊行では、通常は特長をあげて賞賛する例を見るが、ここではそれは似合わない。長年にわたって研究に精励された著者に対して初学にも近い評者がそのような言辞を弄することは失礼になる。先年、評者は幸いにも鳥海山信仰の重要文書である「鳥海山和讃縁起」一巻の発掘に恵まれ、以降も大物忌神と鳥海山信仰に関する研究（創祀、神宮寺、縁起、山頂祭祀、社殿造営、本地仏、勧進など）に取り組んでいるが、その視点からすれば、前述の特長にもかかわらず本書には幾つか理解しがたい箇所がある。ここでは主要な三点をあげて今後さらなる精読を期して、本書の刊行を寿（ことほ）ぎたいと思う。

第一　修験集落について

本書では題名が「鳥海山修験」にもかかわず、「鳥海山」（登拝口を含む）に関しては特に定義せず、先行研究を引いて、「鳥海山周辺には山形県遊佐町蕨岡・吹浦、秋田県にかほ市小滝・院内、由利本荘市滝沢・矢島の各登山口があり、近世期にはそれぞれ修験集落を形成していた」（六頁）として、前述のとおり蕨岡、吹浦、小滝、矢島、滝沢の各修験に関して各章を立て論述している[01]。しかしながら本書も引載しているが、天和三年（一六八三）庄内滞在の国目付に提出した調書「酒井家世記」によれば、「領分中山伏の数」は「鳥海山派山伏六十九人」とし、「うち三十二人蕨岡村松岳山、同二十五人吹浦村両所山、同八人新山村新光山、同四人下塔村剣龍山」と書かれてある（一三四頁）[02]。右のとおり院内に修験が存し、新光山と剣龍山に山伏が存したとすれば、にも関らず本書ではこれらを取り上げなかった理由が示されていない。ここで言う山伏と修験との異同は検討を要するが、仮にもこれらに論究があれば鳥海山周辺の修験集落の全体像が一層よく見えてきたに違いないが、敢えて取り上げなかったとすれば、その理由が示されなければならない。なお本書で取り上げられた「鳥海山麓の修験集団」に関しては以下のとおり定義されているが（三一頁）、ここでは取り上げられなかった修験集団が存する点に関する問いである。

こうした鳥海山の各地域に居住して、あるまとまりをもち、宗教活動を中心とした生活を営む集団と地域住民から期待され、そしてそのようにみなされ、近世期に教派修験道に所属していたり、修験道集団としての生活形態を維持している集団を、地域の名称を冠して、鳥海山麓の修験集団として論を進めてゆく。

第二　吹浦「修験」について

同じく本書では、書題が「鳥海山修験」にも関わらず、修験とは何かが定義されていない。修験または修験道に関しては諸説があるので、本書でいう修験の定義がなければ読者には分かりにくい。それ故に本書の重要な記述ではあるが、精確に読み込めない箇所がある。「両所山神宮寺が天台宗や真言宗と宗旨を変えても」「吹浦衆徒は近世前期には修験色の濃い集団だったと類推できる」（一三五頁）の箇所である。修験色が濃い薄いとは何を基準としたものか分からない。これより先、氏は類推の根拠として、①（前述「酒井家世記」から）酒井家では吹浦村両所山神宮寺所属の二五衆徒を鳥海山山伏と認識していた、②羽黒山では（鳥海山が）自分たちの霞下にあるとの認識があった（一三五頁）の二点をあげる。①に関しては確かに「酒井家世記」には「鳥海山派山伏」と書かれてあるが、それは庄内藩主酒井氏の見立てであって、研究上の修験と同義としてよいか検討を要する。②に関しては若干の説明を要する。

本書は、吹浦は「近世初期まで羽黒山と緩やかな関係を持つ羽黒派修験といえる存在であった」（一二五頁）、「中世期には羽黒山の修験組織に所属し」（一一二頁）と言う。根拠とする史料は慶長三年（一五九八）羽黒山別当の光明院清順から神職の一人であった「吹浦太夫との内」へ宛てた、羽黒山へ出仕しないのは如何とする書状であるが（一二八頁）、委細は省くとして、この書状を以てこれだけ断言できるかは検討を要する。なお、この書状に関して本書は「羽黒山の霞下にありながら出仕しないのは如何であるかとの、催促を受けている」と解説する（右同）。これに対して評者は書状中の「於羽黒山大峰ニ当山出仕の処相定処ニ」に忠実に、羽黒山の峰入りに出仕する定めであったが、「出仕有間敷由」は如何とする詰問であると、もっと細かく解釈する。よって吹浦が長く出仕しないにも関わらず（書状中に「昔より羽黒山へ出仕なき由」と有り）、羽黒山の霞の故にか相定まる大峰出仕の故にかはさて置き、吹浦と羽黒山との間には詰問状を出すほどの「緩やかな関係」があったのであろう。そこで②に戻すと、この「緩やかな関係」をもって、本書は吹浦が「近世前期には修験色の濃い集団だったと類推」するが、これが果たして妥当な類推なのかと自問する[03]。ちなみに、この詰問によって吹浦が以降羽黒山の強い影響下に組み込まれたということはない。逆に宝永年中（一七〇四〜一一）吹浦は羽黒山の影響から完全に離脱し、江戸筑波山護持院下の新義真言宗に転じた（一二九頁）。さらに、「近世以降、吹浦神宮寺衆徒は、鳥海山を中心とした修行体系や山頂の権現堂の建立に関わった形跡が見られない」とも言う（一三二頁）[04]。

これらの整合的な理解の困難は吹浦の二五坊が神宮寺衆徒であることは間違いないとしても[05]、そもそも修験であるのか、あるとすれば如何なる意味に於いてかと深く関係する。この点は評者がかねて関心を寄せる処であるが、残念ながら本書では論究されていない。そこで評者の所感であるが、定義にもよるが、修験の根幹をなす要素は「山岳修行」「験力」「加持祈祷」と愚考する[06]。これによって近世以降の吹浦の神宮寺衆徒を点検すると、山岳修行を厳修したとも、それによって験力を得たとも言えない。にも関わらず加持祈祷や牛王宝印の配札が可能であったのは、ひとえに官寺の伝統を継ぐ神宮寺の衆徒たるの名跡をもって、もっぱら鳥海山大権現の神威仏威を奉じた故ではなかったかと按ずる[07]。評者は神宮寺衆徒の修験性を否定するものではないが、いかなる内実を以て吹浦修験と称するのかを自問する。ちなみに、この問いは、これまでの修験道研究に対して「地方霊山の一山組織を無前提に修験道と見なすような動向であるとして一貫して批判してきた」と伝わる今日的な研究課題を検証するものである[08]。また吹浦修験の理解を深める上で欠かせない視点でもある。

第三　羽黒山信仰との関係について

鳥海山修験の研究では羽黒山を軸とする出羽三山信仰との関係が重要なテーマの一つである。本書では政次浩氏の所説から[09]、「羽黒山の本地仏が那智の千手観音ではなく（略）聖観音なのは、比叡山延暦寺横川根本中堂の本尊像と一致する」「根本中堂は（略）慈覚大師円仁が創建した堂宇」「円仁とゆかりの深い出羽の地で平安末期から熊野信仰と、その変容ともいえる出羽三山信仰が混在」「出羽三山信仰は熊野信仰に基づき、出羽国で平安時代末期（一二世紀）頃までに創出され、出羽国の歴史的・地理的環境に適応させたもの」などを引用している（一三〜一四頁、句点は当引用で調整）。この政次説は二〇〇六年東北歴史博物館で開催された「熊野信仰と東北展」の解説資料で打ち出されたもので、東北の熊野信仰に関する包括的で、かつ斬新な所説として注目された。東北歴博の権威性によったかは思慮外のことだが、ともかく特段の検証や留保を経ずに諸書に引用された。本書でも右のとおりである。

しかしながら政次氏の所説以後、さらに刮目すべき論文が二〇一一年長坂一郎氏によって発表された[10]。それによれば、「羽黒山信仰は天台宗が比叡山から白山、羽黒山と日本海沿岸を北上して教線を伸張してきた上に内陸から熊野の影響を受けた関東の修験が重なったもの」「平安時代からの京を基盤とする伝統的な信仰勢力と関東の新たな信仰勢力がぶつかりあった場所、それがまさに羽黒山であった」（一七七頁）とし、羽黒山の中尊聖観像および左脇侍妙見菩薩像は十三世紀前半の鎌倉時代前期と推定した上、右脇侍軍荼利明王像その他の諸具を含めると、（現存諸仏の）「羽黒三所権現本地仏としての成立の確実な時期は現状では鎌倉時代後期と考えられる」（一六二頁）とする。

この両説は明らかに相違しそれぞれ魅力があるが、当否の判断は修験および修験道に精通しない評者にはとても無理である。しかしながら長坂氏の所説が発表されているにも関わらず、二〇一四年に刊行された前述『史跡鳥海山』に寄稿した著者論文で、またそれらを集成した本書でも一切ふれず、もっぱら政次氏の所説を引用することが適切なのかと自問する。

政次氏所説の問題点

さらに政次氏の所説は次の点が問題となる。本書の主旨からすれば、鳥海山に関する政次氏所説中の次の箇所が重要なはずだが、本書では引用されていない。すなわち「御正躰（注、鏡像）が優勢な東北地方における熊野ゆかりの信仰拠点にあって、御正躰がほとんど見受けられない例外地がある。鳥海山と男鹿半島の二ケ所である」「鳥海山は（略）山麓にこれだけの社寺を擁しながら、また神像や本地仏像は残りながら、御正躰だけが見受けられない」（注09コラム10、五二頁）。

右に付き評者が検証したところ、意外にも結果は次のとおりであった。すなわち所在しないとされた御正躰が矢島に四躰、滝沢に一躰伝来する。したがって右の叙述に続く、政次氏の鳥海山に関する所見である「早くから国家宗教の拠点と位置付けられたこの山の歴史的環境が、御正躰を受け入れた他の信仰拠点と異なっていたのではないだろうか」(右同頁)という命題はこのままでは成立しない[11]。

矢島の元弘寺一躰(十一面観音)、同八幡寺二躰(各薬師)、同観喜院一躰(不明)、滝沢の森子大物忌神社一躰(薬師)(出所、前述『史跡鳥海山』)

以上、浅学をも顧みず評者が今後さらに学習を要する三点をあげた。しかしながら前述のとおり本書は鳥海山麓に所在する旧修験五集落(蕨岡、吹浦、小滝、矢島、滝沢)の、集落ごとの歴史と文化に関する著者多年におよぶ調査研究の成果が集成されている。今後永く鳥海山史研究の基本書として尊重され、閲覧されることは自ずと明らかである。あらためて刊行に敬意を表したい。

(追考)その他四作の書評紹介について

A　書評と紹介　鈴木昴太「神田より子著『鳥海山修験—山麓の信仰と生活—』」『山岳修験』第63号、二〇一九・三

B　書籍紹介　神田竜浩「神田より子著『鳥海山修験』」『民俗芸能研究』第66号、二〇一九・三

C　書評　関口健「神田より子著『鳥海山修験―略―』」『日本民俗学』298、二〇一九・五

D　書評と紹介　中山郁「神田より子著『鳥海山修験』」『宗教研究』395、二〇一九・九

本書に関して当研究（書評）以外に右の四作が発表されている。参考までに発表順に紹介し、私見を挟むと次のとおり。当研究が相対的に理解されると思う。

Aは長文におよぶ書評と紹介であるが、近世における各個の修験集団の変容によって儀礼の形態が変化していったとする歴史観は著者の新たな卓見であると同時に、論議を呼ぶ点であろうと指摘し、一に鳥海山の修験集団が近世に属した藩の宗教制度の中でどのように位置付けられるか、二に吹浦の事例からなぜ修験以外の社人、巫女が芸能に必要とされたのかと問い、著者が採用した「一山の歴史を個別の集団に注目して描く方法は」「今後の修験霊山や山岳聖地の研究において求められる方法であろう」と評価する。これに関して私見を挟めば、一は伝来する限られた史料を考慮しない理想論でなければよいし、二の後段は私が承知する鳥海山史の研究では、研究の分量は兎も角として方法論に限れば、ずっと以前から行なわれていて今更のことではない。

つぎにBは書籍紹介と題するとおり、冒頭部で鳥海山信仰と山麓の修験集団に関して長々と記述するが、これが著者の所説なのか、評者の見解なのか判別に迷うところがある。また紹介が芸能に絞られたことは掲載誌の性格から止むを得ないとしても、全体的に文字どおり紹介に終始して特段の批判と評価が見られない。「本書の成果に基づく続編として」「鳥海山の芸能編を著者がまとめられること

を切望する」とする結びは些か安易ではないかと思う。

つぎにCは氏の「山岳信仰と芸能をテーマとして、東北地方でのフィールドワークを進める中で、山麓に番楽や獅子舞、延年など修験と関わる芸能が豊かに残される鳥海山に着目」を起点とする研究が、「結果として、同山の信仰を集約的に俯瞰した一冊」になったとして、また多年の研究が鳥海山の史跡保全や鳥海山・飛島ジオパーク認定の学術的な礎ともなったとして高く評価する。これには私も深く得心する。他方、その上で氏が取り上げた鳥海山麓の修験集団に関する定義を次のとおり引載し、「それぞれの登拝口の存在に眼を向けた時」少なくとも、「鳥海山信仰をめぐる学術的用語としての将来性を感じさせる」と賞揚するが、そういうものかと私は自問する外ない。

(前略)近世期に教派修験道に所属していたり、修験道集団としての生活形態を維持している集団を、地域の名称を冠して、鳥海山麓の修験集団として論を進めていく。(全文は第一で前掲)

つぎにDは最初部で「本書は、今後鳥海山信仰を研究しようとする者が、必ず読まなければならない基幹図書となるものである」と言い切っているが、これに私は納得する。各章が各修験集団の概要、本末関係、一山の年中行事、(略)神仏分離以後の祭祀などと大体共通し、この章立て自体が鳥海山をめぐる修験集団の特異性を示していると指摘する。ところで、この特異性だが、専門研究者の全体感として傾聴するとしても、かつて私が取り組んだ南部早池峰修験(同じく登拝集落が複数所在)の研究例から推せば、必ずしも特異なものではない[12]。他方、「神仏分離以後の歴史や祭祀の変容を検討する重要性を示すものと高く評価すべき」とし、さらに「地域の人々や自治体に寄り添い、その価値を働き掛けてゆくという著者の研究姿勢は、今後の民俗宗教研究者の在り方を示す、ひとつの例となりうる」とする指摘は、私は民俗宗教研究者ではないが、それなりに理解する。

以上のとおり四作を通観すれば、各専門の視点から紹介と書評を行なったことが了解され、うち『宗教研究』に掲載されたDは本書の刊行と研究の意義をより掘り下げたものであることに気付く。他方、Dは近年の修験道研究では「近世修験の多様な活動の再検討が進められ」ているとして、「本書も、こうした修験像の再構築という現在の研究動向の流れの中で位置付けて考えてゆく必要があろう」と指摘するが、これが本書の成果なのか課題なのか、今後の研究者の心構えなのか、必ずしも明確に読み込めないような韜晦（とうかい）な表現である。書評であれば批判を必須とするわけではないが、それにしても四作にはめぼしい疑問や疑義、批判が見られない。近年の書評はそういうものだと決め付けるわけではないが、本研究二は私が自らの鳥海山史研究にとって超えなければならない課題として、本書と真摯に向き合った上で、なお理解に迷う三点の指摘であったことだけは記しておきたいと思う。

注

（注a）『北方風土』78、二〇一九。

（注b）書評において目次の掲載は必須とは思えないが、本書評では以下に収録のとおり、冒頭で本書の構成を概述し、「目次は紙数の都合で略」と記し、さらに本書の特長をかなり詳しく紹介した。したがって本書のどこが重要であるかを評者なりに提示した上で、関心事の三点について論じたもので、必ずしも闇雲に一部を取り上げたものではないし、記述の表現も十分に慎重であると考える。

(01) 院内修験に関する解説が『遊佐町史資料』第一号、一九七七、五六頁、また院内修験資料目録が前掲『史跡鳥海山』二八四頁にある。

(02) 延宝九年（一六八一）庄内寺社領略記によれば、剣龍山は学頭、別当坊外衆徒五人である。この他、検討にたる資料がないわけではない。

(03) 吹浦に限定したことではないが、「それまでの鳥海山麓の修験集落は、羽黒山との緩やかな関係を保ち、修行方式や年中行事にはその強い影響が見られた」（一六頁）という記述から推せば、本書は「緩やかな関係」と「強い影響」が両立する見方のようである。そうであれば、評者は修行方式や年中行事を精読し、なぜ両立するのかをさらに自問する必要がある。

(04) 同主旨の記述が氏の先行研究である、『鳥海山吹浦修験の宗教民俗学的研究』二〇〇三に、「近世期の記録で見る限り、吹浦衆徒が鳥海山への入部修行をしたという様子をうかがう記録は見あたらない。これは今後の課題として残しておく事としたい」とある（三〇頁）。これは地元に密着した専門の研究者にして、近世期の吹浦衆徒の入部修行記録を見出せなかったことを伝える。

ちなみに氏の研究によれば、近世前には「一山の重要行事であった旧四月八日の薬師如来のための勤行に引き続き、中の申の日から入峯修行が行なわれていたらしい」と推定される（右同二八頁）。その典拠は「同月中申の日衆徒学頭へ集会、山王へ法楽を捧ぐ、一山の事跡を見るに両所山楽（ママ）頭衆徒も古来は天台修験にて鳥海山に入峯」（「両所宮年中行義」『出羽国大社考』巻二、神田より子『吹浦田楽』一九九六所収）であるが、見てのとおり、それだけ近世前および近世期の吹浦衆徒の入峯修行は明らかでないということであろう。

(05) 衆徒「しゅと」は堂衆とも呼ばれ、本来は平安時代以後に大寺院に居住して学問・修行の他に寺内の運営実務を担った僧侶身分の者とされるが、当神宮寺衆徒の主務は吹浦の年中行事への出仕の外、御鉾獅子の廻村、牛王宝印の配札など（本書一四八頁）、ならびに吹浦両所山に宛てられた御神領（佛供田畠）の耕作が妻帯世襲二五坊の経済的基盤だった。このほか鳥海山上への先達があったが（同一三一頁）、山頂祭祀に関らなかったので経済的な享受は少なかった。

(06) 鈴木正崇『山岳信仰』中公新書、二〇一五。修験（道）の定義は容易でないことを承知の上で、ここでは行論上、その中核的な要素をあげた。

(07)「官寺の伝統を継ぐ神宮寺の衆徒たるの名跡をもって」に関しては、これに懐疑的な見解があるが、ここでは委細は省くとしても、評者は注05「両所宮年中行義」などによって、相応の挙証が可能であると考える。

(08) 由谷裕哉氏によれば、長谷川賢二「修験道史のみかた・考え方」『歴史科学』１２３、などという（注06『山岳信仰』に対する書評、『三田社会学』21）。

(09) 東北歴史博物館内、熊野信仰と東北展実行委員会『熊野信仰と東北―名宝でたどる祈りの歴史―』二〇〇六。

(10) 長坂一郎「羽黒権現本地仏成立考―北辺における本地仏設定の一様相―」竹田和夫編『古代・中世の境界意識と文化交流』勉誠出版、二〇一一。

(11) 小論「鳥海山大物忌神と薬師・観音信仰」『山形県地域史研究』39、二〇一四。この点に関して「矢島も森子も御正躰の年代が記されていない」「所在の確認だけでは論拠にならない」という批判がある。厳密に思案すればその通りだが、鳥海山麓の矢島と森子（滝沢）にいつの頃からか御正躰が祀られ伝来した事実に変わりはない。よって政次氏の所説は「このままでは成立しない」とする私見は揺るがないと考える。

(12) 小論「早池峰神社棟札文面一件の事」『早池峰文化』第一二号、岩手県大迫町教育委員会、二〇〇〇。同「早池峰神社棟札に名を遺した田中彦右衛門系譜の物語」同第一四号、二〇〇二。同「慶長十七年早池峰神社棟札中の「快遍」再考」同第一五号、二〇〇三。

研究三　初期鳥海山史研究に引用された史料 ―錯綜する引用史料の比定―

一　はじめに

鳥海山とその同体である大物忌神（同神社）に関する研究が始まった年代は、研究とは何かにもよるが、今日に伝わる最初の研究的な文献は元禄一六年（一七〇三）芹田貞運著『出羽国大物忌神社記』である[01]。庄内藩酒井氏の藩医であった芹田の記述によれば、同神社記一巻は、「連年神社の荒廃を慨き風俗の敗墜を惻す」著者が大物忌神社の社職の為に「国史所載の正文と古記を抜粋す」によって、記されたものである。鳥海山史の研究のために書かれたものではない。しかし大物忌神と同神社に関する国史（いわゆる『六国史』）上の記述を系統的に引用し解説している点を考えると、結果として鳥海山史研究の序幕を飾るとしてよい。ここでは国史以外では主として「社家旧記」が引用されているが、その正体が明らかでない。

つぎに鳥海山史研究の成果として今日に伝わるのが、大物忌神社社家の進藤重記が「漂白の身なれば定まれる居所もなく名乗るべき名もなし」（『風土略記』自序）という状況で、粒々辛苦して著作した、宝暦三年（一七五三）の『出羽国大社考』[02]ならびに同十二年（一七六二）の『出羽国風土略記』[03]である。この両書は周知のとおり大物忌神社の祭祀、管理差配に関して社家の立場からの主張を意図したものである。

ここでは古記旧記縁起類が駆使され、叙述も詳細であるが、所々に引用された古記旧記縁起類の名称が個別具体的でないので、その正体が錯綜していて、相互の異同が明らかでない。さらに慶応二年（一八六六）庄内藩士の安倍親任が完稿させた『筆濃余理』[04]でも引用史料の表記は同工異曲であった。以降の研究はこれらの著作に負うところが少なくないが、こうした引用史料の同定比定がこれまで行なわれて来なかったことが研究の支障となってきた[05]。

その後、大正十二年（一九二三）大物忌神社宮司だった斎藤美澄が健筆を揮った『飽海郡誌』[06]を経て、昭和六年（一九三一）阿部正己「鳥海山史」[07]をもって近代鳥海山史研究の確立に至ったと目される。これら如上の著作の内、『飽海郡誌』までを初期鳥海山史研究とすれば、今後の研究上の便宜のためにも、そこでの引用史料に詮索を加えておく必要がある。本研究三では当面必要な芹田、進藤、安倍が引用した史料の同定比定の作業にトライする。鳥海山史研究上の初の試みである。

二　引用された史料ならびに出典

初期鳥海山史研究に引用された古記旧記縁起類などの史料ならびに推定される出典等は次のとおりである。

凡例　・「　」内はその左行小文（引用文）の資料上の出典をさす。

・（　）内は小文を記載する資料名と当該箇所をさす。
・↓印は小文から推定される出典をさす。推定不可は不定とする。
・引用文の句読点等は適宜調整する。
・小著とは拙著『鳥海山縁起の世界』をさす。

1　芹田貞運『出羽国大物忌神社記』（元禄一六年、一七〇三）

「社家旧記」↓　不定

景行天皇の御宇大物忌大神当国に現わると云々（小著69p、195p）
欽明天皇二十五年大物忌大神羽州飽海郡山上に鎮座す　（右同）
用明天皇御宇大物忌大神を出羽国一宮に定め云々　（右同）
平城天皇大同丙戌大物忌大神を吹浦村に奉遷す　（右同）
大同元年大物忌大神を吹浦村に奉遷す云々　（右同）

「土人曰く、また伝承、相伝、伝云」↓　不定

ただし「土人」とは吹浦周辺の在来住人（他国からの移住者でない）をさすか、今では差別用語になりかねない。「伝承、相伝、伝云」は伝聞をいう。（小著70・71p、196・197p）

昔時鳥海山大物忌神社山路険難、攀登甚だ艱たり、故に釈慈覚之を愁い、大物忌大神を其の山

下の吹浦村に奉遷し、人を易く参詣せしむ（曰く）
本社傍に一社有り、小物忌神或いは月山神、未だ孰れか知らず（伝承）
此山崩れ飛びて、彼の島と成る。故に名づけて飛島と曰う也（相伝）
山上神祠の南一里ばかりに神池有り、方二町ばかり、陽旱に涸れず陰霖に溢れず、俗称鳥海と
　曰う、因って此山を鳥海山と名づく也（伝云）
「一書云う、一に曰く」→後考
　（小著70p、196p）
寛治年中八幡太郎義家東国征伐之時（略）大物忌大神に祷勝し霊応有りて賊を討つ、帰陣の日
　侍臣須藤某を残留させ大物忌大神に奉仕せしむ（一書）
西北に稲倉嶽有り。御倉山と伝え云う（一に）
（小括）初期研究の冒頭を飾る芹田の引用史料の出所は今では殆ど判らない。

2―a　**進藤重記**『**出羽国大社考**』（宝暦三年、一七五三）
　―b　右同『**出羽国風土略記**』（宝暦十二年、一七六二）
「社家旧記」→大物忌神社記
景行天皇御宇、大物忌神当国に現われ給うと云々（a巻之三、42p）
（大物忌神）大同元年吹浦村に遷座とあり（a巻之三、47p）
大同元年大物忌神社を吹浦村に遷し奉ると云々（b六ノ二一）

「社中旧記」↓不定

二月霜月初申祭とあり（a巻之一、23p）

「社記」↓大物忌神社記引用の一書

寛治年中八幡太郎義家東国征伐の御時（略）（a巻之三、50p）

霊応ありて賊を討給ふ（a巻之三、52p）

「大物忌神社古記」↓大物忌大明神縁起08

吾朝御影現時、乗大鳥両翼、従雲路飛来、左翅有二卵、右翅有一卵、産両所大菩薩、右産丸子

元祖（略）云々（b六ノ二三）

「両所宮旧記」↓不定

杉尾社を以て第一の王子とす、又衆徒例時の作法に諸神の宝号を唱ふ（a巻之一、40p）

(古書付、旧記古記)

「古書付」↓不定

亀ケ崎の城代志村光惟の家老齋藤築後守へ吹浦村の百姓、村役人の私曲を訴う、古き書付吹浦

宿町に有り（a巻之一、12p）

「吹浦村寺家旧記」↓不定

鳥海山に三道有り、以て両所宮と為す、本三道は吹浦杉沢由利也（b六ノ一四）

「吹浦村古記」↓鳥海山記并序09

大物忌神社を一宮と称する事見えたり（b六ノ二三）

「吹浦村古記」　↓　大物忌神大明神縁起

両所大明神の吾朝御影現時、乗大鳥両翼、後雲路飛来と云（b六ノ二五）

「古記」　↓　不定

本号は梵宮山光勝寺、院号は教観坊、号は学頭坊と称す（b六ノ四四）

露光吐風以降神通首来人倫連生爰両所大菩薩（b六ノ二八）

（縁起）

「大物忌神社縁起」　↓　鳥海山記并序

天地の生気は風也、生気の相続するは穀也（a巻之一、21p）

「両所山縁起」　↓　大物忌大明神縁起

神功皇后三韓征罰の時両所大明神、水―波―躰火―波―躰の両の雷電を召具し、敵船に向て軽身の神忠を抽ず（a巻之三、10p）

両雷電は古来は本社の御正躰の左右に座しに、元禄年中故ありて御坂の左脇に遷し奉る（a巻之三、11p）

慈覚大師貞観六年（略）十ケ条の銘を記し給ふ（a巻之三、15p）

六十四代円融院の御宇当社の威効遍く天下に満り（a巻之三、70p）

「社僧縁起」　↓　大物忌大明神縁起

景行天皇の治天下の比、両所大明神当国に来現すとあり（a巻之三、42p）

「縁起」　↓　大物忌神社記

景行天皇御宇大物忌神社当国へ来現、其後欽明天皇二十五年此山に御鎮座、平城天皇御宇吹浦村に移居（b六ノ一四）

景行天皇御宇大物忌神社当国に現わると云々（b六ノ三二）

「吹浦村縁起」　↓　大物忌神社記

鳥海山上より大物忌大神を移奉るは平城天皇大同丙戌年也（b六ノ二〇）

「古き縁起」　↓　大物忌大明神縁起

大日本国大物忌神大明神縁起と有、是又神号の上に山号を書せざるの証拠なり、又両所大明神共有（b六ノ四八）

「宝永元年蕨岡学頭奥雲と云僧書く、此山の紀に」　↓　鳥海山記并序

望有鳥海状円満周囲数百　頃（略）（b六ノ二四）

（小括）神祇の明白化と社家の回復を企図した新藤は大物忌神社の古典神典とも言うべき「大物忌神社記」を所々に引用したことが判る。他方、神仏習合色の濃い「鳥海山記并序」「大物忌神大明神縁起」も利用できる箇所は断片的に引用した形跡が推知される。

3　安倍親任『筆濃余理』（慶応二年、一八六六）

（社家旧記類）

「社家旧記」　↓　大物忌神社記

景行天皇の御宇大物忌大神当国に現わると云々（小著６９ｐ、１９５ｐ）

「吹浦社伝」↓　大物忌神社記
　祭神ハ倉稲魂命と云（161p）
「吹浦社記」↓　大物忌神社記
　景行天皇御宇（略）、欽明天皇御宇（略）、用明天皇御宇（略）、平城天皇大同丙戌年、大物忌
　神社ヲ吹浦ニ奉遷（210p）
「吹浦社家旧記」↓　大物忌神社記（ただし十二神将の件は不定）
　景行ノ御宇（略）、欽明ノ廿五年（略）、用明ノ御宇（略）、平城ノ御宇大同元年、吹浦ニ移座
　シメテ月山神社ト並祭シ、山上ノ跡ニ薬師十二神将ヲ安置ス云々（163p）

（寺家旧記他）

「吹浦寺家旧記」↓　不定
　鳥海山ニ三道有、以て両所宮と為す、三道ハ吹浦杉沢由利也ト云々（164p）
「当山記」↓　不定
　弘仁貞観ノ頃焼出シヨリ八百ヨ年ヲ経テ元文中再ビ焼出（164p）
「上寺古記」↓　鳥海山記并序
　景行ノ朝、大物忌神、此国ニ顕玉と云々（165p）

（縁起）

「当社縁起」↓　大物忌神社記
　景行ノ朝（略）、欽明天皇廿五年（略）、平城ノ朝吹浦ニ移座云々（162p）

「吹浦縁起」　↓　大物忌大明神縁起カ
　鳥海山ニ此神（私注、月山神）出現ノ由（206p）
「社僧縁起」　↓　大物忌大明神縁起
　景行天皇治天下ノ頃、両所大明神当国ニ来現（210p）

（その他）

「一書」　↓　不定
　両所山神体ハ、聖武朝吉備公立願有テ奉納、月山ノ神体ハ銀鏡唐金、鳥海ノ尊体ハ金鏡唐金也
　（162p）

（小括）本研究で初めて気付いたのだが、一書が伝える「両所山の神体は吉備公が立願有りて奉納」「月山ノ神体ハ銀鏡唐金」「鳥海ノ尊体ハ金鏡唐金」は伝承にしても関心をよぶ。吉備公とは、天平七年（七三五）滞唐中の吉備大臣（きびのおとど）が月山大菩薩の神威を示現した説話が「扶桑略記」の引用で「大物忌大明神縁起」にある。

三　むすび

初期鳥海山史研究で活躍した芹田・進藤・安倍の三者が今に遺した四著書で引用した諸史料に関して、確定または推定され得る出典は如上のとおりである。かなりの引用史料の出典が明らかになったが、今となっては不明も少なくない。明らかになった出典は吹浦由来の「大物忌神社記」「大物忌大

明神縁起」、蕨岡由来の「鳥海山記并序」の三縁起である（私注、芹田著は内題「大物忌神社記」、外題「大物忌小物忌縁起」が示すとおり、「大物忌神社記」は実質的に縁起である）。縁起は他の文書史料に較べて利用に便宜という特性もあるだろうが、それにしても縁起の引用が多用された。近代歴史学では縁起の利用は特に史料批判を要するが、如上の初期鳥海山史研究では史料批判が行なわれた風にも見えないのは時代的な制約なのであろう。

しかしながら本研究において少なくとも幾つかの引用史料の出典が明らかにされたことは今後の鳥海山史研究に少なからず役立つと信じたい。この出典の確定作業には小著『鳥海山縁起の世界』が大いに役立った。鳥海山麓の諸縁起を網羅的に収録し解説した小著がなければ、史料の比定は困難を極めたであろう。今後の課題はさらなる史料の比定であるが、前掲「引用された史料」から二事例を再掲する。事例1は「一書」と「社記」はほぼ同文で、「社記」は『大物忌神社記』中の「一書」を引いたものと推察されるが、そもそも芹田のいう「一書」が不詳である。事例2は全く同文だが、今のところ出典は不詳である。これらはさらに丁寧に関係資史料を読み込めば、必ずや出典も見えてくるに違いない。

事例1：ほぼ同文

「一書」／芹田『大物忌神社記』↓ 不定

寛治年中八幡太郎義家東国征伐之時（略）大物忌大神に祷勝し霊応有りて賊を討つ、帰陣の日侍臣須藤某を残留させ大物忌大神に奉仕せしむ（小著70p）

「社記」／進藤『大社考』↓ 大物忌神社記引用の一書

寛治年中八幡太郎義家東国征伐の御時（略）（巻之三、50p）
霊応ありて賊を討給ふ（巻之三、52p）

事例2：同文

「吹浦村寺家旧記」／進藤『略記』↓不定

鳥海山に三道有り、以て両所宮と為す、本三道は吹浦杉沢由利也（六ノ一四）

「吹浦寺家旧記」／安倍『筆濃余理』↓不定

鳥海山ニ三道有り、以て両所宮と為す、本三道ハ吹浦杉沢由利也（164p）

注

(01) 同『神社記』は「縁起序」「神社記序」と併せ外題『大物忌小物忌縁起全』（稿本一冊）に収録されている（米沢市立米沢図書館所蔵）。『大物忌小物忌縁起全』の翻刻ならびに『神社記』読み下しは小著『鳥海山縁起の世界』無明舎出版、二〇一一（以下、小著という）に掲載されている。

(02) 原文は所在不明。読み下し稿本（巻之一、巻之三、大物忌月山両所宮神主家系譜）が酒田市立酒田図書館所蔵。頁は稿本による。

(03) 歴史図書社、一九七四年。初刊は一九二八年（「緒言」）。

(04) 自筆稿本は鶴岡市郷土資料館所蔵。大物忌神（神社）に関する主な記述は『筆濃余理』に収録された「三郡雑記上」（『筆濃余理』下巻、鶴岡市史資料篇、庄内史料集3、一九七八）にある。

(05) 記された古記旧記縁起類の名称では容易に史料を特定できない（二「引用された史料」参照）。

ちなみに用語の「史料」であるが、今では歴史学が文献はもとより考古、民俗、その他関係領域の総合科学である以上、ひとり文献上の資料に止まらず、もっと多義であっていいと筆者は考える。実例は小論「実証史学において一文書一史実の意義を問う」(『北方風土』57、二〇〇九年一月)。

(06)『飽海郡誌』巻之十、飽海郡役所、一九二三。宮司在任一八九三〜一九一二。

(07)『史蹟名勝天然紀念物調査報告』第五輯、山形県、一九三一、所収。

(08)正式名は「大日本国大物忌大明神縁起」(同題二通あり)。一通は漢文体、一通は平仮名混じり。「大日本国」とは大日如来の座す本国の意か。鳥海山大物忌神社(吹浦口ノ宮)所蔵。ただし先年より所在不明。筆者、繰り返し探索中。委細は小著『鳥海山縁起の世界』ならびに七章特別注(一七三頁)参照。

(09)正式名は「大日本出羽国飽海郡荘内鳥海山記并序」。「大日本出羽国」は注08と同義か。宝永六年(一七〇九)龍頭寺園春興(雲草)著。委細は小著。

研究四　天保十一年由緒御改

解題　この文書は天保十一年（一八四〇）十二月蕨岡修験の学頭龍頭寺と有力坊である大泉坊、清水坊、閼伽井坊、北之坊の連名で寺社奉行所に差し出した書上である注a。蕨岡修験の由緒を経年的に、かつ年中行事を簡潔に記していて、当時の蕨岡修験の由緒と年中行事をよく伝える。ところが不思議にも鳥海山研究の資料に活用されていない。そこで、ここでは酒田市立図書館蔵本をもって翻刻し収録する。なお同題文書が蕨岡口ノ宮文庫目録に二通所在する注b。

凡例　①ニの半字は全字とする、②本文の（　）は翻刻者の補充である、③平出、欠字は再現しない、④漢語訓みの送り字は原則略する。

由緒御改ニ付申上候

出羽国一宮鳥海山
勅宣正一位大物忌神社山上御本社　一宇　一山持
山上長床　二ケ所　同断
伏拝観音堂　一宇　同断

箸王子長床　一ケ所　同断
鳥海山中堂一王子観音堂　一宇　同断
鐘楼堂　一宇　同断
長床　壱ケ所　同断
宝蔵　一宇　同断
一切経蔵　一宇　同断
二王門　一宇　同断
峯中堂　一宇　同断
大師堂　一宇　龍頭寺
行者堂　一宇　閼伽井坊
子安地蔵堂　一宇　住泉坊
千手観音金比羅相殿　一宇　勝蔵坊
白山堂　一宇　般若坊
不動堂　一宇　南之坊
稲荷堂　一宇　大泉坊
新山堂　一宇　福生坊
虚空蔵堂　一宇　安養坊
釈迦堂　一宇　清水坊

西之坊
北之坊

薬師堂　一宇　松尾坊
阿弥陀堂　一宇　福泉坊
山王堂　一宇　清水坊
神明宮　一宇　同坊
天神宮　一宇　同坊
愛宕堂　一宇　明光坊
二王子能(熊)野堂　一宇　一山持

右出羽国一宮鳥海山
勅宣正一位大物忌神社は祭神稲倉魂命、五穀衣服の守護神ニて、神代より山上ニ御鎮座、白鳳年中役行者開基、其後大同二年奥院・赤瀧山・御沢、弘法大師開基と申伝え候
一慶長十七(一六一二)年最上少将出羽守殿より御黒印ヲ以て、鳥海山へ神領御寄附下置かれ候、尤も境内の儀は前々の通り御免地仰付られ、右高八拾九石五斗弐升弐合、社領地所は蕨岡杉沢村・新田目村ニ御座候
一元和四午(一六一八)年鳥海山上御本社并に長床共、最上出羽守殿より御造営下置かれ、唐金ニて御紋三基御奉納下置かれ、今に所持仕り候
一元和八戌(一六二二)年成覚院御入国遊ばさせられ候砌、御黒印地并に境の内共御免地仰付られ候趣、(書下

し置き候様）申上げ候処、其侭下置かれ候、其後元和九亥年同御代、右御黒印地、御竿御改の節、
左の通り見出し有之候得共、是又其侭下置かれ候

高九拾九石壱斗三升

前高合百八拾八石六斗五升弐合

（注）成覚院／酒井忠勝、庄内藩初代、在任一六二二～四七。

一 一山境内の儀ハ従前の御免地御座候ニ付、元和八戌年成覚院様御入国以後、右の段申上げ候処其後御免地ニ仰付られ候、其後元文十年蝋漆役等迄御免地仰付られ候

一 承応三（一六五四）午年山上御本社、大乗院様御代御造営成し下し置かれ、唐金ニて御紋所二基、御本社へ御据え置かれ候

（注）大乗院／酒井忠当、庄内藩二代、在任一六四七～六〇。

一 鳥海山上御本社へ衆徒十六人堂番相勤め、表口より参詣道者初穂等取納め、鳥海山支配仕り来り申し候、権現堂二十一ケ年目毎ニ御造営の儀、御領主様へ願い奉り、御初穂銀献備を仰付られ御座候、御遷宮の節は日限り、御領主様へ御伺い申上げ、御聞済みの上、裏口矢島学頭衆徒并に小瀧龍山寺へ告知させ、三方出会の上御遷宮法式執行仕り候、其節御入佛尊師は蕨岡学頭相勤め申し候、尤も学頭病気指合い有之、登山仕り兼ね候節は衆徒の内指立て候者、相勤来り申し候

一 寛永元（一六二四）子年麓一王子観音堂棟札、大旦那酒井宮内大輔忠勝公、小旦那高刀但馬守一重と有之候

一 天和二（一六八二）戌年山上御本社御造営下置れ候

一 衆徒三拾弐坊先祖の儀、役行者開基以来年久しく罷成り不詳（つまびらかならず）に候得共、往古より鳥海山流は無

本寺を号して罷有り候処、寛文年中醍醐三宝院御門主様御名代品川品川寺御廻行の砌、御門主様御直末山ニ仰付られ、其後貞享元年御役僧菩薩院廻行の節鳥海山衆徒往古より順峯修行明鏡の旨、御書頂戴仕り、一流引導仰付られ候

一　貞享三（一六八六）寅年学頭龍頭寺儀、開基以来真言の法流、三宝院御門跡御直末寺、当山修験両兼帯の御書頂戴仕り候

一　同年鳥海山別当表口衆徒順峯修行明鏡の旨、御門主様より御書頂戴仕り候

一　元禄十二（一六九九）卯年山上御本社御造営の砌、御金六拾両下置れ、外ニ御金三両御寄附下置れ候

一　元禄十四（一七〇一）巳年鳥海山上御本社棟札、郡付候ニ付き、裏口矢島衆徒と出入ニ及び、同十五年より十六年の間鳥海山郡諍論出入の節、江戸表へ一山学頭役僧衆徒罷登り、追々拝借願奉り、都合三百拾三両拝借仰付られ、境出入御威光を以て一山利運罷成り申し候

一　元禄十六（一七〇三）未年学頭龍頭寺并に役僧両人登城仰付られ、黒御書院に於て御目見仰付られ、御意成下され、其上御盃下置かれ、御手より御肴頂戴仕り、御盃返盃仕り候、役僧両人は白御書院に於て御縁側御通り、御目見仰付られ候

一　宝永二（一七〇五）酉年泥洹院様御代、三代実録・延喜式神社便覧御寄進下し置かれ候

（注）泥洹院／酒井忠真、庄内藩四代、在任一六八二〜一七三一。

一　宝永五（一七〇八）年高八石壱斗四升七合、早津新田村入作・上寺観音燈明田、御郡役引仰付られ、御代官所より御指紙下置かれ、其後文政八酉年御書替御渡し下置かれ候

一　同年一山御神領高、御郡役引仰付られ、同様御指紙下置かれ、其後文政八酉年御書替御渡し下置

かれ候

一　宝永六巳年（一七〇八）醍醐三宝院御門主様より御直末山、当山修験宗鳥海山表口別当、順峯修行たる可き旨、学頭龍頭寺并に衆徒三拾弐坊双方へ猶又改めて御書頂戴仕り候

一　当山衆徒大先達、峰中修行相勤め候得ば、往古より磨葉金色衣着用仕来り候

一　享保四亥年（一七一九）山上御本社御造営の節、惣御家中并に両城下相対観化（ママ）を願奉り、御郡中勧化御取立米五百表下置かれ、御領地方ニても右同様金五両御立替ニて御渡し御座候、外ニ御金三両御寄進下置かれ候、其節殿様・若殿様・御前様・御子様方へ御守札献上仕り候

一　元文元辰年（一七三六）出羽一宮鳥海山大権現大物忌神社正一位、口宣位記勅許を蒙り候節、学頭龍頭寺并に役僧安養院・清水坊参内仰付られ、醍醐御里坊御殿に於て御料理頂戴仕り候

一　同年仙洞御所御局様より蜀和銭・大手鑑拝領仕り候

（注）蜀和銭／中国古貨と和銭カ不定。

一　元文二巳年（一七三七）正月四日御職事、柳原頭弁様より菊桐緋紋白御幕壱帳拝借仕り候

一　同年宝鏡寺宮様御染筆御額、御所より頂戴仕り候

一　同年三宝院御門跡様より菊桐葉紋白御幕壱帳・御神衣拝領仕り候、御紋壱山ニて永く相用い候様仰付られ候

一　同年口宣位記勅額、京都より当山へ下向の節、学頭龍頭寺并に役僧安養坊・清水坊、登城仰付られ、学頭は黒御書院に於て御目見仰付られ、御意成下され候、其上御盃下置かれ、御手より御肴頂戴仕り、御盃返盃仕り候、役僧両人は白御書院に於て御縁側御通り御目見仰付られ、其節殿

様・若殿様・御前様・若君様・姫君様へ御守札献上仕り候処、御銘々様より御初穂下置かれ候

一同年御神階ニ付諸入用相増し、御遷宮ニ付願奉り、両御城下御領地共相対勧化を仰付られ、八組郷中勧化御取立米八百表下置かれ候、外ニ御金弐両壱歩御寄附下置かれ候

一同年当山方役所、江戸鳳凰寺より御神鏡一面御奉納下され候

一境内東ハ山子草刈山沢切、南ハ荒瀬郷福山村地境峯切、西は下蕨岡村上道切、一山門前下大通切、北は杉沢村分御林境通より鳥海山参詣道の末沢切、鹿野沢村地境下蕨岡村分御林境ニ御座候、委細は別紙絵図面指上げ申し候

一一山学頭役僧の儀は鳥海山御境目御領ニ付、御紋付御燈灯御免成下され、是迄相用い来り候

一学頭役僧御用ニ付御城下へ往来の砌、賃銭払御伝馬御免仰付られ候

一衆徒三拾弐坊往古より庄内二郡御料御水、領（内）村々師旦の周縁ヲ以て、春夏秋の三季毎年三度宛つ旦廻り配札仕来り候

一当山獅子頭、往古より毎年春、中川川北（カカ）惣氏子へ廻村仕来り申し候

一御目見寺の者指立て候節は、是迄両寺供立て仕来り申し候

一元文元年御神階願奉り候砌、江戸表に於て度々願奉り、御金拝借仰付られ候

一鳥海山の儀他領御境ニ御座候ニ付、道者参詣之有り候節は、宿坊より切手指出し、箸王子に於て参詣を相改め、致させ来り申し候

一一山三拾弐坊得度・初入峰より閼伽米先達相勤め、四度ニて大先達輪番相勤め、醍醐御殿より永御免許に依って、一山ニて官位昇進仕り、其節御届け申上げ、坊役相続仕り候、夫れより年老次

第、一和尚・二和尚・三和尚と唱え、神事上席仕り候、都て衆徒官位次第ニ順席仕来り候得共、大泉坊儀ハ御目見寺格仰付られ、住泉坊儀は御目見寺格仰付られ、格別の御取扱い仰付られ、順席の儀御尋ねニ付、是迄寺格の者も打込め罷有り候段申上げ候処、寺格の者打込めニては如何ニ候間、席順取極め申上げ候様仰達せられ、一山一同相談の上、正月七日・三月神事中・八月廿八日・十二月十七日・同晦日の儀は一山法式御座候ニ付、寺格の寺へ会釈致し、古来仕来る通り列座仕り、上より仰付られ候御祈祷并に月次御祈祷は左の絵図面の通り、向後取極め申度き旨申上げ、取極め置き申し候

一　由利郡小瀧龍山寺并に衆徒、往古より当山に於て入峰修行仕り、官位補任、当山時の大先達より免許致し候

一　一山の儀、前々より諸郡役御免仰付られ候

一　貞享五辰年（一六八八）一王子観音堂造替の砌、荒瀬郷青沢御林より樫三十六本極め候、同鹿野沢村御林より松木弐拾本下置れ候

一　延享元子年（一七四四）山上御本社御造営の節、惣御家中御給人并に両御城下相対勧化仰付られ、御郡中勧化御取立米五百表下置れ、御領地へも金五両御取立て御立替え御渡し下され、外ニ銀三枚御寄附下置れ、遷宮の節御初尾銀壱枚御献備成下され候、御守札前々通り献上仕り候

一　宝暦十二午年（一七六二）五月、二夜三日御武運長久五穀豊饒の御祈祷仰付られ、結願の砌、御代拝として御代官所御登山御座候、其節大般若転読・護摩修行仕り、御守札御門札扇子昆布右弐通宛つ献上仕り候、尤も毎年御供物料として御米拾表ツヽ下置れ候

一　明和二酉年（一七六五）山上御本社御造営の節、前同様勧化仰付られ、御寄附金下置れ、御遷宮の砌、前同様献備成下され候、御守札前同様ニ献上仕り候

一　天明四辰年（一七八四）山上御本社御造営の節、前同様勧化仰付られ、御寄附金下置れ、御遷宮の砌、前同様御献備成下され候、御守札前々之通り献上仕り候

一　寛政四子年（一七九二）一王子観音堂、本間四郎三郎殿志願ニ付、造替の節、両御城下并に惣御郡中御領地共、相対勧化願奉り仰付られ候

一　寛政九巳年（一七九七）殿様御上京仰せ蒙らさせられ候節、一七日御祈祷仰付られ、御代拝の御方御登山御座候、御初穂御献備成下され御祈祷等下置れ候、其節御守札御門札献上仕り候

一　享和元酉年（一八〇一）山上煙気の砌、御本社御造立願奉り候所、御米弐百表拝借仰付られ、其後上納方難渋

ニ付、御歎き申上げ候処、切々仰付られ下され候
一　同年山上煙気の節、先年御居え置かるゝ唐金御紋弐基焼失仕り候ニ付、願奉り候所、新規ニ仰付られ、同三亥年前々の通り御居え置れ候
一　文化八未年（一八一一）御本社御造営の節、惣御家中御給人両御城下相対勧化仰付られ、御郡中勧化御取立米五百表下置れ、御領地方ニても右同様、金五両御立替え御渡し下され、外ニ前々の通り銀三枚御寄附下置れ、遷宮の砌、御初尾銀壱枚御献備下し置れ候、其節御守札献上前々の通り仕り候
一　文政五午年（一八二二）殿様御上京仰せ蒙らさせられ候節、前同様御祈祷仰付られ、御代拝の御方御登山御座候て、御初穂金御献備・御祈祷前同様、其節御守札献上、同様ニ御座候、御先代様御葬式の節、御納経献上仕り、学頭役僧并に前の役僧相勤め候、衆徒外ニ衆徒名代として組頭役の者諷経仰付られ、銘々へ御布施頂戴仕り候
一　文政六未年（一八二三）一王子観音堂造替の砌願奉り、上（殿様）より銀三枚御寄附下置かれ、惣御家中より銀七枚下され、御給人は壱辺通が相対勧化、両城下并に御郡中が壱ケ年壱度三ケ年相対勧化仰付られ、御預り地ニても前同様金五両下され候、外ニ御米五百表永年賦ニ仰付られ候
一　天保二卯年（一八三一）山上御本社御造営の節願奉り、惣御家中より銀拾枚、御給人は組々ニて勧金御取立て下され候、両御城下相対勧化、御預り地より金五両、前同様御郡中勧化御取立米五百表下置れ、外ニ前々の通り銀三枚御寄附下置れ、御遷宮の砌、御初穂銀壱枚御献備成下され候、其節御守札前々の通り献上仕り候
一　天保三辰年（一八三二）御本社棟札認方（したためかた）、遷宮導師并に本庄道者の取扱ニ付、矢島学頭衆徒と出入の節、御

金弐百七拾弐両拝借仰付られ、其後難渋ニ付御歎き申上げ候処、永年賦上納ニ仰付られ候

一　昌光院様より御守本尊の唐金不動尊一体御奉納下置れ候

一　天保五午年（一八三四）三月御国安全五穀豊熟の一七日御祈祷仰付られ、御代拝として御組頭中御登山、御祈祷料銀三枚・御初尾銀弐枚、御献備下置かれ候、御飯料諸代共御渡ニ相成り候、其節御札は八組并に御領地へ指遣され申し候

一　同年四月疫癘退散の一七日御祈祷仰付られ、御供米御献備下置かれ、即加持仕り指上申し候、御初尾銀弐枚下置かれ候

一　同年九月御国安全五穀完熟ニ相成り、御礼として御代拝御組頭中御登山成下され、御祈祷料并に御初尾三月の通り御献備下置かれ候

一　天保六未年（一八三五）二月大坂御買入米無事着船入津、五穀豊熟の寸志御祈祷一七日修行仕り、御守札献上仕り候所、御言葉の御犒（ねぎらい）下置かれ候

一　天保八酉年（一八三七）御本社御造営の節願奉り、惣御家中より銀拾枚下され、御給人は組々ニて勧化御取立て下され、両御城下相対勧化仰付られ、御預（リ）地より金五両、前同様御郡中勧化御取立米五百表下置れ、外ニ前々の通り銀三枚御寄附下置れ、（御）遷宮の節、御初穂銀壱枚御献備成下され候、其節御守札前々の通り献上仕り候一御本社御遷宮、毎度矢嶋方ニて矢嶋様御紋付御幕・御纏等持参仕り候得共、一山に於は御紋付御幕御座無く、御造営の御宮ニ御幕御座無く候ニ付、矢嶋方は勿論他国見聞も如何ニ付、御紋付御幕御寄附成下され度き旨願奉り候所、永拝借仰付られ候

一　天保八酉年（一八三七）七月殿様御上京仰せ蒙らさせられ候節、一七日御祈祷仰付られ、御代拝御登山成下さ

れ、御初尾御祈祷料前々の通り下置かれ、御守札御門札前同様献上仕り候

一　天保六未年（一八三五）御本社雪損ニ相成り候ニ付、領内御本社御造立并に石垣竃立願奉り候処、御米弐百表、内百表は一山役立の上上納仰付られ、御金六拾両拝借仰付られ候

一　酒屋九蔵儀、山上御神酒・神事の神酒酒造仕り候ニ付、神酒酒屋ニ仰付られ、既ニ天保六巳年御郡中酒造止ニ相成り候得共、願奉り、神酒并に道者賄料酒造米九拾表造り仰付られ候

一　一山諸職人の儀、山上御本社御造営の後年々修復并に献上御札等御座候ニ付、前々より半役御免仰付られ候

一　旱ばづ霖雨等の不順気の砌、臨時御祈（祷）仰付られ、修行仕り御守札献上仕り候所、前々の通り御初尾下置かれ候

一　毎月八日薬師様御祈祷修行仕り候

一　毎月朔日十五日廿八日月次御祈祷修行仕り候

一　毎年正月元旦より七種迄御武運長久の御祈祷修行仕来り申し候処、其後改て御祈祷仰付られ、御供物料として御米拾表宛つ下置かれ候処、追々御減少ニて、当時六表弐斗四升弐下置かれ候、其節御守札御門札御樽扇子昆布献上、外ニ年始御祝儀として右同様献上仕り候、尤も御役家廻り勤仕来り申し候

一　同月七種〆・追儺修正・牛王加持御祈祷、八日より年至（始）開きと申し、御郡中村々へ旦那廻り仕り候

一　三月三日・十日・十三日より十九日迄、一宮大物忌神社大神事峯中法式修行仕来り申し候

一同十八日暁御神体大幣打立て、天下泰平国家安全五穀成就御祈祷修行仕り候、当日大先達入峰修行仕り候

一同月廿五日大宿先達・度衆・新客等附揃い入峰

一四月八日峯中に於て大物忌神社秘密祭礼の柴燈大護摩修行仕り候

一同月十八日廿日共々一日入峰の者、二王子熊野堂・黒川村不動堂・瀧沢虚空蔵堂、籾種子薬師堂へ掛宿参詣仕り候

一五月朔日出峰、柴燈大護摩修行仕り候

一同十二日鳥海山上へ一山衆徒一同登山仕り、虫除けの御祈祷仕り、夫より虫除けの札郷中村々へ配札仕り候

一毎年六月朔日湊繁栄五穀成就の御祈祷、二夜三日修行仕り候ニ付、郷銭方より金壱両宛つ備られ候

一毎年六月朔日湊繁栄五穀成就御祈祷二夜三日修行仕り候ニ付、郷銭方より金一両備させられ候

一毎年同月三日より二夜三日石辻組中、五穀成就御祈祷修行仕り候ニ付、御初尾として金三歩并に御神酒弐樽宛つ備られ候

一同月八日より鳥海山上へ衆徒十六人堂番ニ罷登り、八月八日迄勤番仕来り申し候一七月九日・十七日一王子権現秋祭大般若経転読仕り候

一八月朔日風祭大般若経転読仕り候

一同八日大物忌神社秋祭御祈祷仕り候

一同月廿八日大先達輪番の者、謂□修験懺法御祈祷、大先達当日より翌年五月朔日、三百日行法相勤め申し候

一九月節句、大般若経転読仕り候

一十二月一日より七日迄御武運長久の御祈祷修行仕り、同十一日御歳番として御守札・御樽一荷・扇子・昆布献上仕り候、尤も御役家廻り勤仕り候

一同月十七日大物忌神社御神供御祈祷修行仕り候

一大晦日節分会大般若経転読仕り候

右の通り一山由緒書上申し候処相違御座無く候、以上

天保十一年　鳥海山

子十二月　龍頭寺

大泉坊

清水坊

閼伽井坊

北之坊

寺社御奉行所

(注a) 当文書の付題は次のとおり。「由緒御改ニ付書上帳」、右側「天保十一年」、左側「子十二月日」。

(注b) 『史跡鳥海山』二一八頁。なお宛先は荘内藩の寺社奉行所と推定される。

研究五　国史上の大物忌神

大物忌神は律令政府が編成した六国史の内、第五の国史『続日本後紀』の承和五年（八三八）紀に初出し、第六の国史『日本三代実録』の仁和元年（八八五）紀をもって終る。この間凡そ五十年、大物忌神の神名は『続日本後紀』（紀年八三三〜八五〇年）に三回、『三代実録』（同八五八〜八八七年）に十回、計十三回の記載がある。従来、私はその記載を伝える月日条に注目し、『続日本後紀』承和七年（八四〇）紀七月廿六日条に記された「大物忌神」「大物忌大神」を一回の記載としたが、本書では神名に着目し二回と勘定し、これによって全記載数は従来の十二回から十三回に改める。なお右同月日条に三回の記載がある「大神」は「大物忌大神」を指すが、勘定には含めない。

これまで多くの研究は止むを得ないことではあるが、論述に必要な国史上の記事をその都度所々に引用するので、全体像が見えにくい難点がある。本書もその難点を免れない。そこで本研究では『国史』上の大物忌神を記載する記事（○印、記載順①〜⑬）ならびに関連する記事（＊印）を小題の下に経年的に抄出し、若干の重複を怖れず所要の解説（ａｂｃ印）をほどこす[01]。

昇叙、史料上に初出

①出羽国の従五位上勲五等大物忌神に正五位下を授け奉る。余は故の如し。（『続日本後紀』承和五

年（八三八）五月十一日）

昇叙神封を賜う、皇朝に物恠、南海に神威及ぶ

②出羽国飽海郡の正五位下勲五等大物忌神に従四位下を授け奉る。余は故の如し。兼て神封二戸を宛つ。（『続日本後紀』承和七年（八四〇）七月廿六日）

③詔して曰く。天皇が詔旨に坐す、大物忌大神に申し賜はく。このごろ皇朝に物恠有るに縁りて卜い詢るに、大神祟りを為し賜へり。しかのみならず遣唐使の第二船の人等廻り来りて申さく、去年八月に南の賊境に漂流いて相戦いし時、彼は衆く我は寡くて力甚だ敵はざるなり。儵にして敵に克てるは、神助有るに似たりと申す。今此の事に依りて憶い量るに、去年出羽国より言上したる、大神の雲の裏に於いて、十日の間戦の声を作す後に、石の兵零れりと申せりし月日、彼の南の海の戦の間と、正しく是れに符契せり。大神の威稜を遠く被ふらしめたる事を、且つは驚異し奉り、且つは歓喜び奉る。故に以て従四位の爵を授け奉り、両戸の封を充て奉らくと申し賜くと申す。（『続日本後紀』右同年月日条）

a、初出から二年後、二級上の従四位下に昇位し、神封二戸が宛てられ、仁明天皇の宣命まで下された。こうした破格の待遇は皇朝に有った物恠が大神（大物忌神をさす）の祟りによるとトわれた上、遣唐使船一船の帰還に神助したためだという意外の理由が付されてある。

b、神封二戸／しんぷ。神領として封戸（ふこ）二戸が大物忌神に寄せられたことをさす。一戸は通

常二、三世帯を含む平均二十余人の大家族という。封戸が負担すべき税はすべて神社に奉納されたほか社殿の改修清掃など神社にかかわる労役にも従事した。ちなみに大同元年（八〇六）の諸国神封は四千八百七十六戸、うち陸奥国五神（鹿嶋神、伊波刀和気神、白河神、苅田神、伊具波夜別神）、出羽国一神（月山神）宛て各二戸、東北は計十二戸である。なお一戸は家族の数と老幼によって異なるが、大体二町五反位が平均かという（『遊佐町史資料編』一六頁）。

c、詔、詔旨に坐す／このような宣命（天皇のことばを宣布する文書）が辺要の神に下されることは少ない。

d、皇朝に物恠／「恠」は怪の俗字で、不思議なこと、怪異をさす。当時の物恠は次例のとおり災危と深く関係する。大物忌神の祟りとする明言は注目される。

＊僧六十口を紫宸殿と常寧殿に延きて、大般若経を転読せしむ。禁中に物恠有りて也。（『続日本後紀』承和六年秋七月五日）

＊物の恠内裏に見わる。柏原山陵（私注、桓武天皇墓）の祟りと為す。（『続日本後紀』承和七年六月五日）

e、大神／出羽国言上に一度、詔に二度見え、国庁と中央政府で破格の大神と称したことが分かる。この頃大神と称されたのは『続日本後紀』と一つ前の『日本後紀』によれば天照・伊勢（伊勢）、安房（安房）、鹿嶋（常陸）、春日（大和）、賀茂（山城）、気多（能登）、気比（越前）、住吉（摂津）、多度（伊勢）、八幡（豊前）、松尾（山城）の十一社で、東北では初である。

f、去年出羽国より言上／『続日本後紀』承和六年（八三九）十月十七日

＊出羽国言く。去る八月二十九日、管する田川の郡司の解に稱く。此の郡の西浜は府に達するの程五十余里。本自ら石無し。而して今月三日より霖雨止む無し。雷電声を闘すこと、十余日を経て、乃ち晴天を見る。時に海畔に向かえば、自然の隕石、其数少なからず。或いは鏃に似、或いは鋒に似る。或いは白く或いは黒く、或いは青く或いは赤し。凡そ厥の状体は、鋭くして皆西を向き、茎は則ち東に向く。故老に詢るに、未だ曾て見ざる所なり。国司商量するに、此の浜は沙地にして、径寸の石、古より有ること無し。仍て上言すてへり。（略）。勅して曰く。陸奥出羽并に太宰府等、若し機変有らば、宜しきに随いて行い、且は以て上言し、克く権変を制し、不虞を禦せしめよ。又禍を転じて福と為し、仏神是れを先とし、宜しく修法し幣を奉るべし。

なお田川郡は最上川の南、北は飽海郡であるが、海岸には両郡にまたがって大型の砂丘が延々三〇余キロに及び、その全域を最近まで西浜と呼んでいた（須藤儀門『鳥海考』四三頁）。

官社に預く、昇叙続く

④詔ありて、正四位上勲五等大物忌神を以て官社に預く。（『三代実録』貞観四年（八六二）十一月一日）

a、本条は大物忌神が律令国家の恒例祭祀の一つである祈年祭において国家から幣帛をうける神に栄進したことをさす。東北では延暦九年（七九〇）石神山精社、斉衡二年（八五五）永倉神（各陸奥国）に続く三例目、出羽国では最初である。ただし大物忌神という仰々しい神名でありながら、初出①から二十四年、それ以前からすれば凡そ三十年またはそれ以上の年数が官社でなかったことになる。なお正四位上は⑤貞観六年紀から考えて正四位下の誤記と見られ、そうであれば②従四位下から二階級の特進である。

⑤出羽国の正四位上勲六等月山神に従三位、正四位下勲五等大物忌神に正四位上を授く。（『三代実録』貞観六年（八六四）二月五日）

a、月山神／田川郡の月山（一九八四m）を神とし、同山に祀られた神である。国史上の初出である。このとき位階では月山神は大物忌神をはるかに上回る存在である。いかなる経過で正四位上に達していたのかは不明だが、和銅五年（七一二）出羽国建国と以降の北進開拓策との関係は疑いない。なお宝亀四年（七七二）十月符で封二戸の授封が上奏された。

b、勲／勲等では大物忌神が月山神に対し一等上位である。この点はもっと注目されてよい。岡田荘司編『神社神階制の研究』[02]の中で、陸奥国内神社の神階研究に付された注記（抄出）によれば、神の階位と勲位は必ずしも対応しない。

官人の位階と神のそれとの根本的な違いは官位相当制の有無にある。神の位階・勲位は「奉るもの」という意識が基本であり、それに対する序列性・栄誉性は制度的に整っているとは言い難い。征功に対する神階奉授の場合でも、位階と勲位が明確に区別されない。その結果、勲位がその意味を次第に無くしていった。

⑥出羽国の正四位上勲五等大物忌神に従三位を授く。（『三代実録』貞観六年（八六四）十一月五日）

a、従三位／年内二度目の急速な進階である。理由は明らかでないが、このとき大物忌神は月山神と同じ位階になったと目される。この時の同位は両所宮の成立時期を示唆する有力材料である。このとき月山神は勲六等なので勲位では大物忌神に遅れたことになる。

異変続く

⑦出羽国言く、飽海郡の月山と大物忌の両神の社の前に石鏃六枚雨りきと。（『三代実録』貞観十年（八六八）四月十五日）

a、両神の社の前／吹浦において月山神と大物忌神が西浜または西浜に近い処（山上は否定される）に並祭されていたことを示す。また社殿があったと読み取れる。ただし後代に見る両所宮の様式（大物忌神は東・左宇、月山神は西・右宇にて並殿、小丘の削平地に立地）であったかまでは不明。この段階の書き順は月山神がなお先置である。

大爆発、昇叙

⑧是より先、出羽国司言く。従三位勲五等大物忌神の社（やしろ）は飽海郡に在り。山上は巖石が壁立し、人跡到ること稀なり。夏も冬も雪を戴き、禿（は）げて草木無し。去る四月八日山上に火有り。土石を焼く。又声有りて雷の如し。山より出る所の河、泥水泛溢（はんいつ）して、其の色青黒し。臭気充満て、人聞（か）ぐに堪（た）へず。死魚多く浮き、擁塞（ようさい）して流れず。両（ふた）つの大きなる蛇（おろち）有り。長きこと各十丈ばかり、相連なりて流れ出ず。海の口に入るに、小さき蛇の随ふ者、其の数を知らず。河に縁（そ）へる苗稼（なへ）の、

流れ損ふもの多く、或は濁水に浮く。草木腐れ朽ちて生えず。古老に聞くに、未だ嘗て此の如きの異有らず。但し弘仁年中山中に火見る。其の後幾もあらずして、兵仗の事有りきと。之れを蓍亀に決するに、竝びて云く、彼の国の名神祷る所に未だ賽せずに因る。又、冢墓の骸骨其の山水を汚す。是れに由りて怒を発し山を焼き、此の災異を致す。若し鎮謝せずんば、兵役のこと有るべしと。是の日国宰に下知して、宿祷を賽し、旧骸を去らしむ。并びて鎮謝の法を行はしむ。

（『三代実録』貞観十三年（八七一）五月十六日。）

a、大物忌神の社は飽海郡に在り／この箇所の原文は「大物忌神社在飽海郡山上巖石壁立云々」である。これに付き『国史大系』本は「大物忌神社、飽海郡山上に在り、巖石壁立し」と読解し、社の山上説をとる。これに諸学者（新野直吉博士、他）および諸書（『秋田県史』『山形県史』、他）が同調するが、これには異説がある。山上説を強く否定する吉田東伍『大日本地名辞書』、須藤儀門『鳥海考』の系譜である。須藤は「大物忌神の社は飽海郡に在り、山上は巖石壁立して」と読むべきだと主張する。この紀の文脈とこれより三年前の並祭を踏まえると、このとき大物忌神の社が山頂にあったとは考えにくい。私は異説に与同する。

b、弘仁年中山中に火／弘仁年中（八一〇〜八二四）に鳥海山に噴火が見えたと伝える。同年中は蝦夷討伐の最終段階とされる嵯峨天皇の在位（八〇九〜八二三）に当たる（ただし平定されなかった）。兵仗の事とは後述する文室綿麻麿の弘仁二年の大征夷戦か、その後の出羽鎮撫北上戦をさすであろう。

c、是れに由りて／この一節をもって長い鳥海山史研究は一様に大物忌神は穢れ（ケガレ）を極端に嫌う神であるとし、それ故の噴火、夷乱の予兆、国境守護などと主張し、またそれ故に大物忌神であると強調してきた。しかしこれは後代の事象をなぞった所論で、創祀命名に関しては妥当しない。

⑨出羽国の従三位勲五等大物忌神に正三位を授く。(『三代実録』貞観十五年(八七三)四月五日。)

a、正三位/貞観六年、従三位で月山神に追い付き同位となった大物忌神であるが、この正三位の昇進では先行する。ちなみに三年後の貞観十八年(八七六)八月二日、従三位勲六等の月山神は正三位を授けられ、再び大物忌神と同位となる(『三代実録』)。

b、このような大物忌神の昇進先行の理由は貞観十三年紀の大噴火が宿祷を賽し、鎮謝の法を行ったなどによってひとまず沈静化し、つれて以降の平安を祈願したことによるとしてよい。ただし、この年は年初から天変地異などの異変があり、因幡・伯耆・出雲・石見・隠岐・太宰府など諸国に令して兵卒を戒厳して、不慮に備えしめ、四月同日美濃・出羽・肥後・和泉・飛騨・築前・信濃(三神)・薩摩・伯耆の十一神の昇級(級差あり)を行なった。(『三代実録』)

元慶の乱、昇叙増封

元慶二年(八七八)七月の大物忌神に対する封二戸の加増および翌年八月の二等級の昇勲は、出羽国最大の叛乱となった元慶の乱中に朝廷政府が急遽執った現地の神祇対策の目玉であった。このとき大物忌神と並祀される月山神や、大物忌神の対遇神とか末社と目される袁物忌神も厚遇を享けた。八月条の「去る五月」の戦況とは、この直後に俘囚代表が来て「秋田河以北を己が地と為さん」とただならぬ要求が出るほどの官軍大敗であった。

＊出羽国守藤原興世、飛駅して上奏す。夷俘反乱し、今月十五日秋田の城並に郡院の屋舎、城辺の民家を焼き損う。（『三代実録』元慶二年三月廿九日。抄出）

ただし乱の勃発は同年二月とも伝える（『藤原保則伝』続群書類従）。

＊出羽権守藤原保則、飛駅して奏言す。俘囚三人有り、来りて、賊は秋田河以北を己が地と為さんことを請うと言う。（『三代実録』元慶二年六月七日。抄出）

⑩正三位勲五等大物忌神と正三位勲六等月山神に竝びて封各二戸を益す。本と并せて各四戸たり。軍を発する毎に国司をして祈祷せしむ。故に此の加増有るなり。

（『三代実録』元慶二年（八七八）七月十日）

a、これまで書き順はずっと月山神の先置であったが、ここで初めて大物忌神の先置となる。国史の叙述はなかなかきめ細かい。

b、封各二戸を益す／このとき大物忌神と月山神はともに封二戸の加増に預かり、各四戸となった。これによって月山神は大同元年（八〇六）宛てられた封二戸と併せて封四戸となる。月山神の封四戸は吹浦に並祭された月山神に宛てられたと考えるが、田川郡月山の月山神に宛てられなかったのか、それとも各二戸だったのかはなどは明らかにし得ない。

＊詔して、大元帥法阿闍梨伝燈大法師位寵寿を出羽国に遣し、七僧を率いて降賊の法を修せしめ給いき。（『三代実録』元慶二年（八七八）六月廿八日）

この寵寿とは承和六年（八三九）八月遣唐使に同行し帰国を果たした（前述②）、入唐請益僧伝灯大法師位常暁が「大唐より奉請せる所の大元帥の画像を進上せしむ」（『続日本後紀』九月廿三日条）より知られる大元帥（明王）の法灯を、常暁から受け継いだ真言僧である。大元帥法とは逆賊調伏、鎮護国家の最秘法で当時唐では国禁とされた。

⑪（前略）是の日、彼の国の正三位勲五等大物忌神を勲三等に進め、正三位勲六等月山神に四等、従五位下勲九等袁物忌神に七等とす。是より先、右中弁兼権守藤原朝臣保則奏じて言く。此の三神は上古の時より征戦有るに方り、殊に奇験を漂す。去る五月、賊徒襲来して官軍に挑み戦う。此の時に当り、雲霧晦合して、対坐するも相見えず。営中擾乱して、官軍敗績す。之れを蓍亀に求むるに、神の気は賊に帰し、我の祈に感ずる無し。其の爵級を増さば、必ずや霊応有らむんと。国宰斎戒し、祈請慇懃にす。望み請らくは、位階を加え進め、将に神の望に答えんとす。仍りて此の等級を増す。（『三代実録』元慶二（八七八）年八月四日）

a、此の三神／ここで大物忌神、月山神、袁物忌神が上古から征戦において殊に奇験を顕す三神として突如登場する。袁物忌の「袁」はとおざかるの意があるが、日本ではもっぱら「ヲ」の音字として用されてきた。『延喜式』には小物忌神社と記されてあるが、この読み方はヲモノイミであってコモノイミではない。これから推せば大物忌神の「大」は大小の大を表記しないと考えられる。なお大物忌神と袁物忌神の関係は慎重な考察を要するが、対偶神（二つで一そろいの神）であるとか、別宮（本社、本宮などと称される中心となる神社と本末の関係にある神社）であるとの所説をみる。

b、袁物忌神は飽海郡平田町三之宮に現存する小物忌神社とする説がある。ただし酒田沖飛島の大宮神社（今は小物忌神社と改称）、観音寺の飛沢神社、下当の薬師堂（現在の上戸、剣竜神社）などの異説もあって定まらない（須藤儀門『鳥海考』七二頁）。いずれにしても三神は庄内平野の北進開拓と密接に関係する。

c、上古の時／現地に精通する名吏と謳われ、秋田夷乱鎮定のため出羽権守として赴任した藤原保則の言う「上古の時」「征戦」とはいつ、いかなる征夷戦をさすのか、定かでない。田牧久穂は和銅五年（七一二）の出羽建国に伴う対夷戦および以降の討伐と推定し、大物忌神の神格に異説をたてる主要な論拠とする。

d、神の気は賊に帰し／三神は対夷戦で朝廷軍に味方し奇験を漂しもするが、神の望に答えなければ賊に加勢もする。このように自在の存在だとする考えは注目されてよい。このような二面性は神の本来的な性格によるものか、それとも地元神であった鳥海山（当時の山名不明）が律令政府によって意図的に大物忌神とされた歴史を反映するものか第一章で考察した。なお、急登場する城輪神とは当時出羽国府が置かれていた城輪柵の守護神である。

e、此の等級を増す／ここで大物忌神と月山神が各一等、袁物忌神が二等進められた。同年七月紀にある大物忌神と月山神に対する封各二戸の加増と合わせ、朝廷政府は元慶の乱に対する現地の神祇対策としたに違いない。

＊出羽権守藤原保則、飛駅し奏言し曰く、（陸奥鎮守将軍小野朝臣）春風の言に随ひて、暫く征伐を停む。その後賊類亦来りて降を請い、官物を返進す（『三代実録』元慶三年三月二日、抄出）。

⑫出羽国の正三位勲四等月山神、正三位勲三等大物忌神に並て従二位を授く。従五位下勲七等袁物忌神、城輪神に並て従五位上をなり。（『三代実録』元慶四年（八八〇）二月二十七日。）

a、秋田夷乱の平定後、平時に復したころ平定に功のあった地元神に対する昇叙である。ここで城輪神が突如登場する。なお勲等は大物忌神が上位であるが再び月山神が先置される。理由は分からない。

b、城輪神／城輪柵の守護神。酒田市本楯宮形に鎮座（主祭神は倉稲魂命）。出羽国二宮。貞観七年（八六五）出羽国正六位上城輪神は従五位下を叙された（『三代実録』同年二月廿七日条）。『延喜式神名帳』に記載なし。

怪異やまず

乱平定以降も出羽国では不思議、異変が止まない。こうした出羽国の言上に対しては警戒を強めて防禦を固め、仏神に幣を奉れなどの勅が発せられ、警戒を緩める情況ではない。まず元慶八年九月条は秋田城中と神宮寺西浜に石鏃が雨ったと伝え、陰陽寮が兵乱の予兆と占い、神祇官は大物忌神等が敬されない故に此の怪を成したと言う。当時一府（城輪柵）二城（秋田城、雄勝城）制であった出羽国中枢での怪異である。それも大物忌神、月山神、由豆佐乃売神の有力地元三神が厚く祀られない故である。元慶の乱（八七八）の平定で当時小康を得ていた出羽国では乱再現の予兆と怖れられたに違いない。

＊出羽国司言く、今年六月廿六日秋田城に雷雨晦冥して石鏃廿三枚を雨ふらし、七月二日飽海郡の

海浜に石の鏃に似たるを雨ふらし其の鉾皆南に向いきと。陰陽寮占いて云く、彼の国の憂、兵賊疾疫に在るべしと。(『三代実録』元慶八年(八八四)九月廿九日)

＊出羽国に下知して警護を勤慎せしめき。雨鏃見れし恠は兵疫に凶を示せるを以てなり。(『三代実録』元慶八年(八八四)十月二日)

⑬去る六月廿一日、出羽国の秋田城の中、及び飽海郡神宮寺の西浜に石鏃雨ふる。陰陽寮言く、当に凶狄陰謀して兵乱の事有るべし。神祇官言く、彼の国飽海郡の大物忌神、月山神、田川郡の由豆佐乃売神、倶に此の怪を成す。祟りは不敬に在り。勅して国宰に恭しく諸神を祀らしめ、兼ねて警固を慎ましむ。(⑫『三代実録』仁和元年(八八五)十一月廿一日)

＊出羽国をして警固に慎ましむ。去る二月彼の国飽海郡諸神の社の辺に石鏃雨ふる。陰陽寮占いて云く、宜しく兵賊を警しむべしと。是れに由りて預め不虞を戒む。

(『三代実録』仁和二年(八八六)四月十七日)

a、仁和元年、同二年紀の「石鏃雨ふる」につき田牧久穂の解説は次のとおり。

この二つはそれぞれ今の八月の豪雨、六月の霖雨(梅雨)によって地表の土砂が流された結果、埋もれていた石器がまた露出したことなのであろう。貞観十年にもこうしたことがあったのは、先に見た通りであるが、こたびは月山・大物忌両神の従二位昇進を記念して、境内の再拡張が行なわれ、広範囲に削平がなされたためではないであろうか。また、秋田城の場合は、元慶の乱終息後、出羽権守藤原保則が、復して秋田城を立つ。凡そ厥塁楼塹、皆旧に倍する(『藤原保則伝』)ことをしたというから、高清水の岡も広範囲に渡る掘削が行われ、条件的に石器類があらわれやすかったものと思われる（同「大物忌神月山神の神名起源攷」一四頁）。

以上、国史の記載を要約すれば後掲付一第七表のとおりである。また階位で先行する月山神と、これに追随比肩する大物忌神の神封昇叙の状況は同第八表のとおりである。

［参考］その他の記録03

○大同元年（八〇六）新抄格勅符抄

大同元年牒　月山神　二戸　出羽国　同年同月符（宝亀四年十月）

○延長五年（九二七）『延喜式』

延喜式巻三　神祇三　臨時祭　名神祭

名神祭二百八十五座

大物忌神社一座　月山神社一座　巳上出羽国

延喜式巻十　神祇十　神名下　東山道出羽国

東山道神三百八十二座（大四十二座　小三百四十座）

出羽国九座（大二座　小七座）

飽海郡三座（大二座　小一座）

大物忌神社（名神大）　月山神社（名神大）　小物忌神社

延喜式巻二十六　主税上　諸国出挙正規公廨雑稲
　出羽国正税二十五万束、公廨四十四万束、月山・大物忌神祭料二千束、
　文殊会料二千束、神宮寺料一千束、五代尊常灯節会料五千三百束、
　四天王修法僧供養并法服料二千六百八十束、略

○天慶二年（九三九）『本朝世紀』巻三
四月十九日。（略）官符三通皆出羽国に給う。（略）一通、鎮守正二位勲三等大物忌明神山燃ゆ。

御占有り。恠の事とす。

○寛仁元年（一〇一七）『左経記』
十月二日。神宝支配事。東山道
近江国日吉、美乃不破、信乃須坂、上野貫前、下野二荒、陸奥塩竈、出羽大物忌

注

(01) 記事は『新訂増補国史体系』本、『神道体系神社編28、出羽国』一九九〇、解説は『遊佐町史資料』第一号、須藤儀門『鳥海考』などによる。
(02) 岡田荘司編『古代諸国神社神階制の研究』二〇〇二、二二九頁。
(03)『秋田県史』資料古代・中世編、右『神道体系神社編28、出羽国』。

研究六　新庄藩舛形村七所明神宛て寄進状
―大仙市神宮寺八幡神社旧別当家所蔵―

はじめに

秋田県大仙市神宮寺（以下「当地」という）の筆者家に標記舛形村七所明神宛て百二十石の寄進を伝える一通の文書が所在し（以下「本状」という）、父没後は筆者が管理する。後述する中奉書紙よりやや大きい和紙一枚である。慶安元年九月十七日の日付がある。慶安元年（一六四八）は徳川三代将軍家光の代で江戸時代の前期にあたる。朱印や黒印はないが、書式や内容から黒印状のたぐいである。

このような本状がなぜ当家に伝来するのか全く不思議である。本状と同文の文書は山形県域では見付かっていない。当地の八幡神社は出羽国九座の一つで、鎮座地が確定される最北の式内社である副川神社の系譜をつぎ、源頼朝の再建を伝える中世期年銘のある三棟札を所蔵するなど周辺地域では由緒ある神社である[01]。当家は右八幡神社の別当寺であったが、明治四年（一八七一）神仏分離によって廃寺となった真言宗神宮寺花蔵院（神宮密寺華蔵院とも）の系譜を継ぐ。当家には寛延四年（一七五一）に一村騒動の末それまでの真言宗京都仁和寺末から久保田藩主佐竹氏祈願所の真言宗松橋流宝鏡院へ本寺替されたときに授与された法脈継受の印信や系図など若干の文書が遺っているが、本状は他の文書との関係は一切見えず特異な存在である。

本状について、筆者は先年本状を所収した小著『花蔵院文書』を編んだとき[02]、また以降も関心を怠らず研究してきた[03]。それまでは鳥海山を挟んで、北の秋田の視点では、わずかに出羽山塊を隔てた最上新庄地方に皇位の継承に絡む七所明神の信仰が連綿してきたこと、またこれに関係する新庄藩升形村の七所明神宛て寄進状が秋田に遺ることは全く知られておらず、南の山形の視点では、右のような寄進状がよもや近隣する秋田仙北の神宮寺系譜に伝来するなど全く想像外のことであった。ところが研究が進むにつれ、委細は後述するが、本状が「出羽国総社別当兼務御黒印左之通り」と付言されたものである可能性が出てきた。出羽国総社とは確定的ではないが、一条八幡宮（酒田市八幡町、市条八幡とも）とされる。そこで、ここでは鳥海山史の関係研究として、七所明神の信仰を明らかにしつつ、本状を総合的に考察する。なお新庄七所明神に関しては同地方の歴史民俗研究の第一人者であられた大友義助氏に優れた先行研究があるが[04]、本状に限れば先行研究というほどのものはない。

一　寄進状

本状の写真を後掲する。書体は流麗で書き慣れた風である。罫線が引かれているかに見えるが折り状の痕である。本状の寸法は三八〇×五一〇㎜で、奉書紙のうち一般的な中奉書紙（三六四×五〇〇㎜）よりやや大き目である。釈文と読下しは次のとおりであ。慶安元年九月十七日、舛形村七所明神宛てに舛形村・金澤村・角沢村・新城十日町・同五日町を領所として、合せて百二十石を寄附したことを伝える。寄附者の記載はなく朱印黒印の形跡もない。

（釈文）

出羽国最上郡舛形村七所明神領、同所之内四拾石、金澤村之内五拾弐石、角沢村之内弐拾弐石八斗、新城十日町之内三斗余、同五日町之内四石八斗余、合百弐拾石事、任先規寄附之訖、全可収納并社中山林竹木諸役等免除、如有来永不可有相違者、守此旨、神事祭礼無怠慢可勤仕者也、仍如件、

慶安元年九月十七日

（読下し）

出羽国最上郡舛形村七所明神領、同所の内四拾石、金澤村の内五拾弐石、角沢村の内弐拾弐石八斗、新城十日町の内三斗余、同五日町の内四石八斗余、合せて百弐拾石の事先規に任せて寄附し訖（おわん）ぬ、全く収納し並びて社中の山林竹木、諸役等を免除すべし、有り来たりの如く永く相違有る可からざれば、此の旨を守り、神事祭礼怠慢無く勤仕（ごんじ）す可き者也、仍（よっ）て件（くだん）の如し、

慶安元年（一六四八）九月十七日

（語釈）

・七所明神／古来最上（新庄を含む）地方に伝わる明神信仰。七所明神とは皇位の継承を遠慮して最上地方に逃れたと伝承される応神天皇の第二皇子菟道雅郎子（うじのわきいらつこ）（大山守命ともいう）の七つに切った遺体を葬った新庄市　宮内町（頭）、同舛形（胴）、同鳥越（左手）、同角沢（右手）、同本

合海（男根）、鮭川村京塚（左足）、戸沢村松坂（右足）の七所に神社が祀られたことに因む（後掲「縁起」）。明神は霊験のある神又は神の尊称をいい、今でも身体各部の健康を願う参拝者が少なくない。

・舛形村、金澤村／『新庄領村鑑』によれば北本町郷に属す。今は新庄市域。舛形は升形の表記が一般的。

・角沢村／南本町郷に属す（『新庄領村鑑』）。今は新庄市域。

・新城十日町、五日町／新庄村から分立。本陣や問屋が配置され、有力商人が軒を並べた城下随一の繁華街であった。両町は後に南本町、北本町と改称された（『新庄市史』第二巻）。新庄市の中心部。

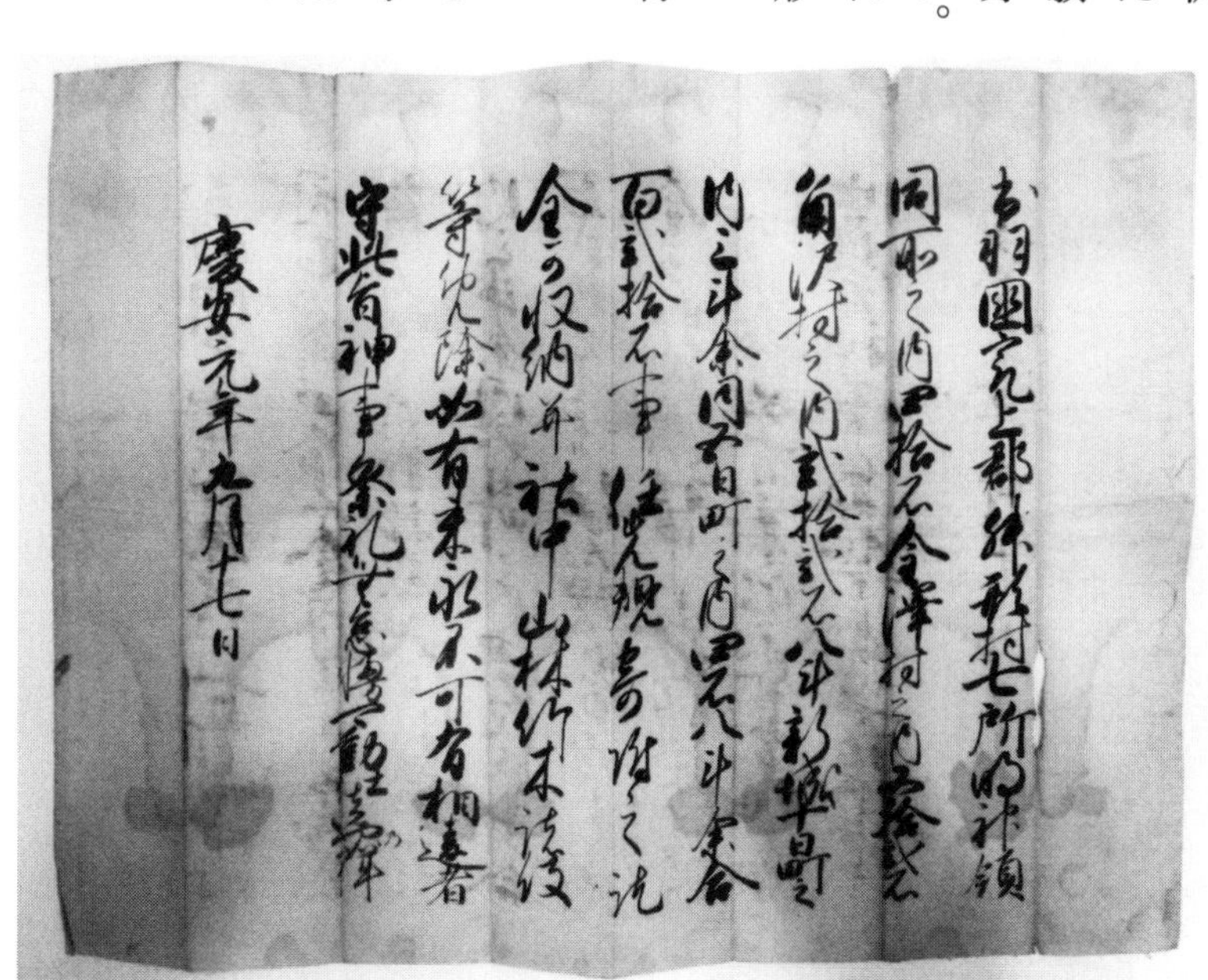

写真一　七所明神宛寄進状（筆者家所蔵）

二　七所明神の縁起と信仰

1　七所明神縁起

七所明神の委細を伝える縁起は次の四本である。これによれば縁起の成立は早くて元禄五年（一六九二）であるが、縁起③は、（宮内七所明神は）「天正の頃一宇も残らず回禄に罹れり、此の時縁起経巻等悉く魔滅せり」（抄出）と伝え、遅くとも天正年間（一五七三〜九二）には縁起が成立していたことを推知させる。

①七所明神縁起抜書（『新庄古老覚書』巻之七、所収）当縁起は新庄藩儒者の川井藤右衛門作、一書に奉献上縁起軸元禄壬申（一六九二）仲春と伝える（『覚書』解題）。覚書は享保十三・十四年（一七二八〜二九）頃田口五左衛門原著、大正七年（一九一八）常葉金太郎参訂。

②七所の縁起（『出羽国風土略記』三ノ五二、所収）
享保二年（一七一七）田川郡千川原村の二宮八幡宮別当徳峰が最上郡を行脚中に、新庄鎮守の七所明神（引用注、宮内七所を指すヵ）の縁起を聴聞し、七所の縁起写を添えて当社（二宮八幡宮）に奉納す。風土略記は進藤重記著、宝暦十二年（一七六二）成稿。

③七所明神縁起（大友義助氏校訂「新庄領村鑑」南本町、『新庄市郷土資料叢書第八集』一九七五年、所収）「新庄領村鑑」の原本は江戸時代過半以降作。

④七所大明神縁起（『新庄市史史料編（上）』二〇〇一年、所収）明治三十三年旧新庄藩士小山下枝の筆。宮内七所明神の神主家に伝来。「この度新たに発見された一書」。巻物仕立て。

これら四本の縁起は長短があるが、大意はほぼ同じである。比較的記述が詳細な縁起④によれば次のとおりである（抄出）。

皇位継承にまつわる政争を怖れた応神天皇第二皇子の大山守命（おおやまもりのみこと）は、自ら東路に赴いたが、これが逆心と讒奏（ざんそう）され、当国（出羽国）田川郡で討捕（うちと）られたとき、「我を七に切害し、最上鮭延の庄に持行て、七ケ所におさめ置くべきなり」と宣（のたま）ったという。その後、さまざまの奇妙があったので、御告（おつげ）にまかせて、おのおの七所の明神と仰ぎ奉り、所々に御鎮座なされた。

2　七所明神信仰

このような七所明神縁起に対して、吹浦に鎮座する大物忌神社の累代社家で神道復興に生涯を懸けた進藤重記は、「祭神大山守命とぞ縁起有、佛者の偽作にして悉く信用するにたらず」（『出羽国風土略記』一〇ノ四〇）と記し、極めて批判的である。前掲縁起②の進藤の解説によれば、「佛者」とは二宮八幡宮別当の徳峰を指し、徳峰は縁起を聴聞し、恐らく徳峰が自ら写した縁起を奉納したと伝えるにも関わらず、「偽作」と糾弾する。徳峰が縁起を聴聞したのであれば、当時縁起が成立していたことは疑いないはずだが、それとも徳峰の加筆を指すのか筆者は推断しかねる。

ところが進藤は縁起を徳峰の作とし、大山守命が応神天皇の時摂政であったという事は誤りである、当国に下り（田川郡）血原にて討たれたという事は国史に齟齬（そご）する、死骸を七きれに切ったという事は物部の萬（ママ）か事を附合したものかと批判し、「寺家猥（みだり）に説を作って人をまとはす事歎くに堪（た）へたり」という（同三ノ五二以下）。右進藤の批判は確かに合理性を有するが、信仰は必ずしも史実に裏打ちされなければならないものではなく、その限りで佛者憎しの感が否めない。また七所明神信仰は進藤の渇望する神道復興と必ずしも矛盾するものでもない。

その後昭和末年近くに、地域の歴史民俗研究を先導されておられた大友義助氏が『戸沢村史』において右足を祀る「松坂七所明神」を取り上げ、その中で、七所明神信仰について初めて系統立った所見を発表された[05]。それによれば、七所明神信仰は最上（新庄を含む）地方独特のものである。この信仰には第一に貴人の遺骸を分祀して加護を祈るという説話、第二に貴種流離譚（きしゅりゅうりたん）の一つのタイプの物語、第三に最上地方の古い民俗信仰との複合の諸要素が見られるという。そして、第一の説話は日本神話の中にも見ることができる。第二の物語は尊い身分の英雄がいわれなき罪を得て諸国を流浪し、女性や動物の助けを借りて苦難を克服するという筋立てである。第三の複合は最上地方の村々における禁忌や明神の霊験が大山守命の逃亡説話によって説明されていると指摘された。すなわち七所明神の近くでは、麦・麻・い草を作らず、井戸を掘ったり土蔵を建てることを忌むのは、命（みこと）の逃亡の折に、これらの中に隠れたからだとされ、反対に妊婦が安産を祈れば、必ず叶えられるのは、命の逃亡を妊婦が助けたからだという。その上で、七所の分布などから七所明神信仰がこのような姿をとるのは室町時代かとされた。

大友氏の所見は日本神話や最上地方の禁忌との接点を指摘するもので甚だ示唆に富む。今後はこのような信仰がなぜ最上地方に成立し、今なお七社が当地方に鎮座し（角沢は八幡神社と合祀）敬仰されているのかなど究明を要する。この点に関して縁起④は前述のとおり大山守命が当国田川郡で討捕られたとき、「我を七に切害し、最上鮭延の庄に持行て、七ケ所におさめ置くべきなり」と宣ったと伝えるが、このような伝承あるいは説話がなぜ成立したのか、なぜ持行くところが「最上鮭延の庄」であったのかなど関心が持たれるところである。

三　本状の考察

1　百二十石の事

当初は舛形村七所明宛て百二十石の寄進は、その宛先を考えると過分と思われ、本状の信頼性に自信を持てなかった。しかしながら少し後代の史料であるが、次の三史料に接して漸く疑心を払拭できた。首題が①は新庄七所明神、②は七所大明神別当、③は七所大明神となっていて判りにくいが、修善院に注目すると、これが舛形村七所明神を指すことが明らかになる[06]。①は本山作成の本末帳、②は藩作成の留帳、③は幕府下向の巡見使に対する問答控である。その趣旨を考えると記載された本末関係、社領高、御朱印の有無などは信頼性が高い。

三史料は同じく百二十石を伝え、延宝三年（一六七五）では明確に「有御朱印」、享保十二年（一七二七）と宝暦十一年（一七六一）では御朱印（状）有りを推定させる。とくに宝暦十一年書留帳は幕府下向の巡見使に対する問答控なので、当時朱印状が存在したに違いない[07]。ちなみに新庄藩の藩内寺院宛て寄進であるが、享保十二年（一七二七）の「諸寺院留帳」によれば、後述する（宮内）七所大明神の二百二十九石を別格として、舛形村七所明宛て百二十石は祈願寺および菩提寺の各百五十石に次ぐ石高である[08]。

①延宝三年（一六七五）「根生院本出羽国新義真言宗本末帳」[09]

新庄七所明神

一修善院　本寺醍醐三宝院　社領百弐拾石　有御朱印

②享保十二年（一七二七）「諸寺院留帳」[10]

七所大明神別当

一宝珠山　修善院　慈眼寺

御朱印百弐拾石　新庄北本町南本町　舛形村金沢角沢有之　山城国醍醐山三宝院末寺

③宝暦十一年（一七六一）「御巡見様御廻国ニ付御用書留帳」[11]

升形村

本田高　八百五拾八石余　新田高　三百四拾石余　同所七所大明神社領　御朱印百弐拾石

宝珠山　別当　修善院

2　慶安元年九月十七日

本状の日付は慶安元年（一六四八）九月十七日であるが、縁起①を所収する『新庄古老覚書』（巻之七）には奇しくも同日付「家光公御朱印写」が収録されてある。三代将軍家光が新城村七所明神に対して合せて二百二十九石を寄附する旨を記す次の朱印状である（句点は引用者）。新城村七所明神とは御頭（御首）を祀るが故に七所明神の宗廟とされる宮内の七所明神である。

出羽国最上郡新城村七所明神領、同所之内弐百九石弐斗、二間村之内拾九石八斗、都合弐百弐拾石事、任先規寄附之訖、此内神宮寺領百九石、佛供坊領拾八石、東福坊領拾弐石、燈明坊女太夫領弐拾石宛、宮崎坊安養坊朱蔵坊連城坊常楽坊領拾石宛、可配当之并社中林竹木諸役等免許、如有来永不可有相違者、守此旨、神事祭礼無怠慢可勤仕者也、仍如件、

慶安元年九月十七日

（朱　印）

右朱印状と本状は当然ながら宛先、文言が異なるが、体裁はほぼ同じである。両書は一連のものとしてよい。慶安元年（一六四八）九月十七日は如何なる日であったか、次に考察する。まず同年閏一月二十二日、新庄藩初代藩主で戸沢氏中興とされる戸沢政盛は、「駿府に守衛より病し、江戸にとゞまること数年」（『寛政重修諸家譜』）にして、江戸藩邸で波乱の生涯を閉じた。享年六十四。ところが政盛は、養嗣子とした定盛（徳川家康の近臣鳥居忠政の二男）が先年政盛に先立って卒した時、寛永十七年（一六四〇）生れの実子千代鶴がいることを上聞に達せず、その後も継嗣を立てずに没した。真相は不明だが、政盛は定盛と女宮子との間にできた孫お風に婿養子をとり跡を継がせる底意であったと伝えるが、このお風も政盛に先立つ凡そ一月前の慶安元年正月二十二日に亡くなった。家臣の尽力で千代鶴は辛うじて末期養子とされたが、当時八歳という若年を表向きの理由として千代鶴の襲封は認められなかった。

これによって新庄藩は藩主を失い、「以後千代鶴の家督が認められる慶安三年までの三年間は、領内の年貢は幕府の収納するところとなり、禄を得られない家中の侍は少なからず欠落したり、また、

在郷に引っ込んだりして、この上ない不安の日々が続いた」と伝える[12]。こうして危急存亡の危機に追い込まれた新庄藩は総力をあげて幕府要路に陳情を繰り返したに違いなく、漸く三年後の慶安三年八月七日、千代鶴のちの正誠が「亡父政盛之遺跡無相違賜之旨」を達せられた。この時「家光公御不例、千代鶴相続之御礼無之」であったが[13]、家光は翌慶安四年四月二十日没した。

このような緊迫した情勢の中で、慶安元年九月は文字どおり新庄藩の存続自体が懸念される真っ最中に当たるので、当時果たして三代将軍家光の朱印状が宮内七所明神宛てに発給されたのか疑問なしとしない。ところで縁起④は当御朱印について、「慶安年中、宮内社領の事を将軍家の上聴に達し給ふのところに、最上義光寄附の神領、先条のことく相違あるへからす、尤天下泰平の勤行をなすへしと有かたくも贈大相国家光公より、御印爾を下し賜り奉納せしむ」と伝える。これを如何に解釈するか難しいが、慶安元年閏一月に藩主政盛が逝去したのち藩主不在の新庄藩が、「慶安年中」に領内寺社に寄進できる情況にはない。しかしながら他方、享保十三・十四年（一七二八〜二九）頃の作にしては史実追求の姿勢が窺える『新庄古老覚書』に収録されただけに、この「家光公御朱印写」を偽作として葬ってしまうには躊躇うものがある。縁起④の叙述もかなり具体的である。

そこで可能性として考えられるのは、藩重役にとっては政盛没後の家中と領内庶民の不安動揺を沈静化することが最も肝要であり、その方策として古くから藩内一円で敬仰されてきた七所明神に対する祈願、寄進を図ろうとしたが、寄進は藩主不在では果たせなかったと推察する。これが前述の「慶安年中、宮内社領の事」である。他方、幕府にしても政盛が家康以来徳川氏に忠義一途であること、政盛が嗣子を立てなかったのは家康の近臣であった鳥居家に対する遠慮であること、千代鶴が政盛の実子であることを承知していたことは疑いなく、いずれ千代鶴に政盛の遺領を安堵するにしても、領内混乱では困るという事情があったに違いない。これが前述の「将軍家の上聴に達し給ふ」である。

こうして甚だ異例ではあるが、「大相国家光公より御印爾を下し賜り」となったのではないかと推察する。七所明神の宗廟とされる宮内七所明神に対しては特に将軍家光の朱印が押されたものであろう。ただし「御印爾を下し賜り」を思案すると、将軍の朱印を押したということで、肝心の石高は将軍家の蔵米などから割かれるものではなく、新庄藩が供したものと解されるが、これを実証する史料はない。他方、本状が伝える舛形村七所明神に対しては、その部分性（御胴）や地域性から将軍の朱印には至らなかったが、御首を祀る宮内七所明神との強い繋がりから、宮内七所に対する将軍の朱印に合わて新庄藩が寄進せざるを得ず、当時藩主は不在で不正規であったが、同日付で本状が出されたのではないかと推察する外ない。

つぎに月日であるが、宮内七所では睦月（陰暦一月）十五日、弥生（三月）三日、卯月（四月）八日、さ月（五月）五日、水無月（六月）、壮月（八月）朔日、長月（九月）十五日、霜月（十一月）朔日、蝋月（十二月）十七日と、年中九度の祭礼を昔より怠慢無く執り行ってきたと伝える[14]。この中で長月十五日が本状中の九月十七日と近接するが、同日でないことから推せば、祭日にこだわらない朱印下付の日付となった可能性が考えられよう。

3　先規に任せ

本状に関して「先規」を考察できる史料は捜し出せない。他方、御頭（首）を祀る故に七所明神の宗廟とされる宮内七所明神に関しては、縁起①、④が宮内七所明神は現在地の宮内に移る以前の、元宮内（萩野郷御所橋）にあったとき、神領が三百貫文、諸宗雑居して四十八坊があったが、その後出羽守最上義光が良田二百二十九斛（こく）を寄附したと伝える。内訳は百九斛神宮寺領、拾斛充六口の僧徒、内一口拾弐斛、仏供坊・燈明坊・女太夫各弐拾斛充（づつ）である。ただし合計すれば二百三十一石になる。

これを前述した家光御朱印状の寄進委細と対照したのが第五表である。両寄進の内容はほぼ同じである。これによって家光御朱印状にある「任先規寄附之訖」は国守最上義光の寄進伝承を踏襲して同じ内容を以て発給されたことが判る。この関係を本状の舛形村七所明神領に準用すれば、本状の「任先規」とは疑いなく最上氏以来の寄進を指すとしてよいであろう。ちなみに江戸時代の宮内七所明神は次の如くである。御朱印の社領二百二十九石は連綿しており、六供（八坊及び女太夫）を具備した一山組織の格式を持つ。

○最上郡新庄七所明神別当（一六七五年、前掲注09）

一神宮寺　本寺醍醐報恩院、社領二百二十九石有　御朱印

○七所大明神（一七二七年、前掲注10）　御朱印二百二十九石

別当

一福聚山　神宮寺　無量寿院　山城国醍醐山報恩院末寺

六供

一蓮城坊、安養坊、珠蔵坊、常楽坊、東福坊、宮崎坊、燈明坊、仏供坊、女太夫

第五表　宮内七所宛て寄進委細　（単位、石）

	最上義光寄進	徳川家光御朱印
神宮寺	一〇九	一〇九
六　供	各一〇（内、一口十二）	上同（注）
仏供坊	二〇	一八
燈明坊	二〇	二〇
女太夫	二〇	二〇
都　合	二百二十九 （二百三十一）	二百二十九

（注）宮崎坊、安養坊、朱蔵坊、連城坊、常楽坊各一〇石　東福坊十二石

ここで考察しておかなければならない一件がある。そもそも戸沢政盛はもと仙北角館城主であったが、慶長七年（一六〇二）常州松岡へ転封、その後さらに第六表に見るとおり、元和八年（一六二二）最上氏の改易に連れて最上郡鮭延城へ入城、ついで寛永二年（一六二五）新たに築いた新庄城へ入城、以降は新庄城を本拠に新庄藩六万八千二百石（うち八千二百石は開発の地として寛永二年賜る）の経営に専心した。新庄城入城から慶安元年（一六四八）の没年までおよそ二十三年である。この間、とくに転封早々の時期に新参の政盛が領内民心の掌握のため古来信仰を集める地域の寺社に対して寄進

政策を講じたことは、他国の例からも容易に想定される。これら寄進を伝える史料は残念ながら管見できないが、寄進がなかったということではない。

前掲注08で見たとおり、政盛の没年からおよそ八十年を経た後代の享保十二年（一七二七）の「諸寺院留帳」であるが、百石以上を与えられた領内寺院は五寺院である。うち円満寺は秋田から松岡、新庄と戸沢氏に随従した由緒ある寺である。その他は古来最上で敬仰されてきた（宮内、舛形）七所明神と、古来最上にあった寺院を菩提寺とした瑞雲院、戸沢氏前に最上を支配していた清水氏の祈願所であった興源院である。うち七所大明神（宮内）宛て二百二十九石は別格であるが、これは政盛によってしかなし得ない。これら寄進の端緒は史料によっては実証できないが、政盛治世の早い年代に遡及する可能性が高いと推察される。もしそうであれば、本状の「任先規」は一義的には最上氏以来の寄進を指すが、政盛治世の早い年代の寄進を排除するものではないことに留意する必要があろう。

第六表　関係主要事略

和暦	西暦	主要事項
元和八	一六二二	最上氏改易、戸沢氏入部（鮭延城入城）
寛永二	一六二五	戸沢政盛新庄城入城
慶安元	一六四八	閏正月、戸沢氏中興・新庄藩初代政盛没
同右	同右	九月、家光公御朱印

同右	同右	九月、本状発給
慶安三	一六五〇	八月、新庄藩二代正誠襲封
延宝三	一六七五	出羽国新義真言宗本末帳
享保十二	一七二七	諸寺院留帳
寛延四	一七五一	当地神宮寺、真言宗仁和寺末から新義真言宗秋田宝鏡院（本山京都智積院）へ本寺替

4　出羽国総社別当兼務

文政九年（一八二六）惣改の『神宮寺村旧記帳』（明治三十七年筆者曾祖父写本、当家所蔵）には本状と同文が掲載されていて、付言に「出羽国総社別当兼務御黒印左之通り」とある。素直に読めば、出羽国総社別当が七所明神別当を兼務していた頃に黒印付き本状が発給されたものらしい。総社とは国司の便宜などから国ごとに国内の神社の祭神を集めて祭った神社で、国府の近辺または国府内に社殿が設置された例と、既存の神社が総社にあてられた例があるという。ここで言う出羽国総社は国府が庄内地方に所在した当時の総社をさし、一条八幡宮（酒田市市条）が候補にあがるが、確かなことは不詳である[15]。ちなみに文政九年惣改の『神宮寺村旧記帳』原本（斎藤善兵衛家本、大仙市指定文化財）には本状も付言も記載がない。したがって付言は曾祖父が筆写の段階で記したと推察されるが、それが如何なる典拠によるものかは、次の当文書の当家所蔵と関係する。

5　当家所蔵について

これまでは神宮寺の誼（よしみ）で本状を書き写したものかと無造作に考えていたが、研究が進むに連れ本状寄進の舛形村七所明神別当の修善院は神宮寺ではないことが判った。では別当修善院と当地花蔵院との間に何らか交流の可能性がなかったかと思案するが、修験系の醍醐三宝院を本寺とする修善院と、寛延四年（一七五一）までは真言宗仁和寺末で以降は真言宗松橋流の秋田宝鏡院を本寺とし、京都智積院系に連なる花蔵院との関係は容易に交叉しない。また宮内七所明神別当の神宮寺との何らかの所縁がなかったかと考えるが、現状では容易にその糸を手繰（たぐ）れない。

そこで先頃からは視点を変え、新庄における戸沢氏の菩提寺である小杉山円満寺に注目している。この円満寺は前述のとおり秋田、松岡、新庄と戸沢氏に随従した由緒ある寺であるが、秋田時代は当地（大仙市神宮寺）と近接する小杉山村（現在は大仙市土川小杉山）に所在し、真言宗新義智山派で、かつては戸沢氏一族が住持し、所領五百石を伝え、現在も同地に円満寺が所在する（現代以降は曹洞宗）[16]。伝承であるが、江戸時代には円満寺と神宮寺花蔵院とは同宗同派で、近傍の誼でか、火災等の避難のため寺院間で見られる重要文書写の持合い関係があったと伝える。そこで何らかの事情で新庄円満寺に入った舛形村七所明神宛て寄進状（おそらく写）の写が当地神宮寺に遺ったという可能性は想定されてよい。付言はそのとき当文書に付された付箋か、曾祖父が聞き及んだ伝承による可能性が考えられるが、今ではいずれも憶測の域を出ない。

結び

以上、鳥海山を挟んで、偶然にも秋田に遺る寄進文書一通の読解と研究によって明らかとなった主要点は次のとおり。第一に本状は新庄藩舛形村の七所明神宛て百二十石の寄進を伝えるが、寄進者の記述はない。第二に本状の寄進内容は少し後代になるが信頼の置ける三史料（宗門史料一、新庄藩史料二）の記述と同じなので、本状の記載は信憑性がある。第三に本状の日付である慶安元年九月十七日の時点では新庄藩の藩主は不在である。第四に本状と同日付の「家光公御朱印写」が伝わる。この朱印状の真否は史料的に確認できないが、収録本である『新庄古老覚書』の比較的な実証性、記述の具体性、少し後代になるが信頼の置ける新庄藩二史料の記述との同一性から信憑性が認められる。第五に本状は家光御朱印と連動したものである。よって発給日が同日である。両状の発給には幕府の思惑と新庄藩の危急存亡の苦境がある。第六に本状中の「先規に任せ」は一義的に最上義光以来の寄進例を指すが、新庄へ転封早期の戸沢政盛の寄進を排除するものではない。そして第七に七所明神縁起は現在四本が知られること、そして、その書誌を調べた上、先学の研究に導かれて古来最上新庄で敬仰されてきた七所明神信仰を明らかにできた。

要すれば、秋田から近い最上新庄地方に独特の七所明神信仰が古くから流布すること、さらに奇しくも秋田に遺る一通の関係寄進状の記載内容の推察などから、鳥海山を挟む北の秋田仙北と、南の山形庄内における江戸時代初期の宗教事情を瞥見することができた。今後の課題としては、第一に本状等に係わる史料の発掘である。至難は承知であるが諦める訳にはいかない。第二に宮内、舛形明神以外の明神領については存否を含め全く未詳である。第三に円満寺と神宮寺花蔵院との重要文書写の持合いであるが、先年筆者は別件でこの関係を探索したことがあったが、至難としてもこれも課題に上げる。

最後に追言すれば、今次大戦の祖父の代まで当家では当主が就寝するときは万一に備えて必らず文書類を入れた古びた木箱を枕元に置いていた。記録によれば寛政元年（一七八九）当地大火事の節神宮寺も類焼したと伝え、こうした罹災経験から寺院にとって大切な相承文書を夜間枕頭に置く慣例となり、明治以降神職になっても続いたのであろう。今日まで無事に文書が継受されてきたのは累代の並々ならない営為があったことを忘れてはならない。こうして伝えられた文書の一つが本状である。本状はおそらく大正期に祖父が家宝として付箋を付した文書の一つである。当家にとっても何らか価値のある特別の存在であったと推測されるが、今にしてはその他の文書を含め如何にして後代につなぐかが筆者にとって喫緊の課題である。先年来、受け容れてくれる機関を探索中である[17]。

そうした思いがあって筆者は、二〇一九年七月七日山形市で開催された山形県地域史研究協議会第四十五回大会の第一分科会で「出羽三山信仰と鳥海山」を研究発表した折り、急遽ではあったが関係者のご厚意を得て、第一分科会会場で本状の特別出陳を果たせ、参加者に閲覧いただいたのは有り難いことであった。

注

(01) 小論「神宮寺八幡宮之由緒並びに参詣祈願之事」『秋大史學』44、一九九八年三月、九頁。

(02)『旧羽後国神宮寺村花蔵院文書』私家版、一九九五年。なお秋田県立図書館、国立国会図書館、他に架蔵。

(03) 小論「升形村七所明神領寄進状について」『山形県地域史研究』30、二〇〇五年二月。

(04) 大友義助「七所明神縁起について」『東北生活文化論文集』第八集、東北生活文化学会、一九八九年。同「七所明神の由来」同『山形県最上地方の伝説』東北出版企画、一九九六年。他に佐山洋「大山守命―「山の民」のシンボル」『歴史読本』、一九八九年四月号、伊藤妙子『新庄地廻り三十三観音七所明神巡礼案内』私家版、二〇〇一年などがある。

(05) 大友義助「松坂七所明神」『戸沢村史』下巻、一九八八年、六七五頁以下。続いて翌年、前掲注04論文が発表された。

(06) 修善院はもと清水城下（大蔵村）にあって、戸沢氏前の最上地方を支配していた清水氏の祈願所であったが慶長十九年（一六一四）同氏滅亡後升形村へ移転した（『大蔵村史』通史編、『角川日本地名大辞典』山形県）。

(07) 朱印は黒印よりも格上として、また黒印は略式として使用された。諸大名も社寺への土地寄進などの場合には朱印状か黒印状さらには花押を据えた判物を用いた。なお朱印状は将軍家の専用であり諸大名は黒印状に限ったとする説は誤解である（『国史大辞典』五・七、吉川弘文館）。

(08) 享保十二年（一七二七）「諸寺院留帳」（後掲注10）

真言宗　七所大明神　御朱印　二百二十九石
真言宗　小杉山円満寺　吉祥院　百五十石　祈願寺
曹洞宗　向陽山瑞雲院百五十石　菩提寺
真言宗　七所大明神別当　御朱印　百二十石
曹洞宗　清水山興源院　御朱印　百石　清水氏の菩提寺

(09) 真言宗豊山派総本山長谷寺所蔵。櫛田良供・玉橋隆寛編『新義真言宗史料』第二号、一九八〇年、所収。底本は延宝三年（一六七五）幕府の命で各宗本山が提出した本末帳と推定される（右解題）。

(10) 享保十二年「戸沢家文書」『新庄市史史料編（上）』二〇〇一年、六四〇頁。なお「新庄北本町南本町」は新城十日町、五日町に当たり（前掲語釈）、「舛形村金沢角沢」と併せ、本状に記された領所と一致する。

(11) 注10『新庄市史史料編（上）』六二〇頁。

(12)『新庄市史』第二巻、一九九二年、二二七頁以下。

(13)「御四代之御記録」（戸沢家文書）注10『新庄市史史料編（上）』四五四頁。

(14) 縁起④注10『新庄市史史料編（上）』。「今日は卯月が別して大神事」（縁起④）。

(15)「全国総社一覧」『神道事典』一九九九、一一一頁。

(16) 佐藤久治『秋田の密教寺院』一九七六年、二七三頁以下。

(17) 菅江真澄『月の出羽路』に採録された寛延四年（一七五一）「花蔵院事」、宝暦五年（一七五五）「色衣御免之事」「色衣願之儀」など主要文書等を含む。

（謝辞）

本稿作成の初期段階で、沼沢明氏（当時新庄市文化財保護審議会会長）、大友義助氏（当時新庄市雪の里情報館館長）に多大のご教導を賜った。記して心から感謝申し上げたい。

後記

筆者の生地である秋田県大仙市神宮寺（当時は神宮寺町）の内、当家が所在する羽州街道沿いの小字神宮寺からは鳥海山を眺望できない。鎮座地が措定できる最北の式内社である副川神社がかつて山頂に祀られ、小振りながら神奈備の様相を湛え、今に地元で称する嶽（または嶽山）が眼前に広がるからである。そのため幼少時代は鳥海山を意識することが無い日常であった。旧神宮寺の境内には立派な湯殿山講の石碑が立つが、鳥海山講の石碑はなく、かつて近辺に鳥海山講中が存在したという話も聞かない。ちなみに嶽下は長江雄物川と田沢湖を経て西流する玉川が合流する、至って風光明媚な処で、広大な川原は今に野鳥の一大棲息地であるが、昭和十六年（一九四一）九月映画「川中島合戦」のロケが行なわれ、伝説の大俳優大河内伝次郎（武田信玄）、市川猿之助（上杉謙信）、長谷川一夫、それに当時うら若き山田五十鈴らの豪華キャストが来られたのだが、残暑のさ中お前は母の胎中にあったと、何度か母から聞いた記憶が甦る[01]。

ところが、この「後記」の成稿後に念のため、今は筆者家の敷地に隣接する旧神宮寺の参道脇を調査したところ、何と高さ〇・五米余、上段中央に大文字で「湯殿山」、下段に中文字で中央に「鳥海山」、左側（対面右）に「羽黒山」、右側（対面左）に「月山」と刻された石碑が一基所在することに気付いた（写真二）。この碑を私は遅くとも一九九十年代後半には見ているが、このたびの再見で漸く事の重大さに気付いたとは吾ながら迂闊である。それにしても歴史研究上の事実の発掘は一筋縄では行かないことを思い知らされる。これらの刻字から推知される四山の序列は、神道祭式の常例に従えば、第一が上段の湯殿山、第二が下段真線上の鳥海山、第三が下段左（対面右）の羽黒山、第四が下段右（対面左）の月山である。

残念ながら建立年は不刻だが、この配字から推せば、湯殿山の抜きん出た権威が確立して以降に間違いない。ただし、この碑自体は恐らくは江戸時代終期かと推定されるが、確かなことは判らない。なお付近に文久元年（一八六一）銘の、同郡内境村（現大仙市協和町）で古代神話を伝承し安産信仰で高名な「唐松大権現」の大石碑が立つ。私は出羽三山碑に関してはほとんど不通だが、この碑は明らかに鳥海山を第二位に列し四山を刻するという特長から、珍重かつ貴重な三山碑であると直感する。奇しくも本書成稿後に再遇したこの碑は、出版社にご迷惑をお掛けし恐縮至極であるが、出羽三山信仰の中に鳥海山信仰が、高い順位を以て所在したことを明確に伝える。ただしふるさとでは他に存する石碑の例などから、湯殿山を筆頭とする出羽三山信仰はあった

写真二　出羽「三山」碑

写真三　鳥海山遠景（大仙市神岡支所資料）

が、鳥海山講を立てるほどの鳥海山信仰はなかったと見てよい。

やがて成長して周辺の散村集落から眺望して初めて鳥海山の威容を知ったのだが、鳥海山と相対する台地上にある上高野（かみたかの）の切端部から見た遠景は美事であった（写真三）。のちに三大秀逸県民歌の一つと称される秋田県民歌の冒頭句である「秀麗無比なる鳥海山よ」を歌う時、秋田城跡から日本海越しの遠景とともに、故郷の田園越しの遠景を想起すること再々であった。ちなみに上高野はかつては軍馬育成の種馬所が営まれ、戦後は種畜場を経て、今は県畜産試験場と称される広大な牧草地が広がる。昭和二十八年（一九五三）映画「銀二郎の片腕」（原作里見弴）のロケが行なわれたが、当代名優の木暮実千代、飯田蝶子、藤田進、東野英治郎らがキャストで、藤田・木暮の両優が雪橇（ゆきぞり）でポプラ並木道を駆け抜けるシーンは今も記憶に鮮やかである[02]。ところで写真三の下部に見える水面は古い雄物川の河跡で大浦沼と称される一部だが、二〇二〇年六月アシなどの草むらが生い茂っていた処が、風によって位置を変えることに地元住民が気付き、専門家が調べたところ、東西約四五m、南北約五〇m、広さ約二〇〇〇平方m（約六百坪余）ほどの記念物級の浮島であることが判明し、地元では明るい話題となっている。

さて神宮寺花蔵院（神宮密寺華蔵院とも）最後の住持となった尊常は、九歳で入院した久保田府真言宗首座の宝鏡院を経て、天保十三年（一八四二）から慶応三年（一八六七）までの二十四年余京都智積院で研学し、その間側進の役を授かったが、風雲急を告げる幕末京都の混乱から急遽秋田に帰還せざるを得ない状況で、恐らく秋田を離れて余りに長かったため、経済的に豊かでもない当神宮寺入りをしたが、明治後妻帯許可となった段階では高齢をもって血縁の後継が得られず、絶家の怖れがあった[03]。そこで、かつては修験者で明治後は神道を奉じていて、当家入りした曾祖父が昭和三年（一九二八）八十歳で達成した証として、当家に伝わる「鳥海山大物忌神社六十二ケ度登山相済」の軸装された記念証に接した私は、度々の登拝は無理にしても、翌々年の昭和五年（一九三〇）八十二歳で没した曾祖父を惹き付けた鳥海山信仰をいつか研究したいという願望をひそかに抱くことになっ

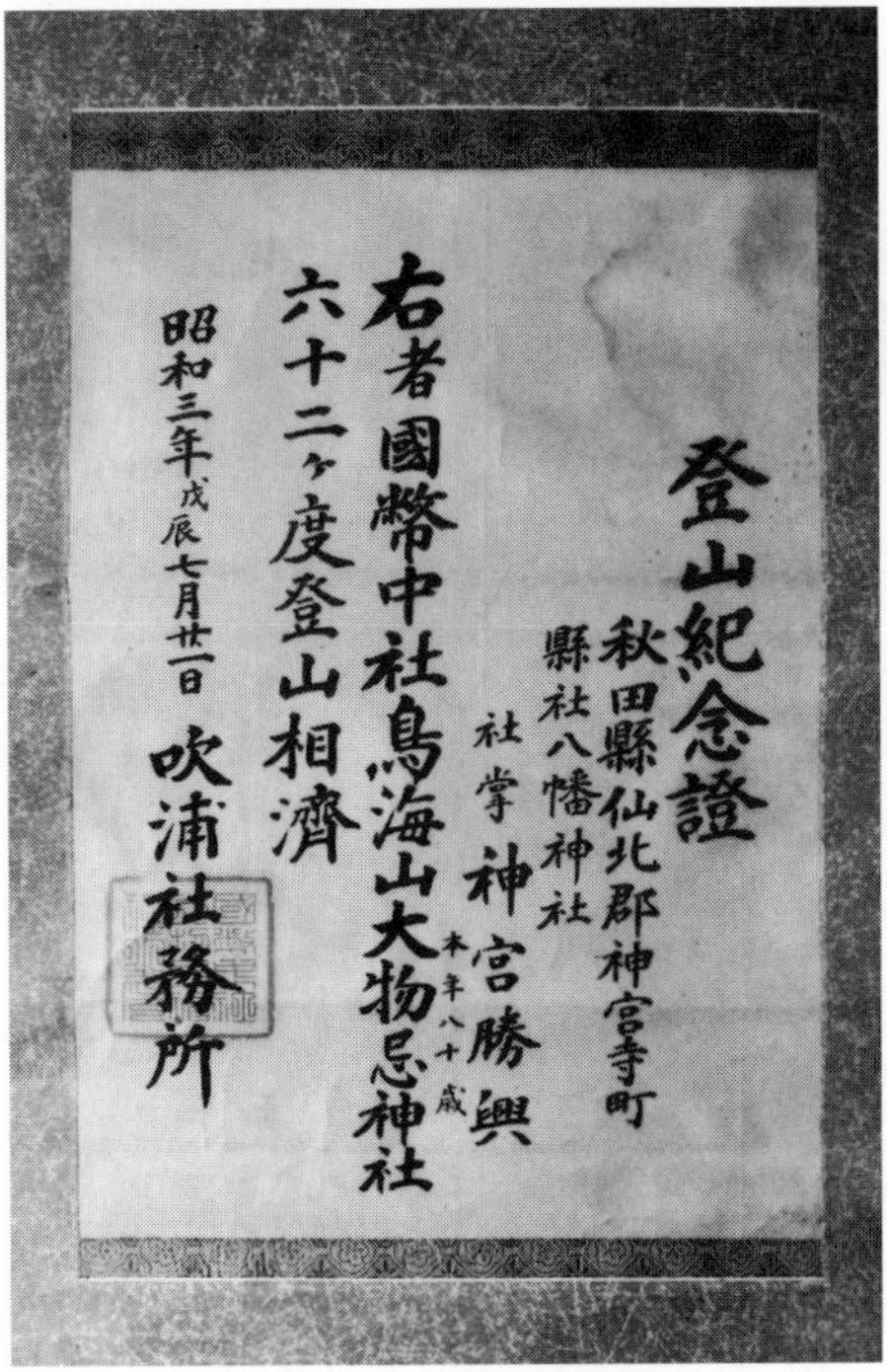

登山紀念證
秋田縣仙北郡神宮寺町
縣社八幡神社
社掌 神宮勝興 本年八十歳
右者國幣中社鳥海山大物忌神社
六十二ヶ度登山相濟
昭和三年戊辰七月廿一日 吹浦社務所

写真四　「登山紀年證」

た（写真四）。
爾来幾星霜、私は自らの身辺や地域に関わる神仏信仰に関心を寄せ、研究を進めていたが、僥倖にも、二〇〇七年東京の古書市で文化十四年（一八一七）銘の「鳥海山和讃縁起」一巻を落掌する機会に恵まれた。珍重にも新資料であった。この縁起との邂逅を機縁に私は鳥海山史の研究に一路邁進した。

右縁起の史料紹介から研究を開始した私は、これらの研究には体系立った歴史学を専攻する必要を自覚し、当時受講していた放送大学は大学院課程に切り替えて、歴史学を学習しつゝ論文の作成に取り組んだ。主題は迷うことなく「鳥海山大物忌神と神宮寺」であった。なお私は仏教学は仏門にて大律師位を授かる課程で、また神道学は神道学専攻を経て宮司位を授かる課程で、いずれも基礎的な修学に取り組んでいた。ただし修験道に関しては、山岳神楽で知られる南部早池峰神社の慶長十七年（一六一二）棟札と古文書に名を遺す、当家系譜との関係を推知させる「出羽仙北神宮寺住」の研究に取り組む中で[04]、さらに入会した日本山岳修験学会などで修学に努めたが、必要な学識を得たとは言い難い。ちなみに修験道は行じなければ本源は判らないとする認識があるとすれば、これはかつて神道・仏教に称されたことで、さすがに今では神道神論、仏教神論などの領解以外ではこれを広言する向きは少ないが、修験道も相当の修行を要するに違いない修験道神論以外では、精励して必要な学識を得るべきであったが、到底そこに至らなかったということで、この点の批判は甘受しなければならない。

このような経過と修学を経て、二〇一一年私は幸いにも『鳥海山縁起の世界』を出版できた。この小著は長い鳥海山史研究において初刊の縁起集成という栄誉にあずかり、以降の関係研究に役立つことが期待される著作であった。他方、小著は斯界の碩学から多少の評価に与（あずか）ったが、矢島に伝わる明徳二年（一三九一）二乗上人作「鳥海山大権現縁起」の年代推定に関して厳しい批判を賜わった。この批判を真摯に受け止めた私は、ここでは些か語弊があるし自讃でもあるが、禍を転じて福となし、縁起年代の再検討はもとより、以降の大物忌神と鳥海山信仰の研究に関して心機一転し、新たな境地から取り組み、研究を深化させることになった。以降、その当否は今後も続く鳥海山史研究でやがて審判が下るであろうが、関係論文をつぎつぎに発表し（後掲［初出論文］）、これらは放送大学大学院に提出した論文と併せ、本書の骨格を構成することになった。

この間、多くの方々や諸機関からご指導とご高配を賜った。それらの全てを記して感謝を申し上げたいが、ここでは幾つかを列挙する。まず本研究に先立つ縁起の研究では、二〇一〇年七月由利本荘市鳥海町の佐藤良平家で「鳥海山大権現縁起」、同年同月酒田市立光丘文庫で「鳥海山縁起和讃」の撮影に恵まれ、また、これより少し遅れて、米沢市立図書館所蔵「大物忌小物忌縁起全」、秋田県公文書館所蔵「鳥海山記」、それに長期の耐震工事を経た東大史料編纂所の「鳥海山縁起并文書」等の縁起写を座右に置くことが出来た。これら縁起との出合いは小著『鳥海山縁起の世界』二〇一一に結実でき、改めて感謝をもって記したいと思う。

その後の本研究では、二〇一四年四月大物忌神社蕨岡口ノ宮社務所で筆写・撮影に恵まれた勧化文書は、その頃奇しくも出会えた光丘文庫所蔵の「天保十一年由緒御改」文書と相俟って、山上社堂の勧化、造営、遷宮の視点から新しい鳥海山史研究の一角を拓くことができた。不案内の男鹿修験に関しては男鹿市当局から貴重な資料が恵贈された。これらの関係先に厚く御礼を申し上げたい。また本研究に関連して蕨岡口ノ宮の祭礼、吹浦口ノ宮の祭礼（火合せ神事を含む）、熊野神社の神事杉沢比山、飛島小物忌神社の火合せ神事、小滝金峰神社の祭礼を参観した他、木境大物忌神社（由利本荘市矢島）、森子大物忌神社（同森子）、一条八幡（酒田市八幡町）、飛沢神社（同麓）、飛鳥神社（同飛鳥）、由豆佐売神社（鶴岡市湯田川）、大物忌神社丸池（遊佐町）、龍頭寺（同）、松葉寺（同）、永泉寺（同）、釼龍神社（同）、剱積寺（同）などを参拝した。二〇〇八年八月滝ノ小屋泊りで河原宿を経由して山頂本社を参拝（二度目）、新山登頂、雪渓を経て矢島祓川へ下山した。また城輪柵跡（酒田市城輪）、霊峰神社跡（にかほ市小滝）などの史跡を探訪したが、二〇〇九年九月霊峰神社跡では熊に遭遇し、這う這うの体で逃げ出したが、翌年七月携行した鍋を叩きながら再度登行し、鬼哭啾々（きこくしゅうしゅう）たる神社跡に佇んだ記憶がある。さらに二〇一〇年七月気に入って再度訪ねた滝ノ小屋から仰いだ満月に近い月光は実に神秘的で、翌朝再拝した河原宿の周辺は深閑として清澄であった。なお初度の山頂本社参拝は一九九〇年代で、今では確かな年月を記し得ないが、象潟口からの登下山で、復路に鳥ノ海を拝したと記憶する。

他方、「山形県地域史研究協議会」からは多年に及び分科会での発表と教導、会誌掲載などの寛容と学恩を賜った。既発表の関係論文は後掲のとおりである。北国の歴史民俗考古研究誌「北方風土」を主宰する北方風土社は筆者を同人として遇され、度々発表の機会を提供された。また「日本山岳修験学会」では二度、関係論文を発表する機会に恵まれた。そして小著『鳥海山縁起の世界』に収録した縁起の成立年代を機縁に、慶応義塾大学文学部鈴木正崇教授（現名誉教授、日本山岳修験学会会長）からは本研究を深化させる原動力となった批判と教導を賜った。これらに対して心から感謝を申し上げたいと思う。

さらに本研究の先学である阿部正己を敬仰する筆者は二〇一〇年七月、総光寺（酒田市松山町）の墓前で大祓詞並びに般若心経一巻を誦し合掌礼拝した。同じく敬仰する須藤儀門の御霊は地元のご教導とご遺族のご厚意によって判ったのだが、遊佐町海禅寺裏山に所在する墓地に神式で鎮まっており、漸く二〇二一年九月訪ねたが、コロナ禍中の準備不足のため墓前には立てず、墓域の高台から遥かに神拝させていたゞいた。最後に出版事情の厳しい折柄、ご縁をいたゞいた秋田文化出版から出版できたことは実に嬉しいことである。ここでは本書の刊行までに賜った様々なご厚恩の全てを記し得ないが、重ねて関係者ならびに関係機関に厚く御礼を申し上げたいと思う。

注

(01) 小論「映画「川中島合戦」のこと」『北方風土』47、二〇〇四・一。

(02) 筆者編集『銀二郎の片腕』東京嶽雄会発行、二〇一〇。

(03) 小著『神宮家文書』一九九六。なお尊常が当神宮寺入りした理由は尊常が京都在任中の嘉永二年（一八四九）、大和国弘仁寺で神祇潅頂を授与されていた（授与された四通の印信は当家所蔵で現存）ことと無関係では有りえない（小論「神宮寺八幡宮別当の神祇潅頂史料を読む―大和国弘仁寺で授与された印信―」『北方風土』44、二〇〇二・六。

(04) 小論「早池峰神社棟札一件の事」岩手県大迫町教育委員会『早池峰文化』第十二号、二〇〇〇・

三、同「早池峰神社棟札に名を遺した田中彦右衛門の物語」『早池峰文化』第十四号、二〇〇二・三。同「慶長十七年早池峰神社棟札上の「快遍」再考」『早池峰文化』第十五号、二〇〇三・三。小論「岩手県早池峰神社慶長十七年銘棟札上の仙北神宮寺僧「快遍」の研究」『北方風土』46、二〇〇三・八。

付属資料

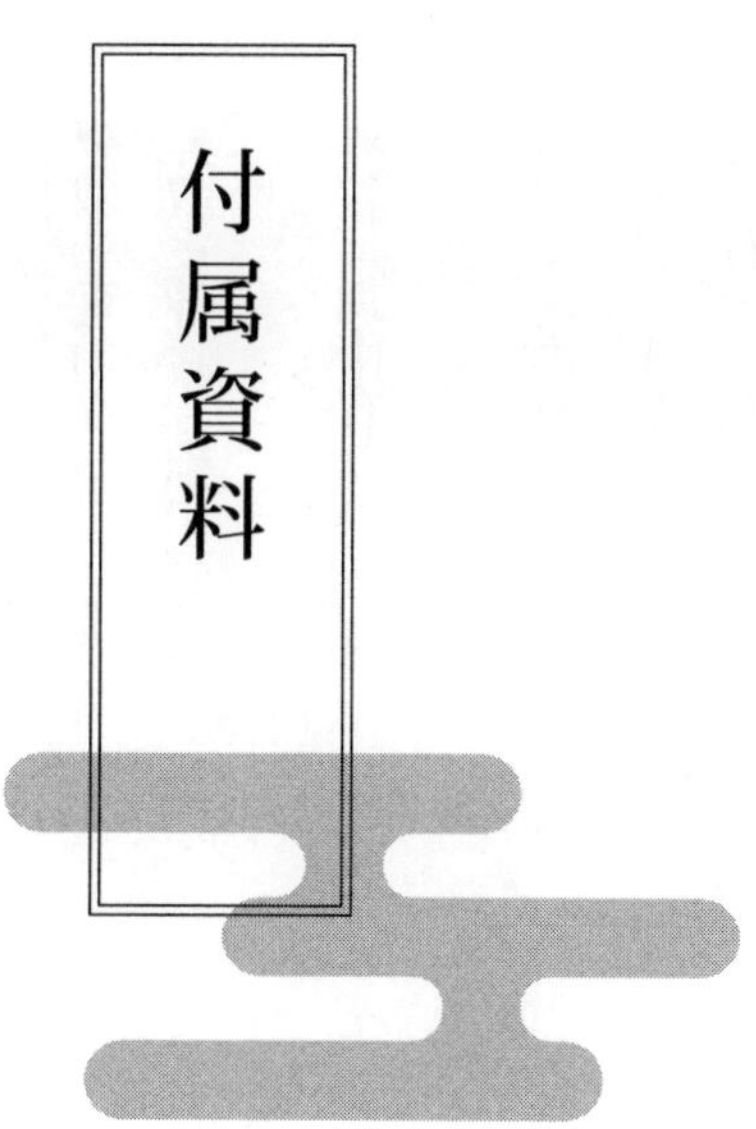

付属資料

付一　国史上の大物忌神（要略）

第七表　国史上の記載要点

記載の要点	記載の項番号、理由・他
昇叙（理由なし）	①、⑤、⑥、⑨、⑫
昇叙＋神封（理由有り）	②昇叙神封。③宣明。昇叙再言。皇朝に見えた物恠は大神の祟り。遣唐使船の帰還に助力。
昇叙（理由有り）	⑪三神は上古の時より（略）奇験を漂す。
預之官社（理由なし）	④
益封（理由有り）	⑩軍発の毎に国司に祈祷せしむ。
雨石鏃（事実のみ）	⑦両社前。
山上有火、怒を発す（理由有り）	⑧賽せず。山水を汚す。兵役のことあるべし。
倶に此の恠を成す	⑬祟は不敬に在り。

第八表　大物忌神、月山神の神封昇叙

西暦年・月1	月山神	大物忌神
八〇六	二戸奉宛2	
① 八三八・五		従五位上勲五→正五位下
② 八四〇・七		正五位下勲五→従四位下兼て神封二戸を宛つ
③ 八四〇・七		（正五位下）→従四位（両戸の封を充つ）
④ 八六二・十一		正四[マ]位上[マ]勲五、官社に預く
⑤ 八六四・二	正四位上勲六→従三位	正四位下勲五→正四位上
⑥ 八六四・十一		正四位上勲五→従三位
⑦ 八六八・四		両神の社前に石鏃雨る
⑧ 八七一・五		従三位勲五、社在飽海郡
⑨ 八七三・四		従三位勲五→正三位
八七六・八	従三位勲六→正三位	
八七八・三〜	〜八七九・三	元慶の乱（秋田夷乱）
⑩ 八七八・七	正三位勲六→益封二戸	正三位勲五→益封二戸
⑪ 八七八・八	正三位勲六→勲四	正三位勲五→勲三

⑫ 八八〇・二	正三位勲四→従二位	正三位勲三→従二位[3]

1／○内の数字は本文中の大物忌神の記載順を示す。

2／「新抄格勅符」第十巻。委細第一章注35（45頁）。

3／こののち大物忌神の昇級は天慶二年（九三九）「正二位勲三等大物忌明神山燃ゆ、御占あり」（「本朝世紀」）。

付二　関係年表

凡例　○昇叙または奉授、＊変異、・その他
　各出典の年月条は特記なければ当該年、また出典下の○内数字は六国史上の大物忌神の記載順をそれぞれ示す。

○大同元年（八〇六）
月山神宛て二戸奉宛／新抄格勅符、第十巻
・延暦年中（七八二～八〇六）
国府井口建設／三代実録、仁和三年五月二十日条
・延暦二十三年（八〇四）
国府、城輪柵跡に南退
＊弘仁年（八一〇～八二四）
山中に火を見る／三代実録⑧、貞観十三年五月十六日条
・弘仁四年（八一三）から同六年（八一五）など数年以内
大物忌神の創祀命名
・弘仁十一年（八二〇）
（出羽国）国分寺料四万束／同年編纂施行『弘仁式』
・早ければ八二〇年代など

社殿（吹浦）造営

＊天長七年（八三〇）

出羽国秋田に大地震／類聚国史、一月二十八日条

・承和三年（八三六）

国内名神社毎に法華経一部を読ましむ／続日本後紀、十一月一日条

・承和四年（八三七）

小野宗成、国分二寺に仏菩薩像を奉造す／続日本後紀、六月六日条

○承和五年（八三八）

従五位上勲五等大物忌神↓正五位下／続日本後紀①、五月十一日条

＊承和六年（八三九）

田川郡西浜に石鏃の異変見る。勅す、陸奥出羽并に太宰府等は不虞を禦せしめ、佛神に修法し弊を奉れ／続日本後紀、十月十七日条

○承和七年（八四〇）

正五位下勲五等大物忌神↓従四位下、兼充神封二戸／続日本後紀②、七月二十六日条

＊承和七年（八四〇）

詔し、大物忌神に申す、この頃皇朝の物恠は大神の祟り。遣唐使船の帰還に助力、故に従四位を授く／続日本後紀③、七月二十六日条

・承和十一年（八四四）

此歳延暦寺僧安慧出羽講師として赴任す／拾遺往生伝
＊嘉祥三年（八五〇）
出羽国奏言す、史生一員を省き陰陽師一員置くを、許す／文徳天皇実録、六月二十八日条
＊嘉祥三年（八五〇）
出羽国言上す。地大いに震裂し、山谷処を易へ、圧死する者衆し／文徳天皇実録、十月十六日条
〇貞観四年（八六二）
正四位上（実は下）勲五等大物忌神、預之官社／三代実録④、十一月一日条
〇貞観六年（八六四）
正四位上勲六等月山神→従三位、正四位下勲五等大物忌神→正四位上、同時昇位／三代実録⑤、二月五日条
〇貞観六年（八六四）
正四位上勲五等大物忌神→従三位、月山神と同位／三代実録⑥、十一月五日条
〇貞観七年（八六五）
正六位上城輪神、高泉神→従五位下／三代実録、二月二十七日条
＊貞観十年（八六八）
月山大物忌両神社前、石鏃六枚雨る／三代実録⑦、四月十五日条
＊貞観十三年（八七一）
従三位勲五等大物忌神、去る四月八日山上に火有り。土石焼く。弘仁年中山中に火を見る／三代

実録⑧、五月十六日条

○貞観一五年（八七三）

従三位勲五等大物忌神↓正三位／三代実録⑨、四月五日条

○貞観一八年（八七六）

従三位勲六等月山神↓正三位／三代実録、八月二日条

○元慶二年（八七八）

＊元慶二年（八七八）三月～翌年三月／元慶の乱又は秋田夷乱

正三位勲五等大物忌神、正三位勲六等月山神↓封各二戸を益し各四戸とす。出羽国、元慶の乱の委細を奏す／三代実録⑩、七月一〇日条

○元慶二年（八七八）

正三位勲五等大物忌神↓勲三等、正三位勲六等月山神↓勲四等、従五位下勲九等袁物忌神↓勲七等。此三神は上古の時より奇験を漂す。神気は賊に帰す／三代実録⑪、八月四日条

○元慶四年（八八〇）

正三位勲四等月山神、正三位勲三等大物忌神↓並従二位、従五位下勲七等袁物忌神、城輪神↓従五位上／三代実録⑫、二月二十七日条

＊元慶八年（八八四）

今年六月廿六日秋田城、石鏃廿三枚雨る。七月二日飽海郡海浜に石の鏃に似たる雨る。其の鋒皆南を向く。応に兵賊疾疫在るべし／三代実録、九月二十九日条

＊元慶八年（八八四）
雨鏃を以て兵疫の凶兆となし、出羽国に勤慎警固せしむ／三代実録、十月二日条
＊仁和元年（八八五）
秋田城中、飽海郡神宮寺西浜に石鏃雨る。大物忌神、月山神、由豆佐乃売神、倶に此の恠を成す。

祟は不敬に在り／三代実録⑬、十一月二十一日条
＊仁和二年（八八六）
二月飽海郡諸神社辺に石鏃雨る／三代実録、四月十七日条
・仁和三年（八八七）
是より先国府は出羽郡井口の地に在り。延暦年中建てし所なり／三代実録、五月二十日条
・延長五年（九二七）
出羽国に関するもの、神祇神名（大物忌神社、月山神社、他）、主税・諸国出挙正税公廨雑稲（月
山大物忌神祭料二千束、神宮寺料一千束、他）、他多数。なお国分寺料は不記／『延喜式』十二月
二十六日撰上
＊天慶二年（九三九）
鎮守正二位勲三等大物忌明神山燃ゆ／本朝世紀三、四月十九日条

付三　関係地図

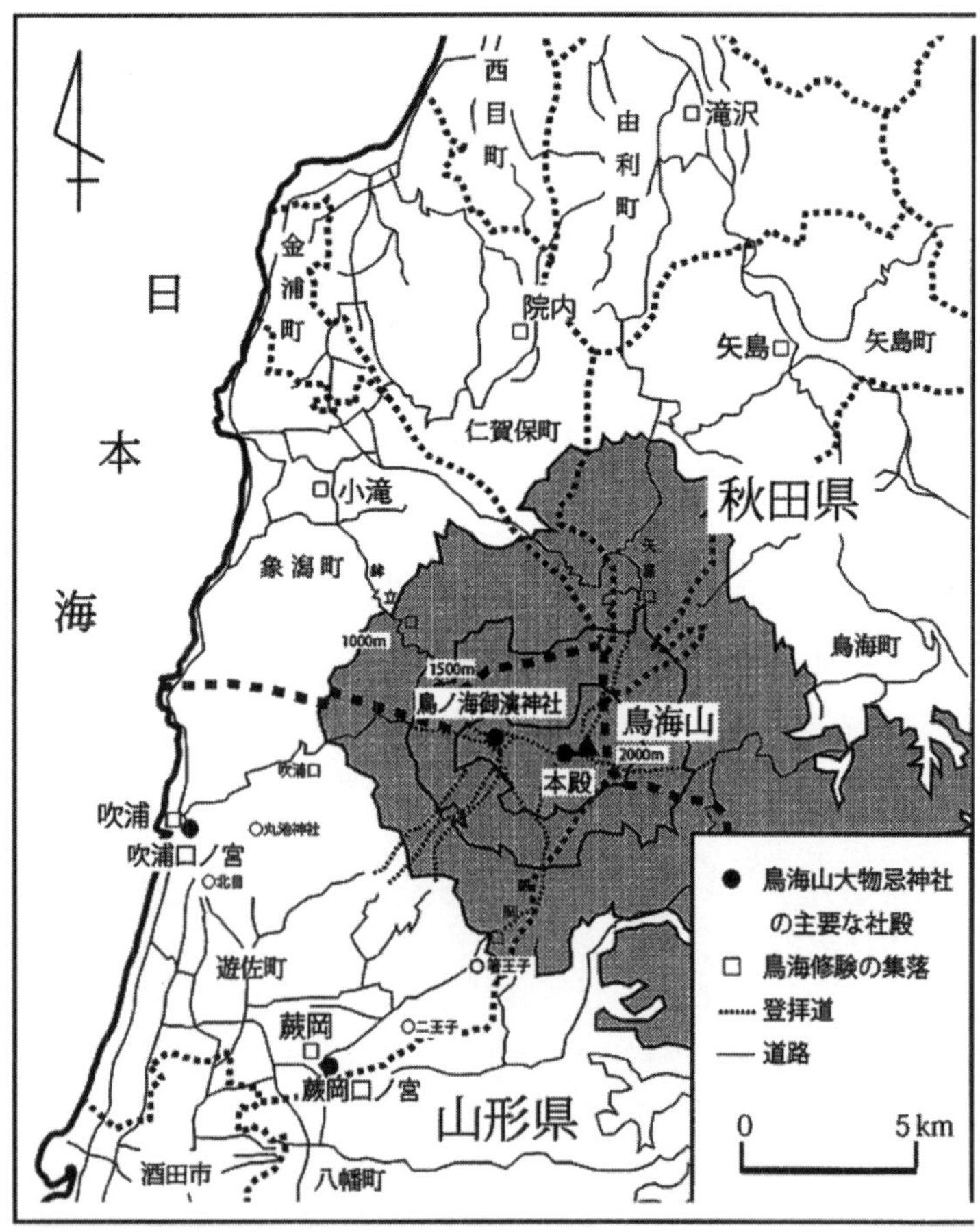

(5万分の1地形図、および現地調査をもとに作成)

鳥海山大物忌神社関係略図
(主要社殿および修験集落分布、一部は旧町名)

(出典) 山形県遊佐町教育委員会編『鳥海山に関する調査報告書』2008年3月

付四　参考文献

・主要参考文献を成稿、刊行年順で示す。本書中の引用は簡略化して表記する。
逆に本文中、略記した文献は左記の参考文献である。

芹田貞運『大物忌小物忌縁起』一七〇三成稿
進藤重記『出羽国大社考』一七五九成稿
進藤重記『出羽国風土略記』一七六二成稿、歴史図書社、一九七四
安倍親任『筆濃余理』一八六六成稿、鶴岡市史資料篇『荘内史料集2・3』各一九七七・七八
斎藤美澄『飽海郡誌』巻之十、飽海郡役所、一九二三
阿部正巳「鳥海山史」『名勝鳥海山』（『史蹟名勝天然記念物調査報告』第五輯、山形県、一九三一）。
なお資料により「正己」「正巳」と記され、「荘内地方にある主な中世文書」（『荘内資料集1―1』）は「正己」（まさき）とする。よって本書では引用は各資料によるが、その他は「正己」とする。
姉崎岩蔵『鳥海山史』一九五二、国書刊行会・復刻一九八三
戸川安章「鳥海山と修験道」月光善弘編『東北霊山と修験道』名著出版、一九七七
遊佐町史編さん委員会編『鳥海山資料』一九七七
誉田慶信「大物忌神社研究序説」『山形県地域史研究』八号、一九八三（のち「国家辺境の守護神」
同著『中世奥羽の民衆と宗教』吉川弘文館、二〇〇〇収録）
松本良一『鳥海山信仰史』本の会、一九八四

新野直吉『古代東北史の基本的研究』角川書店、一九八六
川副武胤「大物忌神社」式内社研究会編『式内社調査報告』第一四巻、皇學館大学出版部、一九八六
須藤儀門『鳥海考』、『続鳥海考』光印刷、各一九八八・八九
月光善弘「鳥海山の一山組織」『東北の一山組織の研究』佼成出版、一九九一
田牧久穂「大物忌神月山神の神名起源攷」同編『古代東北民衆史雑考（一）』奥羽山脈の古代史を考える会、一九九五
伊藤清郎「鳥海山信仰と飛島」『霊山と信仰の世界』吉川弘文館、一九九七
鳥海山大物忌神社式年遷座記念誌刊行会編『鳥海山』一九九七
熊野信仰と東北展実行委員会編『熊野信仰と東北』二〇〇六
遊佐町教育委員会編『鳥海山に関する調査報告書』二〇〇八
遊佐町史編さん委員会編『遊佐町史』上巻、二〇〇八
にかほ市教育委員会編『鳥海山の信仰文化』二〇〇九
由利本荘市教育委員会編『鳥海山をめぐる宗教文化』二〇一〇
神宮滋『鳥海山縁起の世界』無明舎出版、二〇一一
遊佐町教育委員会編『史跡鳥海山保存管理計画書』二〇一二
鈴木正崇「山岳信仰の展開と変容」『哲学』第128集、二〇一一
由利本荘市・にかほ市各教育委員会編『史跡鳥海山保存管理計画書』二〇一三
由利本荘市・にかほ市・遊佐町各教育委員会編『史跡鳥海山』二〇一四

神田より子『鳥海山修験』岩田書院、二〇一八

（特別注）私は検索で出版社名を必要とした経験は絶無に近く、また研究初期に自製または自費出版した資料が（引用した資料は全て国会図書館、秋田県立図書館、他に納本架蔵にも関わらず）自製自費の故に小馬鹿にされた経験から、また旧石器ねつ造事件で著名な出版社が自己批判や絶版にした例が殆どなかったこと、さらに自費出版か商業出版か（原則は著作権の移動を伴うか否かと聞くが、近年は企画出版もあり複雑）などを考えれば、書本内容に予断を与えかねない出版社名の表示（自費出版を含む）は再考されてよい慣行であるし、記すべきは刊行版、初版年、改訂または増補年、復刻版か否かだと考えるが、ここでは通例に従い出版社名を記すとしても、私には如上の思いがある（小論『北方風土』80でも付言）。

付五　著本初出論文、発表講演

［著本初出論文］

「注目される鳥海山の歴史・文化に新資料―「鳥海山和讃縁起」一巻『北方風土』56、二〇〇八・七
「鳥海山縁起考―新発掘の「和讃縁起」を軸に」『山形県地域史研究』34、二〇〇九・二
「鳥海山大物忌神と神宮寺」放送大学大学院提出修士論文、二〇〇九・三
「鳥海山大物忌神の研究覚―国史上の大物忌神」『北方風土』59、二〇一〇・一
「大物忌神社神宮寺の創建―安慧の出羽国講師派遣が契機か―」『山形県地域史研究』35、二〇一〇・二
「大蕨邑鳥海山縁起の世界」『山形県地域史研究』36、二〇一一・二
『鳥海山縁起の世界』無明舎出版、二〇一一・一一
「鳥海山上社堂の造営と勧化」『山形県地域史研究』37、二〇一二・二
（参考）稲雄次「書評『鳥海山縁起の世界』」『北方風土』64、二〇一二・八
「鳥海山上御社の造営事例と遷宮方式」『山形県地域史研究』38、二〇一三・二
「鳥海山大物忌神と薬師・観音信仰」『山形県地域史研究』39、二〇一四・二
「鳥海山大物忌神の創祀と神名―自然神から鎮撫神へ」『鳥海山学術大会資料集』日本山岳修験学会、二〇一四・九
「千秋文庫所蔵の「鳥海山記並銘」『北方風土』70、二〇一五・六

「鳥海山の本地仏と諸仏信仰」『日本宗教文化史研究』38、二〇一五・一一
「二乗作『鳥海山大権現縁起』の成立年代―明徳二年（一三九一）説の再検討―」『山形県地域史研究』41、二〇一六・二
「鳥海山大物忌神の創祀に関する研究序―地主神から撫夷神へ―」『北方風土』73、二〇一七・一
「鳥海山大物忌神の創祀と神名―地主神から撫夷神へ―」『山形県地域史研究』43、二〇一八・二
「出羽三山の比定と本地仏」『山形県山寺学術大会資料集』日本山岳修験学会、二〇一九・八
「神田より子氏著『鳥海山修験―山麓の信仰と生活』の刊行に寄せて」『北方風土』78、二〇一九・九
「出羽三山信仰と鳥海山―三山の比定を中心に―」『山形県地域史研究』45、二〇二〇・二
「升形村七所明神領寄進状について」『山形県地域史研究』30、二〇〇五・二
「秋田に遺る新庄藩舛形村七所明神宛て寄進状―大仙市神宮寺八幡神社旧別当家所蔵」『北方風土』72、二〇一六・六

〔研究発表〕

二〇〇九・七・一二　山形県地域史研究協議会第三十五回大会　於山形県上山市「大物忌神社神宮寺の創建」
二〇一〇・七・二五　山形県地域史研究協議会第三十六回大会　於山形県天童市「大蕨邑鳥海山縁起の世界」
二〇一一・七・一〇　山形県地域史研究協議会第三十七回大会　於山形県米沢市「鳥海山上社堂の造

営と勧化」
二〇一一・一〇・一　秋田大学史学会二〇一一年度大会　於秋田市「新発掘の鳥海山和讃縁起―主題と系譜」
二〇一一・一二・三　首都圏秋田歴史と文化の会第九回大会　於東京九段千秋文庫「鳥海山縁起の世界」
二〇一三・七・七　山形県地域史研究協議会第三十九回大会　於山形県庄内町「鳥海山大物忌神と薬師・観音信仰」
二〇一三・七・八　「ゆざ学」平成二十五年度第三回講座　於山形県遊佐町「鳥海山縁起の世界について」
二〇一四・九・一四　日本山岳修験学会第三十五回大会　於秋田県由利本荘市「鳥海山大物忌神の創祀」
二〇一五・七・一二　山形県地域史研究協議会第四十一回大会　於山形県長井市「二乗作『鳥海山大権現縁起』の成立年代」
二〇一七・七・二　山形県地域史研究協議会第四十三回大会　於山形県遊佐町「鳥海山大物忌神の創祀に関する研究序」
二〇一九・七・七　山形県地域史研究協議会第四十五回大会　於山形県山形市「出羽三山信仰と鳥海山」
二〇一九・九・一　日本山岳修験学会第四十回大会　於山形県山形市「出羽三山の比定と本地仏」

《著者略歴》

神宮　滋（かみや・しげる）

昭和十六年（一九四一）秋田県大仙市神宮寺（当時、仙北郡神宮寺町）生
神宮寺神宮家当代（神道宮司位、仏門大律師位兼帯）
慶応大学卒業。皇學館大学専攻科修了
東京都千代田区現住
「首都圏秋田歴史と文化の会」共同代表兼事務局
北国の歴史民俗考古研究「北方風土社」同人

〈近年主要著作〉

『秋田領民漂流物語』　無明舎出版、二〇〇六年
『戊辰戦争出羽戦線記』無明舎出版、二〇〇八年
『鳥海山縁起の世界』　無明舎出版、二〇一一年
『仁和寺尊寿院阿證』　イズミヤ出版、二〇一七年
『名族佐竹氏の神祇と信仰』　無明舎出版、二〇一九年
「皇居お濠の積石に「無阿尓」の刻字」『北方風土』七三、二〇一七年一月
「旧石器ねつ造事件と秋田考古」『北方風土』七七、二〇一九年一月
「大仙市神宮寺八幡神社棟札考」『出羽路』一五九、二〇一九年三月
「出羽三山信仰と鳥海山」『山形県地域史研究』四五、二〇二〇年二月
「秋田県初の旧石器遺跡発見の功労者は誰か」『北方風土』七九、二〇二〇年十月
他、当地域の神仏、鳥海山信仰、考古、戊辰戦争など論考多数

大物忌神（おおものいみのかみ）と鳥海山信仰（ちょうかいさんしんこう）

―北方霊山における神仏の展開―

二〇二一年一二月二八日　初版発行

定価（本体一八〇〇円＋税）

著　者　神宮　滋

発　行　秋田文化出版株式会社
〒〇一〇―〇九四二
秋田市川尻大川町二―八
ＴＥＬ（〇一八）八六四―三三二二（代）
ＦＡＸ（〇一八）八六四―三三二三

＊

ISBN978-4-87022-602-9
地方・小出版流通センター扱